自由の条件

The Constitution of Liberty:
Part Ⅱ
Freedom and the Law

F・A・ハイエク
気賀健三・古賀勝次郎［訳］

Ⅱ 自由と法

普及版

春秋社

凡例

一．原典のページは下部欄外に示した。

一．本文中のイタリックの箇所は原則として黒丸の傍点・・・を付した。ただし、書名、雑誌名は『　』で示し、表題および表題に類するもの、およびギリシャ語、ラテン語などには傍点を付していない。

一．原典で、人名、地名などの固有名詞、習慣的に大文字で書く名詞を除き、本文中に出てくる大文字は白丸の傍点○○○を付した。

一．原注は（1）のように示し、本文の後にまとめた。訳者注は〔　〕で示し、本文中またはその近くに挿入した。

一．引用符は「　」で、二重引用符は『　』で示した。

一．各巻のなかに出てくる他巻の参照ページは、原典のページで示した。

一．人名、地名などの固有名詞は原則として原語読みにしたがって表記した。

一．人名・事項索引は、Ⅲの巻末に一括した。

目次

自由の条件 Ⅱ

自由の条件

第二部　自由と法

第九章　強制と国家

第一〇章　法、命令および秩序

第一一章　法の支配の起源

第二章　アメリカの貢献＝立憲制

第三章　自由主義と行政府＝法治国家

第一四章　個人的自由の保障

第一五章　経済政策と法の支配

第一六章　法の衰退

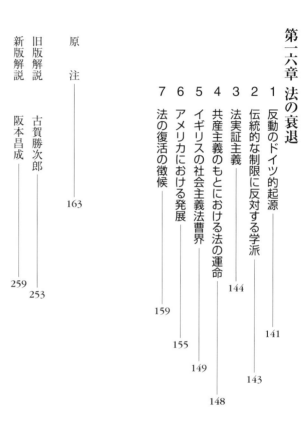

自由の条件　第一部、第三部　目次

第一部　自由の価値

第三部　福祉国家における自由

第二部　自由と法

第２部　自由と法　*2*

最初にある種の支配の型をひとたび承認したことになると、統治の仕方について、さらに考えを深めることはなくなって、支配するものの知恵と裁量になにもかもをまかせることになりかねない。そして経験を重ねた結果、みんなにとってそれがきわめて不便なことがわかる。人びとが治療策として考案したものが、治療しようとした傷をふやすにすぎないことを知る。あるひとりの意思に頼って暮すことが、全部の人間の悲惨の原因となることがわかる。このことが人びとをして法律に拠らせるように強いるのである。それにより、すべての者は、自分たちの義務を前もってわかるようになり、そしてそれに違犯することの罰を知るのである。

リチャード・フッカー（Richard Hooker）

第九章　強制と国家

絶対的な隷属の状態にあるとき、要求される奉仕は不確定で予想もつかず、どんな奉仕が朝になって要求されるのか、前の晩のうちにはわからない。すなわち、なにを命令されようとも、人はそれに縛られるのである。

ヘンリー・ブラクトン（Henry Bracton）

1　強制の意味

われわれの議論のはじめのところで、自由を強制のないことと暫定的に定義した。しかし強制は自由とほぼ同様に厄介な概念であり、その理由もまたほとんど同じである。すなわち、他の人がわれわれにたいして為すことと、物理的事情がわれわれに与える影響とを明確に区別しないのである。実際、英語には必要な区別をするために二つの別々な言葉がある。すなわち、環境によってなにか特定のことをおこなわざるを得なかったときcompelledと正当にいえるのにたいして、もしわれわれが強制された（coerced）というときには、ある人間の介在を想定している。

強制が生ずるのは、ある人の行動が自分自身の目的ではなく、他人の目的のために他人の意思に奉仕させられる場合である。強制された人はまったく選択をしないということではない。もし事情がそうであるとした場合、われわれはかれが「行動している」とはいわない。もしわたくしの手が物理的な力に強いられて自分の署名をするとかあるいはわたくしの指が引き金を引くとしたら、それはわたくしが行動したことを意味しない。そのような暴力はわたくしの肉体を誰か他の人間の道具にするものであり、本来の強制と同様に悪いものである。そしてそれは同じ理由から防がねばならない。しかし強制の意味はつぎのことにある。わたくしはなお選択をするのであるけれども、他の誰の道具とされている。というのは、わたくしの前にある別の選択肢というのはすでに仕組まれてあって、強制者がわたくしに選択させたいと望んでいる行為は、わたくしにとってもっとも苦痛の少ないものとなるようになっているからである。[1] 強制されるとはいっても決定するのは依然としてわたくしであって、その事情のもとでもっとも災いの少ないものを選ぶのである。[2]

強制には人びとが他人の行動に与える影響がすべて含まれるわけではないことは明らかである。ある人が別の人を害したりまたその人の意図を変更させるようになる仕方で行動したり行動するよう脅かす、すべての場合を含んでさえいない。往来で進路をふさぎ脇へ寄らせる人、図書館からほしい本を先に借り出した人、あるいは不快な騒音によって迷惑をかける人でさえ、正確にはわたくしを強制したとはいえない。強制とは害を与えるという脅迫と、それによってある種の行為をさせようとする意図との双方を含んでいる。

強制される者は依然として選択をするのではあるけれども、その代わりの選択肢というのは、強制者の望むものを選択するように強制者が決定するのである。かれは自分の能力の利用をまったく奪われるわけではない。しかし、自らの目的のために知識を利用する可能性は奪われる。人が自らの目的の追求に際して自分の知性と知識を有効にもちいるためには、周囲の環境についての条件のいくつかを予見でき、そして一つの行動計画を守ることが必要である。ほとんどの人間の目的は一連の関連した行動によってのみ達成でき、それらは一貫した一つの全体系として決定され、事実は期待されたようになるであろうという想定にもとづいている。物事を予想できる、あるいは少なくともその蓋然性を知っているかぎり、またそうであればこそ、われわれはどんなことでも達成できる。物理的環境はしばしば予測できないことがあるけれども、それらは故意にわれわれの目的を妨げるものではない。しかし、計画を決定する事実が他の人間の独占的な支配下にあるとしたら、われわれの行動も同じように支配されることになる。

したがって強制が悪であるというのは、人が自分の知的能力を十分に利用することを妨げられ、結果として共同社会にたいして為しうる最大の貢献を妨げられるからである。強制される者はいかなる場合でも、自分のために為しうる最善を尽くすであろうが、かれの行動が適合する唯一の包括的な設計は他人の心の設計にすぎないのである。

2　強制と権力

政治哲学者は権力について論ずることが多く、強制について論ずることは少ない。というのは政治的な権力が通常、強制する権力を意味しているからである。[3] しかし、ジョン・ミルトン（John Milton）やエドマンド・バーク（Edmund Burke）からアクトン卿（Lord Acton）、ヤーコプ・ブルクハルト（Jacob Burckhardt）にいたる偉大な人びとは、権力を大悪（the archevil）[4] とみなした。かれらの意味したことは正しかったけれども、この関係からのみ権力について論じることは誤解を招く。人がその望むものを達成する能力としての権力がそれ自体として悪いのではなく、強制する権力と害を与えるという脅迫により、ある人の意思に奉仕するよう他人を強いる権力のみが悪いのである。ある大きな企画において人びとが自分たちの意思を進んで結集し、目的のために団結する場合、その大きな企画の指導者の掌握する権力に悪は存在しない。統一的な指導のもとに自発的に努力を結集して、人びとが自分たちの集合的な権力をいちじるしく高めることができるのは、文明社会の強さの一部をなすものである。

悪いのは能力の拡張という意味での権力ではなく、われわれの意思に他人の意思を服従させること、つまり意思に反してわれわれの目的のためにかれらを利用することである。たしかに人間関係において権力と強制とは密接に関連しあっており、少数の人たちがもっている強大な権力は、それよりもっと強大な権力によって抑制されないかぎり、他人を強制することができるであろう。しかし、強制は一般に想定されているほど必然的な結果でもなければ、ありふれた結果でもない。ヘンリー・フォード（Henry Ford）の権力も、原子力エネルギー委員会（the Atomic Energy Commission）の権力も、また救世軍の将軍（the General of the Salvation Army）の権力も、（少なくとも最近までは）アメリカ大統領の権力も、かれらの選択する目的のために特定の人びとを強制する権力ではない。

場合によっては、「暴行（force）」や「暴力（violence）」という用語を強制の代わりにもちいるほうが誤解を招くことは少なくてすむであろう。というのは、暴行あるいは暴力の脅迫は強制のもっとも重要な形態であるからである。しかしそれらは強制と同義語ではない。というのは物理的な暴行の脅迫は、強制を実行しうる唯一の方法ではないからである。同様に、「抑圧（oppression）」はおそらく、自由の真の対立物である点では強制と同じであるが、強制の継続的な行動の状態にのみかかわるものである。

3　強制と独占

強制は、人びとが特定のサービスあるいは便益を進んで提供する場合の条件とは慎重に区別すべきである。きわめて例外的な事情のときだけ、本質的なサービスや資源が独占的な統制におかれて、ある他人が真の強制力を獲得することになるであろう。社会における生活は必然的に、人びとによるサービスによって欲求を充足させることに依存している。自由な社会ではこれらの相互的なサービスは自発的なものであり、銘々がサービスを与えたいと思う人やその条件を決定することができる。人びとが提供する便益と機会はかれらの条件を満たしてやりさえすれば利用できるのである。

このことは経済的関係と同様、社会的関係についてもあてはまる。ある婦人がわたくしを会合に招待するに際して行儀と服装についてある標準を守ることを条件とする場合、あるいは隣人と交際するにあたり慣習的な礼儀を守ることを条件とされる場合、これは明らかに強制ではない。さらにまた生産者あるいは商人がかれの価格によらなければ希望するものの供給を拒絶するとしても、それを「強制」と呼ぶのも正当ではない。これは競争市場では明らかに当然であり、その際もし最初の提示価格が適さないとした場合、他の人と取り引きすることができる。このことは、独占者に直面した場合にも通常あてはまることである。たとえば、わたくしがある有名な画家に描いてもらうことを強く望んでも、その人が非常に高い値段でなくては描かないとしたならば、その値段を強制されたというのは明らかにばかげたことであろう。同じことが、なくてすますことのできる商品あるいはサービスについてもあてはまる。特定の人のサービスが生存あるいはもっとも評価しているものの維持にとって不可欠でないかぎり、それらのサービスの供給にたいして請求する条件を「強制」と呼ぶのは適当ではない。

しかし、独占者が真の強制を実行できるのは、たとえばかれがオアシスの水源の所有者であるような場合である。他の人たちは水がある妥当な価格でいつでも利用できるという想定のもとに移住したとしよう。しかし、別の水源が干あがってしまったために、人びとがそこにとどまろうとする以上、水源の所有者がかれらに要求するいかなることをもおこなうしか他に選択肢がなくなってしまったとしよう。これは強制の明白な場合であろう。なおその他には、ある独占者が人びとが完全に頼っている非常に重要な商品を支配する場合を考えることができるであろう。しかし、独占者が欠くことのできない供給を押さえる地位にいないかぎり、かれの要求がそのサービスに依存する人びとにとってどんなに不愉快であろうとも、強制をふるうことはできないであろう。

国家の強制力を抑制する適切な方法について後に述べなければならないので、ここで指摘しておく価値があるのは、独占者が強制力を獲得する危険のある場合、いつでもこれを防ぐもっとも好都合でそして有効な方法は独占者にたいしてすべての顧客を同等に扱うよう要求すること、すなわちその価格をすべての人にたいして同一にして、独占者の立場からのあらゆる差別を禁止することである。これは国家の強制力を抑制するためにわれわれが学んできた原理と同じ原理である。

雇用の個々の供給者は特定の商品あるいはサービスの供給者と同じように、強制をおこなうことはできない。かれが生計を稼ぐ多くの機会のうちの一つを取りのぞくだけしかできないかぎり、またかれのもとで稼いだ額と同じだけを他の場合では獲得することが期待できない若干の人びとにたいして支払うのをやめるだけしかできないかぎり、かれは強制をすることはできないのであって、ただ苦痛を与えることができるだけのことである。雇用状態が真の強制の機会をつくる場合があることは否定しがたい。きびしい失業期間には、解雇の脅迫はははじめに契約したこと以外の他の行動を強いるために利用されるかもしれない。たとえば、ある鉱山の町のそのような状態のもとでは、経営者は嫌いな者にたいしてまったく恣意的で気まぐれで非道な仕打ちにでるかもしれない。しかし、繁栄した競争社会ではこのような状態がありえないことはないが、いくら悪くても稀な例外であろう。

雇用の完全独占は、政府が唯一の使用者でありすべての生産手段の所有者である完全な社会主義国家には存在するであろうし、無限の強制力をもつであろう。レオン・トロツキー（Leon Trotsky）が指摘したように、「国家を唯一の雇用者とする国では、反抗はゆっくりとした飢餓による死を意味する。〝働かざるものは食うべからず〟という古い原則は、従わざるものは食うべからずという新しい原則にとって代わられた。[5]」

基本的なサービスの独占というような例を除けば、ある便益を手許に押える力だけでは強制を生むことはないであろう。たとえば、ある他の人がこのような力を利用すると、わたくしが計画を適合させてきた社会的風景は実際に変化しかねないし、意思決定のすべてを再考する必要にせまられ、おそらく生活設計の全体を変化させ、そして当然と考えてきた多くのことがらについて、心を砕かざるを得なくなるかもしれない。しかし、わたくしにとって選択の途はいたましいほど少なく不確実なものであり、そして新しい計画は間に合わせの性格をもつかもしれないとしても、依然としてわたくしの行動を導くのはある他人の意思ではない。大きな圧力のもとで行動しなければならないかもしれないが、強制されて行動しているとはいえない。わたくしにとってそしておそらくは家族にとって、飢餓の脅迫によりきわめて低い賃金でいやな仕事を受けいれねばならないとしても、またあえてわたくしを雇おうとする唯一の人の「支配下に」あるとしても、わたくしはいかなる人にも強制されてはいない。苦境に追い込んだ行動が特定のことをわたくしにさせるあるいはさせないということを目的としていないかぎり、そして害を与える行動の意図がある他人の目的に奉仕させることではないかぎり、自由へのその影響はある自然の災難――住宅を破壊する火事か洪水、あるいは健康を害する偶発事件——の影響と異なるものではない。

4　強制の程度

真の強制が生じるのは、征服者の武装集団が被征服民を苦役につかせる場合、組織暴力団が「保護」してもらうために金銭をゆすする場合、また暗い秘密を知っている者がかれの犠牲者を恐喝する場合、そしてもちろん国家が命令に従わせるために刑罰を科し物理的な力の行使によって脅迫する場合である。強制には多くの程度がある。奴隷にたいする主人の支配、あるいは国民にたいする専制君主の支配という極端な場合、すなわち処罰の無制限の権力が主人の意思への完全な服従を強いる場合から、ある災いを課すというただ一つの脅迫の際に脅迫された者が他のどんなことでも選ぶという場合である。

ある特定の人を強制する試みが成功するかどうかは、かなりの程度までその人の内面的な強さに依存する。人によっては暗殺の脅迫があってもかれの目的を変えさせるには力が弱く、他の人ではわずかの不便でも脅迫の力が強いこともある。弱い人あるいはひどく感じやすい人がただしかめっ面をされたり、さもなければおこなわないようなことをおこなうよう「強いられる」ことを哀れに思うが、われわれの関心は普通の人に影響を与えると思われる強制である。こういう強制は肉体的な害を本人なり本人の大切にする人に与えるとか、あるいは貴重なものや大事にしているものに損害を与えるというある種の脅迫である場合が多いが、権力あるいは暴力である必要はない。ある人が自発的行動に出ようとするところを妨害して、進路に無数の些細な障害を加えるかもしれない。狡猾と悪意は肉体的により強い者を強制する手段をきっと見いだすであろう。不良少年の一団が人望のない人間を町から追いだすことは不可能ではない。

人間のあいだの緊密な関係はある程度みな、強制の機会を生むものである。その関係が愛情であろうと、経済的必要性であろうと、あるいは物理的事情（船に乗り合わせるとか、探検隊に加わるとか）であろうと、変わりはない。私的な家庭内のサービスの条件がすべての親密な関係にもまして、とくに圧迫的な性質の強制の機会を生むことはいうまでもない。その結果として、それは個人的自由の抑制と感じられる。また、気むずかしい夫、口うるさい妻、あるいはヒステリー性の母は、自分の気分がままならないかぎり堪えがたい生活をもたらすであろう。しかしその社会は他人とのこういう結びつきを、真に自発的なものとする以上に、個人を守ることはほとんどなにもできない。これらの親密な結びつきをさらに一段と規制しようとすれば、選択と行為について広範な制限が必要になり、そのためにいっそう大きな強制が生ずるのは明らかである。もし人びとが自分たちの結びつきや親友を自由に選ぶべきだとしたら、自発的な結びつきから生まれる強制は政府のかかわることとはなりえない。

読者は正当に「強制」と呼びうるものと呼びえないものとの区別、および防がねばならぬ苛酷な種類の強制と当局の問題とすべきでないあまり苛酷でない種類のものとの区別に、必要以上の紙幅を割いたと感じるかもしれない。しかし、自由の場合のように、この概念は漸次的に拡張されたために、ほとんどその価値を失ってしまっている。自由は達成不可能なもののように定義することができるが、同様に強制は広く浸透して不可避的な現象であるもののように定義することもできる。(6) ある人が他人に与えるいっさいの害悪を防ぐことはできないし、あるいは他人との親しい交際から生活のうえに生じてくる穏やかな種類の強制でさえすべて防ぐことはできない。しかしこれはきわめて苛酷な種類のいっさいの強制を防ごうとすべきでないとか、あるいは自由をそのような強制の存在しないことと規定すべきではないということを意味するものではない。

5　強制と保障される自由の領域

強制は一個人の行動の必要不可欠な基礎となるものをある他の人が支配することであるから、これを防ぐことができるのはその個人のためにある私的領域を保障して、そこでは他人の干渉にたいして本人が保障されるようにすることができる場合のみである。ある人の環境の一定の情況を他の人によって恣意的に変えることができないようにする保障は、それに必要な権力をもっている当局だけによって与えられるのである。一個人にたいする他人の強制を防ぐには、強制の脅迫によるしかないというのはこのことを指すのである。

そのようなある保障された自由な領域の存在は、われわれにとってまさに正常な生活状態であると思われるので、「強制」を定義するのに、「正当な予想にたいする介入」、「権利の侵害」あるいは「恣意的な介入」という用語をもちいようとする。(7) しかし強制を定義するにあたり、その防止を意図した取りきめを当然のことと認めることはできない。ある人の予想の「正当性」や個人の「権利」はそのような私的領域の承認の結果なのである。強制はそういう保護された領域がなければ、ただ単に存在するだけでなくきわめて一般的なものとなるであろう。ある社会においてある保護領域の境界を限定して強制の防止をすでに試みている場合に、はじめて「恣意的な介入」といった概念は明確な意味をもちうるのである。

しかしながら、もしこのような個人の領域の承認がそれ自体強制の道具となるべきでないとするならば、それの範囲と内容の決定は、特定の人にたいして特定のものを任意に割りあてることによってなされるべきではない。もしもある人の私的領域に含まれるべきだとするものが、ある個人あるいはある集団の意思によって決められるとしたら、これは強制の力をその意思に移すにすぎない。それからまた、ある人の私的領域の特定の内容を一度かぎりで固定的に定めることは望ましくない。もし人びとが自分たちの知識と能力と先見を最大限に利用すべきであるとしたら、かれら自身の声が自分たちの個人的保護領域に含まれるものの決定にいくぶんとも加わることが望ましい。

この問題について人びとが発見した解答の基礎となるのは、いろいろな対象なり状態なり、一個人ないしは多数の個人の保護領域に含まれるにあたって、条件を支配する一般的規則を承認することにある。このような規則が受けいれられると、社会の成員それぞれは自分の保護領域の内容を定めることができ、そして全成員は自分の領域になにが属し、なにが属さないかを認めることができるのである。

この領域がもっぱらまたは主として物質的なものからなる、とわれわれは考えてはならない。まわりにある物的対象物を自分のものと他人のものとに分けることは領域の範囲を決定する規則の主要な目的であるけれども、この規則は他の多くの「権利」たとえば事物のある利用に関する安全、あるいは単にわれわれの行動への介入にたいする保護を保証する。

6　財産と強制にたいする保護

したがって私的財産あるいは特別財産の承認は[8]、強制を防ぐための本質的な条件であるが、ただし決してそれだけが唯一のものではない。われわれは確実にある物的対象を独占的に支配しないかぎり、首尾一貫した行動計画を実行する立場につくことはほとんどできない。そして、われわれがそれらを支配しない場合に、他人と協力するとしたら、誰が支配するかを知っておく必要がある。財産の承認は、明らかにわれわれを強制から守る私的領域の範囲を決定する第一段階である。そして「私有財産制に反対する人びとは自由の第一要素を欠くものである[9]」こと、そして「特別財産を攻撃して、しかも同時に文明を高く評価するというのは、勝手すぎるものである。両者の歴史は別々にときほぐすことはできない[10]」ということは、すでに歴史上久しく認められてきたことである。現代の人類学によって確証されている事実によれば、「私有財産は原始的な水準においてきわめて明確にあらわれている。」そして「一つの法的原則として財産の根源は人間と人間をとりまく情況――自然的なものにせよ、人為的なものにせよ――とのあいだの物理的関係を決定するものであり、文化的な意味において秩序立った行動の真の必要条件である[11]。」

しかしながら、現代社会では強制にたいする個人の保護のための本質的な条件は、個人が財産をもつということではなく、そのどんな行動計画の遂行をも可能にする物質的手段を他の単一の主体がすべて独占的に支配すべきではないということである。近代社会の成果の一つは、実際に自分の財産をもたない（衣服のような私物以外に――そしてそれでさえ賃借できる）[12]人も自由を享受することができること、そしてわれわれの必要に役立つ財産の管理を他人にまかすことができることである。重要な点は個人が特定の人に依存しないように財産を十分に分散させ、それによって特定の人だけが個人の必要とするものを与えるとか、特定の人だけが個人を雇うということのないようにすることである。

他人の財産が目的達成に役立ちうるのは主として契約の強制力によるのである。契約の生みだす権利全体の網は、保護された領域の一部であり、われわれの計画基盤や財産と同様に重要なものである。人びとのあいだの相互に有利な協力は強制よりむしろ自発的な同意にもとづくものである。そしてその協力にとって決定的な条件は、あるひとりの要求に役立ちうる人がたくさんいて、そのために誰も生活の基本的な条件なり、あるいはある方向への発展の可能性に関して特定の人に依存しなくてすむということである。財産の分散によって競争が可能となるために、特定のものをもっている個々の所有者からすべての強制力を奪うのである。

有名な格言[13]をよく誤解することがあるのでここで説明しておきたい。それは、われわれは自分の必要とするサービスを供してくれる人びとの意思から独立しているということである。というのは、かれらは自分自身の目的のためにサービスを供しているのであって、サービスを必要とするわれわれの利用には通常ほとんど関心をもたないからである。もしも人びとがその生産物を売るにあたって、目的に賛成するときにかぎり売り、自分の利益のために売るのでないとすれば、われわれはかれらの信念にいちじるしく依存することになろう。日常生活の経済的取引において、われわれは非人格的な手段にすぎず、かれら自身の目的のために援助しているのであればこそ、まったく未知の人をあてにしてこのような援助を求めるのであり、われわれが望む任意の目的のためにもそれを利用することができるのである[14]。

財産と契約の規則が個人の私的領域の範囲を決定するために必要とされるのは、個人の目的追求に必要な資源あるいはサービスが稀少であり、そしてその結果として、ある誰か個人の管理のもとにおかねばならない場合である。しかしこのことは人びとの努力によって得られる大部分の便益にはあてはまるとしても、その例外がないわけではない。下水設備や道路のように、いったんそれが供給されると、それを利用しようとするすべての人にとっても十分に利用できるような種類のサービスがある。そのようなサービスの供給はすでに久しく公共的努力の領域として認められており、それらのサービスを受ける権利は個人の保護された領域の重要な部分をなすものである。そのような権利が個人的自由にとっていかに重要であるかを知るためには、「天下の公道（King's highway）」の出入りを保障することが歴史上果たしてきた役割を思いおこせばたりるであろう。

われわれは制限されない行動に関する既知の領域を法的人格にたいして保障するのに役立ついっさいの権利、あるいは保護された利益をここで数えあげることはできない。しかし、現代人はこの点に関して少し無感覚になっているので述べておいたほうがいいと思われるのであるが、保護された個人的領域を認めることについて、自由の時代においては、私的秘密の権利、すなわち人の家はかれにとっての城[15]であるという考え方、そして誰も城のなかでの個人の行動を知るだけの権利をもっていないことが、そのなかに通常含まれるのである。

7　一般的な規則の実施は強制を最小にする

他の個人および国家の両方による強制を限定するために発展してきたこれらの抽象的で一般的な規則の性質は次章の主題としよう。本節では、国家が他人による一個人の強制を防ぐことのできる唯一の方法たる強制の威嚇が、いかに多くの有害で非難すべき性質を除去できるかを概括的に考察しよう。

この強制の威嚇が現実のそして不可避的な強制のそれとはきわめて異なった効果をもつのは、それが人によく知られている事態のみにかぎって関係する場合であって、そういう事態は強制の潜在的な対象によって避けることのできることなのである。自由な社会がもちいなければならない強制の威嚇の大部分は、避けることのできる種類のものである。自由社会が実施する規則の大部分とくに私法は、特定の行動を実行するように私人（国家の公僕と区別される）を抑制するものではない。法律の制裁は人がある種のことをおこなわないように、あるいは個人の自発的に負った義務を遂行させるように工夫されているのである。

仮にわたくしがある特定の地位に自らをおくことを前もって知っているならば強制されるだろうし、逆にそのような地位に自分をおくことを避けることができるならば決して強制されないだろう。強制を規定する規則が個人的にわたくしを目標とすることなく同様の事態におかれるすべての人びとに等しく適用されるように仕組まれているかぎり、それらはわたくしの計画に影響を与える自然の障害となんら異なるところがない。もしなんらかの行為をするとどうなるかを、これらの規則が教えてくれるという意味で、国家の法律はわたくしにとって自然の法則と同じ意味をもつのである。そして、自分の目的を達成するために自然法則に関する知識を利用するのと同様に、国の法律に関する知識を利用することができる。

8　不可避の強制

もちろんある点において、国家は強制をもちいてわれわれに特定の行為を遂行させる。そのうちのもっとも重要なものは、課税およびいろいろな強制役務とくに兵役である。これらは免れうるとは考えられないが、少なくとも予想することができるもので、人が自分のエネルギーをなにか別の方法でもちいようともそれとは関係なく強制されるものである。このことが強制の悪の性質をほとんど取りのぞいている。もしある額の税を支払う必要のわかっていることがわたくしのすべての計画の基礎となるとすれば、あるいはもし兵役の一期間が生涯のうちのある予想される部分を占めるとすれば、自らの一般的な生活設計を自分でつくってそれに従うことができ、さらに人びとが社会で学んできたように他人の意思から独立していられるのである。兵役はその存続するかぎりは苛酷な強制をたしかにともなうし、そして一生にわたる兵役は決して自由であるとはいえないであろうが、兵役の期間を予想できるのであれば、それが個人自身の生活を形成する可能性を制約するといっても、その制約はたとえばある恣意的な権力が善い行動とみなすものを保証するために絶えず逮捕の威嚇をしている場合よりは少ない。

われわれの生活にたいする政府の強制力の介入がもっとも障害となるのは、その介入が避けることも予想することもできない場合である。このような強制が自由社会においてさえ必要となる場合、たとえば陪審員としての役務や臨時巡査としての行動を要求されるときには、その影響を軽減するためにいかなる人にも恣意的な強制力を振るうことを許さないようにする。その代わり、誰が奉仕すべきかの決定はくじ引きのような偶然の方法にもとづくようにする。この種の予想できない強制行為は予想できない事件から生まれるが、前もって知られている規則に適合させることにより、他の「天災」のように生活に影響を与えるが、われわれを他人の恣意的な意思に従わせることにはならない。

9　強制の是認

強制の防止ということが、国家の強制の脅迫をもちいる唯一の正当な理由であろうか。われわれはたぶんあらゆる種類の暴力を強制のなかに含めることができるし、あるいは少なくとも強制を有効に防止することはあらゆる種類の暴力を防止することを意味すると主張してもよい。しかしなおもう一つ、一般に防ぐことが望ましいと考えられ、そして一見独特のものに思える別種の有害な行動がある。それは詐欺と欺瞞である。なおこれを「強制」と呼ぶのは言葉の意味をこじつけているのであるけれども、検討してみればそれを防ぎたいとする理由は強制にたいするものと同じであることがわかる。強制と同様に、詐欺と欺瞞はある人があてにしている基礎条件をごまかすことによって、詐欺師が人におこなってもらいたいことをさせることである。詐欺師が成功する場合には、欺されたものは同じように本意ならざる道具となり、自分の目的を達成することなしに他人の目的に奉仕することになる。われわれは両方を包含するような単一の言葉はもっていないが、強制について述べたすべてのことはそれらにも同様にあてはまる。

以上のような補足をして考えると、自由とは政府による強制の使用を除き、まさに強制と暴力、詐欺と欺瞞を防ぐことだけを要求するにすぎないように思われる。政府による強制はあらかじめ知られている規則を実施することを唯一の目的とするもので、それにより各個人が自分の活動を一貫した合理的な型のものにするように最善の状態の確保を意図するのである。

強制の限界についての問題は政府の適切な機能についての問題とは同じではない。政府の強制的は活動は決してその唯一の役割ではない。たしかに政府の企図する非強制的あるいは純粋に奉仕的な活動は通常、強制的な手段によってまかなわれる。中世の国家はその活動を主に財産からの所得でまかなっていたので、強制に頼らずにサービスを供給していたともいえよう。しかしながら現代の状態のもとでは、政府が身体障害者や虚弱者の世話あるいは道路や情報のサービスにつき、それらをまかなうのに強制力に依拠せずに供給することはほとんど不可能に思える。

このようなサービスの範囲の望ましさについて完全な一致がつねにあるであろうと期待すべきではない。そして人びとの関心のない目的の達成に貢献するようにかれらを強制することが道徳的に正当化できるかどうかは少なくとも明白ではない。しかしある点までは、われわれの多くがそのような貢献をすることが好都合であることに気がつくのは、目的の実現のために他人の同様な貢献から利益を得るという理解があるからである。

課税の領域外でいえば、政府による強制の使用を正当化するものは、より苛酷な強制の防止ということだけを認めるというのがおそらく望ましいであろう。この基準はたぶん一つ一つの法規則に適用できるのではなく、法体系全体にのみ適用できるのである。たとえば強制にたいする防衛手段としての私有財産の保護は、特別の規定を必要とするであろう。それは強制を減らすのに個別的には役立たないけれど、私有財産がその所有者に害を与えない行動を不必要に妨げないということを保証するのに役立つだけのものである。しかし国家の介入あるいは非介入に関する考え方全体は、ある私的領域を規定し、国家の実施する一般的な規則によってその範囲を限定することに存する。そして実際の問題は国家がこれらの規則を実施するための強制的な活動を制限すべきか、あるいはこれを越えておこなうべきかということである。

私的領域の規定を試みた人のうちでも著名なものは、ジョン・スチュアート・ミル[16]（John Stuart Mill）で、かれはその行為をおこなうその本人にだけ影響する行為と他人にも影響を与える行為とのあいだの区別によって強制から免れる私的領域を限定した。しかし他人に影響を与えないと考えられるような行為はほとんどないので、この区別はあまり有益とは認められなかった。この区別が意味あるものになるのは、各個人の保護される領域の範囲を限定する場合のみである。その目的は人に害となるような他人のあらゆる行為から人びとを守ることではありえず[17]、単に人びとの行為のある種の事実を他人の支配から守ることにとどまる。保護される領域の境界線をどこに引くべきかを決定するにあたって重要な問題は、われわれの防ぎたいと望んでいる他人の行為が保護される人の妥当な期待に実際に介入するものかどうかである。

とくに他人の行為に関する知識が引きおこすかもしれない快楽または苦痛は、決して強制の正当な理由とはみなされないであろう。たとえば、宗教的な遵奉を強制することが政府の正当の目標であったことがある。それはある神にたいして共同社会の集合的な責任を人びとが信じていて、そしてどのひとりの成員の罪も全部の人にかかってくると信じられていたところのことであった。しかし、私的な習慣が自発的な成人の行為者以外の誰にも影響を与えない場合には、他人のおこなっていることにたいする単なる嫌悪、あるいは他人のおこないによって自分自身が害を受けるという知識でさえ強制の正当な根拠となるものではない[18]。

われわれがこれまで見てきたことは、文明の成長によって絶えず与えられる新しい可能性を学ぶ機会こそが、自由を主張する主要な論点の一つをなすものということである。したがって、もし他人を嫉妬して[19]あるいは自分たちの考え方に関する根深い習慣を妨げるものを嫌ってある種の活動の遂行を抑制しなければならないとすれば、それは自由擁護論をすべて無意味にするであろう。公共の場所では行為の規則を強いることに賛成する議論が明らかにあるとしても、ある行為をただそれを知っている一部の人が嫌うという事実だけではそれを禁止するための十分な根拠とはなりえない。

一般的にいえばこの意味は、私的領域内での行為に関する道徳性は、国家の強制的支配の適切な対象ではないということである。おそらく自由な社会を自由でない社会と区別するもっとも重要な特徴の一つは、他人の保護される領域に直接影響を与えない行為の問題については、実際に多くの人が守っている規則は自発的な性質のものであり強制によって実施されるものではないということである。全体主義体制の最近の経験は「道徳的価値のためということと、国家のためということとを決して同一視しない」という原理の重要性を強く認識させた。[20]道徳的悪を撲滅しようとして強制をもちいる決心をした人たちのほうが、悪いことをしようとする人たちよりも多くの害と苦難をもたらしたと実際にいえそうである。

10　強制と道徳的圧力

しかし私的領域内における行為が国家による強制行為の適切な対象ではないという事実は、自由社会においてそのような行為が世論あるいは非難の圧力からも免除されることを必ずしも意味しない。一〇〇年前、ヴィクトリア時代のかなりきびしい道徳的な雰囲気において、そして同時に国家による強制が最小であったとき、ジョン・スチュアート・ミルはこのような「道徳的な強制」[21]にたいして激しい攻撃を向けた。この場合かれは自由擁護論を誇張したきらいがある。とにかく公衆の賛成または不賛成が道徳的規則や慣習を確実に守らせるために及ぼす圧力を強制として説明しないほうが、おそらくこの問題をいっそう明快にするのに役立つであろう。

すでに見たように、強制は強いていえば程度の問題である。自由のために国家が防止するとともに威嚇もしなくてはならない強制は、そのより苛酷な形の強制だけ――威嚇されるとき、普通の強さの人ならば自分にとって重要な目標を追及することが妨げられるような種類――である。社会が非国教徒に押しつける比較的穏やかな種類の圧力を強制と呼びたいかどうかは別として、これらの道徳的規則や慣習は法律よりも拘束力が弱いけれども、法律よりも重要で不可欠な役割を演ずるべきものであり、そしておそらく法の厳格な支配と同様に社会生活を容易にすることはほとんど疑いえない。これらの道徳的規則は一般的に守られているだけで、普遍的には守られていないことをわれわれは知っている。しかしそういうことを知っていること自体が不安を減らすものである。これらの規則を尊重するからといって人びとが同意を得られない方法で行動することがときに起こるのを妨げるものではない。しかしそれによって、規則を無視することがその人にとってきわめて重要であるような場合にかぎってこの種の行為が生ずることになる。時には、これらの非強制的な規則は一つの実験的段階をあらわし、のちに修正された形で法律に発展するものになるかもしれない。より一般的にはそれらは多少とも無意識的な慣習の弾力的な背景を与えるのであって、大多数の人びととの行為の道標として役立つのである。概して、社会的交流と個人的行為についてのこれらの慣習と規範は個人的自由の重大な侵害となるものではなく、行為にある最小限の統一性を保障し、個人的努力を妨害するよりもむしろそれをいっそう助長するのである。

第一〇章　法、命令および秩序

秩序とは、外部から社会に課せられる圧力ではなく、内部から組み立てられる一つの均衡である。

オルテガ・イ・ガセット（J. Ortega y Gasset）

1　抽象的規則による個人的領域の限定

「各個人の生存と活動のために、安全で自由な領域を与える不可分な境界線を設定する規則が、法である。[1]」このように、前世紀の偉大な法学者のひとりは自由の法についての基本的な考え方を述べた。法を自由の基礎とするこの法概念はそれ以後ほとんど失われてきている。この章の主な目的は、法の下での自由の理念を打ちたてかつ法をもって「自由の科学」として語ることを可能にしたこの法概念を再発見し、より正確にしようとすることである。[2]

社会における人間の生活あるいは群をなす社会的動物の生活でさえ、ある規則にしたがって各々が行動することにより可能となるのである。知性の成長とともに、これらの規則は無意識的な習慣から発展して明確な成文化された条文となり、同時により抽象的で一般的になる傾向がある。法律の制度になじんでいるために、われわれは抽象的規則による個人の領域の限定がいかに巧妙で複雑であるかということを理解しにくくなっている。もしそれが意識的に設計されたものであったとすれば、人間の発明のもっとも偉大なもののなかに数えられるのにふさわしいであろう。しかしもちろんそれは社会生活の基礎となっている言語、貨幣、あるいは慣習やしきたりの多くと同様、ほとんどまったくある人間の心によって発明されたものではない(3)。

個の領域を規則によって限定することは動物社会においてさえなんらかの形で見られる。この場合、食糧を求めて非常に頻繁に起こる争いや衝突などを防いでいる一定の秩序は、一匹が巣から遠くはぐれたときに積極的に争おうとしなくなるという事実からしばしば生じている。結果として、二匹がある中間の場所で出会ったとき、かれらのうち一方が力を実際に試すこともなく引きさがるのが一般である。こうして各々の個に属する領域は、具体的な境界による区分によってではなく、ある規則の遵守によって決定される。もちろん、その規則は個によってそれとして知られているのではなく、行動のなかで尊重されているのである。この例はこのような無意識的な習慣さえ、ある種の抽象性をともなっていることを示している。すなわち住みかからの距離というような一般性をもった条件が、ある個が他と出会うときの反応の具合を決めるのである。もし集団で住む動物の生活を可能にする社会的習慣をいくらかでも明白に規定しようとするならば、われわれは抽象的規則によってそれらの多くを表現しなければならないだろう。

これらの抽象的規則が行動のなかで正しく守られているからといって、その規則を伝達しうるという意味で個がそれを知っているということにはならない。抽象化が起こるのはいつでも個が一部の特徴だけを共通にそなえている環境に同じやり方で反応するときである(4)。人間は普通、成文化されるよりはるか以前に、この意味で抽象的規則にしたがって行動している(5)、人間が意識的抽象化の力を得たときでさえ、かれらの考えと行為とは意識したものでも、非常にたくさんのこの種の抽象的規則によって指導されているのであって、人間はそれを定式化することもできずにしたがっているのである。それゆえ、一般にある規則にしたがって行動しているという事実は、その規則が発見され成文化される必要がまだないということを意味しているわけではない。

2　命令と法律の区別

われわれが厳密な意味で「法律 (laws)」と呼ぶこれらの抽象的規則の性質は、特定の個々の命令 (commands) とそれを比較するともっとよくわかる。もし「命令」という語を広い意味でもちいるならば、人間の行為を支配する一般的規則はまさに命令とみなすこともできよう。法律と命令は同じ意味で事実の叙述とは異なり、したがって同じ論理的範疇に属している。しかし、すべての人がしたがっている一般的規則は命令そのものとは違い、必ずしもそれを発布した人物を前提としてはいない。またそれはその一般性と抽象性において命令とは異なっている。[6] この一般性あるいは抽象性の程度はここでいまある人にある特定のことをおこなえという命令から、かれがなにをしようともこれこれの状態では、ある必要条件を満たさなくてはならないとする布告 (instruction) にいたるまで連続的につながっている。法を理想的な形式であらわすとすれば、それは「一度かぎり」の命令であり、不特定の人びとに向けられ、時と場所についてのあらゆる特定の情況から抽象されていて、どこでもいつでも起こるかもしれない情況にのみかかわるものである。しかし法律と命令とを混同しないのは賢明であるが、ただし法律がその内容を特定化するにつれて、しだいに命令へと移っていくことをわれわれは認めなければならない。

二つの概念のあいだの重要な相違はつぎの事実にある。すなわち、命令から法律へと移るにつれて、どんな特定の行動をとるべきかに関する意思決定の源泉が、命令あるいは法を発する人から行動する人へと漸進的に移動するということである。命令の理想的な型はただ一つの仕方でなすべき行動を決定し、命令される人びとに自分の知識をつかったり、あるいは自分の好みにしたがったりする機会を与えない。このような命令にしたがってなされる行動は、それを発した人の目的にのみ奉仕する。他方、法の理想的な型は行為者の意思決定に際して考慮すべき付加的情報を提供するにすぎない。

このように、特定の行動を導く目的と知識を権威者と行為者のあいだに分割するその仕方が、一般的な法と特定の命令とのあいだのもっとも重要な区別なのである。それは原始的種族の首長なり一家の主人なりが部下たちの行動を規制するいろいろな仕方によって説明できる。一方の極はかれが特定の命令にもっぱら依存して、その部下たちは命令された以外にはまったく行動することが許されていない場合であろう。もし首長が部下たちのあらゆる細部にわたる行動をあらゆる場合に指図するならば、かれらは自分自身の知識と判断力をつかう機会のないただの道具にすぎなくなる。そして追求する目的も利用する知識もすべてみな主人のものとなるであろう。しかしながら多くの場合には、もしおこなうべき行動の種類なりある特定のときに達成すべき目的なりについて、一般的な指令を与えるにとどめて細かいことはその環境に応じ、すなわち個人の知識にしたがって各自にまかせておくほうがその主人の目的によりうまくかなうであろう。このような一般的指令はすでに一種の規則を構成することになり、その規則のもとでの行動は、主人の知識によってまた行動する人びとの知識によって導かれるであろう。どんな成果がいつ、誰によって、いかなる方法で達成されるべきかを決定するのは主人である。しかしその成果をもたらすための特定のやり方は責任を負う個々人によって決定されるであろう。たとえば、ある大きな家庭の召使いやある工場の使用人たちは、平素の決まりきった命令を実行し、いつも特定の環境に自己を適合させ、そして時おり特定の命令を受けるというしきたりにほとんどしたがっている。

このような環境のもとではすべての行動がめざす目的は主人の目的である。けれども主人はまた、集団の成員がある限界内でかれら自身の目的を追求することを許すこともある。このことは各人が自分の目的のためにつかう手段を指定することを前提としている。このような手段の配分は、各人が自分自身のためにつかうことのできる特定の物または時間の割りあてという形式をとるであろう。各個人の権利のこのような目録を変更することができるのは、主人の特殊な命令だけである。あるいは各個人の自由な行動の範囲は、長いあいだ前もって施行されていた一般的規則にしたがって決定もされるし変更もされるであろう。このような規則によって、各個人は自分の行動（たとえば、集団内の他の成員との物々交換とか、メリットにたいして主人が与えてくれる賞与を得ること）を通じて、自分自身の目的に自分の行動を向けることができる領域を、変更または形成することが可能になる。このようなわけで、規則による私的領域の限界づけから、所有権のような権利が発生してくるのであろう。

3　特定または具体的な規則と一般的または抽象的な規則

特殊性と具体性からしだいに一般性と抽象性を高めながら移行するのと同様なことは、習慣の規則から現代的意味での法への進化のなかにもある。個人の自由を育成しているある社会の法律とくらべると、原始社会の行為に関する規則はわりあいに具体的である。それは個人が自らの行動を形成できる範囲を限定するだけでなく、時には個人が特定の結果を成就するために、どういうふうにしていかなければならないか、あるいは特定の時と場所においてなにをしなければならないかを個別的に規定している。その規則のなかでは、ある効果はある特定の方法によってもたらされるだろうという実際的な知識の表現と、この方法がある適当な条件のもとでとられるべきだという要求とはまだ区別されていない。ただ一つだけ実例を示せば、バントゥー族（Bantu）が守っている規則によれば、かれらが村の一四個の小屋のあいだを移動する際には、年齢、性あるいは地位にしたがって厳格に規定されている方向に沿って移動するので、かれらの選択はいちじるしく限定されている。[7] かれらは他の人の意思にしたがうのではなく非人格的な習慣にしたがい、ある地点に達するために一つの儀式を守らなければならないのであるが、そのため他の人に平等な自由を保障するのに必要とする以上にかれらの方法の選択は制限されているのである。

「習慣の強制」が障害となるのは、物事の習慣的なやり方がもはや個人の知っている唯一の方法ではなくなり、望ましい目標を成就するのに別の方法がようやく考えられるときである。個人の知性が成長し行動の習慣的やり方からはずれる傾向が進むにつれて、規則を明白に述べたりあるいは再構成したりして、しだいに積極的な規定を改め、活動について本質的に消極的な範囲に限定することが必要になった。それは等しく承認された他人の領域には干渉しない範囲である。

真の法の「抽象的性質」（よい言葉がないのでそう呼んでおく[8]）を説明するのには、特殊な習慣から法への変遷のほうが、命令から法への変遷よりも適している。真の法のもつ一般的で抽象的な規則は、ある一定の環境のもとでは行動がある一定の条件を満たさなくてはならないことを規定している。しかしこれらの条件を満たす行動はすべてどんな種類のものでも許される。規則は枠組を定めるものであり、その内側で個人は行動しなければならないが、そのなかでの意思決定は本人自身のものである。その個人と他の私人との関係に関するかぎりでは、禁止の規定はほとんどまったく消極的な性質をもっている。ただし、その規定に関係している人間が自らの行動で積極的な義務を生みだす条件を創出する場合は別である。規則は手段的なものであって、個人の利用にまかされた手段である。そして、それは時と場所の特定の環境に関するその知識と合わせて、自分の意思決定の基礎として利用することのできる資料の一部をなすのである。

法律は個人の行動が満たさねばならない条件の一部を定めるにすぎず、不特定の人びとにたいしてある一定の条件が存在する時にはいつでも適用されるもので、特定の事情に関する事実にはほとんどまったくかかわらないのである。ゆえに、立法者はある特定の人びとへの法律の効果がどんなものであるか、あるいはどういった目的でそれらの法律が利用されるかを予想することはできない。法律を「手段的なもの」と呼ぶ場合その意味は、法律に従うにあたって個人が自らの目的を追求しており、立法者の目的を追求しているのではないということである。実際に、行動の特定の目的はつねに個々別々であって、一般的規則に入れるべきものではない。法は他人の殺害を、あるいはある時と場所において起こりうるという限定された条件を除いて殺害を禁止する。しかし特定の個人の殺害を禁止しているわけではない。

このような規則を守るにあたり、われわれは他人の目的に奉仕するものではないし、また他人の意思に従うというのも適当ではない。たとえば、わたくしがある自然の法則についての自分の知識を利用するように自らの目的のために他人の規則を利用する場合、さらにその他人がわたくしの存在や規則が適用される特定の条件あるいは規則が計画に及ぼす影響について知らない場合、わたくしの行動は他人の意思に従っているということはできないであろう。少なくともすべてこれらの場合において脅迫的な強制が避けられるかぎりは、法は任意に選べる手段を変更するだけであって、わたくしの求めねばならない目的を決定するものではない。約束は守らなくてはいけないという広く認められた規則がなかったならば、わたくしはその契約を結ばなかっただろうという場合、あるいはわたくしが法に関して十分な知識をもって自らおこなった他のいかなる行動についてその法律上の結果をも受けいれている場合に、わたくしが他人の意思に服従して、契約を履行しているというのはおろかであろう。

ある規則が普遍的に適用されるだろうという知識が個人にとってもつ意味は、行動のいろいろの対象と形式がその結果として新しい性質をもたらすことである。個人は人為的な因果関係を知っているので、自分の望むどんな目的のためにもそれを利用できるのである。これらの人為的法則がかれの行動に及ぼす影響は、自然の法則の影響とまさに同種類のものである。すなわちいずれの法則の知識もその行動の結果がなにであるかの予想を可能にし、また確信をもって計画を立てる助けとなる。もし自宅の居間で焚火をしたとしたら自分の家は焼けおちるだろうという知識と、隣りの家に火をつけたら刑務所にいれられるだろうという知識とはほとんど相違がない。自然の法則と同様に、国家の法律は個人が活動しなければならない世界のなかに固定的特質を与えている。それはかれに開かれたある一定の選択を排除するけれども、通例、誰かある他の人がかれにさせようとする特殊な行動に選択を限定することはない。

4　恣意、特権および差別

本書の主な関心である法の下における自由という概念の基礎になっている主張はつぎのとおりである。法律に従うとき、一般的で抽象的な規則がその適用にかかわりなく規定されているという意味において、われわれは他人の意思に従っているのではなく自由なのであるということである。立法者はその規則が適用される個々の場合を知らないし、また法を適用する裁判官は既存の規則体系と事件の特定の事実から生ずる結論を引きだすにあたり、なんの選択もしないのであるからこそ人ではなく法が支配するといえるのである。規則は特定の場合を知らぬままに規定され、どんな人の意思もそれを実施するのにもちいられる強制を決定するものではないから、法は恣意的ではないのである。(9) しかしながら、このことがあてはまるのは「法」があらゆる人に等しく適用される一般的規則を意味する場合にかぎられる。この一般性はわれわれがその「抽象性」と呼んでいる法の属性のうちおそらくもっとも重要な側面であろう。一つの真の法はどんな特定のことがらをもめざすものであってはならないのと同じように、それはどんな特定な人もあるいは人の集団をもとくに取りあげるべきものではない。

政府のすべての強制的行為は一般的で抽象的な規則の執行にかぎられるという制度の意義を、偉大な法制史家のひとりがしばしばこういう言葉で記している。「進歩的社会の動きはこれまで、身分から契約への動きであった。[10]」身分すなわち各個人が社会である割りあてられた地位を占めているという概念は、規則が十分に一般的でなく特定の人物や集団を抜きだしてかれらに特別の権利と義務を与えている状態にまさしくふさわしい。しかし、身分の反対のものとして契約を強調することは少し誤解を招く。というのは、身分はもっとも重要なものとはいえ、個人にたいしてかれ自身の地位を形成するために法が与える手段のうちの一つを抜きだすものだからである。身分の支配と真に対照的なのは、一般的で平等な法の支配、またすべての人にたいする同一の規則の支配、あるいはラテン語で法に相当する本来の意味の *leges* の支配である。つまり *leges* は *privi-leges*（特権）に対立する。

真の法の支配が一般的であるべしとする要請は、特殊な規則がある一部の人びとだけのもっている属性に関係する場合には時としてそれが違った種類の人びとには適用されないことがあることを意味するものではない。規則のうちには婦人や盲人あるいはある年齢以上のものにのみ適用されるものがあるであろう（これらのほとんどの場合、規則は適用される人びとの種類を名ざす必要さえない。たとえば強姦されたりあるいは妊娠しうるのは婦人だけである）。もしもこのような区別が集団の内部および外部の人びとによって正当なものと等しく認められるならば、その区別は恣意的なものではないし、一つの集団を他の集団の意思に従わせるものでもないであろう。このことはその区別の望ましさに関して合意がなければならないことを意味するのではなく、ただ個人の見解がその集団に属すか属さないかに依存するものではないことを意味するにすぎない。たとえば、その区別が集団の内外両者の多数によって賛成されるかぎり、両者の目的に役立っているとする有力な推定が成り立つ。だが、単に集団内部の人びとだけがその区別に賛成しているならばそれは明らかに特権である。他方、もし単に外部の人びとのみが賛成するならばそれは差別である。一部の人びとにとって特権であるものはもちろん他の残る人びとにとってはつねに差別である。

5　法と自由

すべての人に等しく適用される一般的で抽象的な規則でさえ、おそらくは自由にたいしてきびしい制限を加えているだろうということは否定されるべきではない。しかしそれを熟考してみると、いかにありそうでないことであるかがわかる。この主要な安全装置は規則がそれを制定する人びとと適用する人びと、すなわち被統治者と同様に統治者にも適用されなければならないし、そのうえ誰も例外を許す権力をもっていないというところにある。もし禁止され命令されているいっさいのことが、例外なく（ただしこれらの例外が別の一般的規則から導かれているのでないかぎり）すべての人びとにたいして禁止され命令されているならば、そして権威者さえ法を実施する力以外の特別の権力をもっていないとすれば、誰もが道理にかなっておこないたいと願っていることはほとんど禁止されないであろう。ある熱狂的な宗教団体があって、その信者たちは喜んで守ろうとする制限を他人にも課そうとするけれども、他人にとっては重要な目的の追求の妨げとなるということはあるいはあるかもしれない。しかし、もし宗教が時として極端に圧制的と感じられる規則の成立の口実となることがしばしばあり、それゆえ宗教的自由が自由にとって非常に重要とみなされることが本当であるならば、宗教的信仰こそが自由をきびしく規制する一般的規則をかつて実施していたほとんど唯一の根拠であるということもまた重要である。しかしながら、ある一部の人びとにだけ課せられるような制限とくらべて、たとえばスコットランドの安息日（Scottish Sabbath）のごとく、文字どおり全員に課せられる大部分の制限はなんと比較的無害で退屈でさえあることか。けれども重要なのは、奢侈《しゃし》制限立法のような私事とみなされることにたいする制限の多くが通例、選ばれた集団の人びとにだけ課せられるか、あるいは酒類製造販売禁止令のように政府が例外を認める権利を保有したためにこそ実行され得たということである。

さらに記憶しておくべきことは、他人にたいする人間の行動に関するかぎり、自由は人びとの行動が一般的規則によってのみ制限されるという以上のことを意味するものでは決してない。他人の保護領域に干渉することのない行動の類はありえないのであるから、言論も出版も宗教の行事もまったく自由ではありえない。すべてのこれらの分野で（そして、われわれが後に観察しようとする契約の分野においても同様に）自由が意味しさらに意味しうることは、われわれのおこなってよいことがいかなる人、いかなる権威者の許可によるものでもなく、すべての人びとに等しく適用される同一の抽象的な規則によってのみ制限されるということだけである。

しかしわれわれを自由にしているのが法であるとするならば、それは抽象的で一般的な規則の意味の法あるいは「実質的意味での法」と呼ばれるものについてあてはまるのであって、規則の起源ではなく性質に関して単に形式的意味での法とは異なるものである。[11] ある特殊な命令である「法」、立法当局から発するというだけで「法」と呼ばれている秩序は圧制の主要な道具である。これら二つの法概念に関する混同、法が支配することができるという信念の喪失、すなわち前者の意味での法律を規定しかつ施行している人間がかれらの意思を押しつけているのではないという信念の喪失が自由が衰退する主要な原因であって、法理論も政治的教義と同じくそれを大いに促進させてきたのである。

われわれは現代の法理論がこれらの区別をますます曖昧にしていったそのやり方については、のちに立ち戻らねばならないであろう。ここでは法の二つの概念の対照をそれに関する極端な立場の例をあげて示すにとどめよう。古典的観点は、ジョン・マーシャル（John Marshall）裁判長の有名な文章にあらわされている。「司法権は、法の力と対照されるごとく、実在するものではない。裁判所は法の単なる道具であり、なにごとも意思することができない。[12]」これにたいしてもっともよく引用された法学者の文章をあげよう。それはいわゆる進歩派のあいだで大いに支持されたものである。ホームズ判事（Justice Holmes）のもので、「一般的命題は具体的な場合を決定しない」というのである。[13]同じ立場が現代の政治学者によってもとられている。たとえば、「法は支配することができない。人間だけが他人にたいして力を行使することができる。人間ではなく法が支配するということは、したがって人間が人間を支配するという事実を隠していることを意味する。[14]」

事実、もし「支配する」ことが人びとを他人の意思にしたがわせることを意味するとするならば、自由社会では政府は支配する権力をもたないことになる。市民は市民として、この意味で支配されることはありえないし、自身のために選んだ仕事におけるその地位がどんなであろうとも、あるいは法にしたがって自分が一時的に政府の任務についていようとも、命令されるということはありえない。けれども「支配する」ということが特定の場合にかかわらず規定され、あらゆる人に等しく適用されうる一般的規則の実施を意味するならば市民は支配されうる。というのは規則が適用される大多数の場合、人間による決定は少しも必要とされないからである。そして、裁判所が一般的規則を特定の場合にいかに適用するかを決めなくてはならないときでさえ、決定するのは裁判所の意思ではなく、承認された規則の全体系のうちに含まれているものによるのである。

6　規則にしたがう行為における知識の区分

自分の行動を自ら決定しうる範囲が各個人にわかっていてそれが保障されるということは、その人に自分の知識を十分に利用させることになり、とくに時と場所が規定される特定の環境に関して具体的でときに独特の知識を十分に利用させうることになるという意味で合理的根拠がある。[15] 法は個人に自分自身がどんな事実をあてにしているかを教え、それによってその行動の結果を予測しうる範囲を広げるものである。同時に法は、個人が考慮しなければならない可能な行動の結果がどんなであるかを、あるいはなににたいして責任をもたされるだろうかということを教える。したがって、個人がしてもよいことまたはしなくてはならないことは、かれが知っていると想定されるか、または確かめることができると想定されるその時々の事情にのみ依存せざるを得ないということになる。その予想能力を越えて個人の行動と関係の薄い結果に自由な意思決定の範囲を依存させるような規則は有効ではありえないし、また決定をかれの自由にまかせることはできない。かれが予知しうると想定されるかもしれない影響のうちでも、規則はその一部を抜きだして考慮にいれるべきものを定め、他のものについてはこれを無視することを許すであろう。とくにこのような規則が要求することは、他人に損害を与えるどんなことも決してしてはいけないというだけではない。この種の規則は、ある特定の情況に適用される場合に考慮にいれなくてはならぬ影響といれる必要のない影響との区別をはっきりと決定できるように表現されるであろうし、あるいはされるべきである。

もしこうして法が個人自身の知識にもとづき有効に行動することのできるように役立ち、そのために個人の知識に付加するものがあるとするならば、法はまた知識あるいは過去の経験の結果、すなわち人びとがこれらの規則のもとで行動するかぎり利用される知識をうちに具体化しているのである。事実、共通の規則のもとでの諸個人の協調は一種の知識の分割にもとづいている。[16] その際、個人は特定の情況を考慮しなければならないが、法はかれらの行動がかれらの社会のある一般的あるいは永久的な特質に順応することを保証する。個々人が規則を守ることによって利用しており、法のなかに具体化されているこの経験を論じることはむずかしい。というのは、その経験は普通かれらにもあるいはある特定の個人にも知られていないからである。これらの規則の大部分は決して目的意識的に発明されたものではなく、試行錯誤の漸進的過程を通じて成長したものであり、何世代にもわたる経験が今日あるような規則をつくるのに役立ってきたのである。したがって多くの場合、ある特定の形式が与えられる規則を導いてきた理由と考え方についてはまったく誰も知らないし、これまでにも知らずにきたのである。したがって、われわれはある規則が実際に役立っているその任務を発見（*discover*）する努力を払わなければならないことがしばしばある。よくあることであるが、もしある特定の規則の合理的根拠を知らない場合に、慎重に審議して立法化し、その規則を改良しようとするならば、その一般的任務なり目的なりがなにであるべきかを理解しようとしなければならない。

　このように市民の活動の基礎となる規則は、社会全体をその環境と構成員の一般的特質とに適応させるものである。規則は行動計画の作成において個人を助けることに役立つかあるいは役立つべきものである。そして規則はその計画の遂行に好都合な機会をもつであろう。規則が存在するようになるのは、ある種の情況において諸個人のあいだに各々はなにをなしうるかについて摩擦が生じがちなので、もしそこにある規則があって銘々の権利がなにであるかを明らかに各人に教えるならば、摩擦を防ぐことができるということからかもしれないのである。その場合、必要なことはある規制がすでに知られていてそれがその種の状態を含んでいさえすればよく、その内容がなにであるかはたいして問題ではないであろう。

しかしながらその際、この必要条件を満たすことのできる規制がいくつかあるにはあっても、等しく満足のいくものではないということがよくあるであろう。「所有権」と呼ばれる権利の束のなかにはとくに土地に関する場合、正確になにが含まれるか、保護領域のなかには他にどんな権利を含むべきか、国家はどんな契約を強制すべきであるのか、ということはなにがもっとも好都合な取りきめであるかをすべて経験だけで明らかにすることのできる問題である。この種の権利の定義にはどんな特定のものでも、「自然の（natural）」というものは一つもない。たとえば、その欲するままにあるものを使用または濫用する権利というようなローマ法の所有権の概念は、しばしば繰り返されているが、実際厳密な形においてはほとんど適用不可能である。しかし、いくぶんでも進歩したすべての法的秩序の主要な特質は、デヴィッド・ヒューム（David Hume）が、「三つの基本的自然法」と呼んだもの、つまり「所有の安定、同意による移転および約束の履行」を単に丹精してつくりあげたものと思われるものに等しいのである。[17]

　しかしここでのわれわれの関心は特定の内容ではなく、これらの規則が自由社会で所有すべき一般的属性だけである。立法者はその規則に関係をもつ人びとがその規則をなにに利用するかを予想しえないのであるから、かれができることは規則を全体として、または大多数の場合において有益であるようにめざすことのみである。しかし規則はそれ自体がつくりだす予想を通じて作用するのであるから、いつでも規則は適用されるようにしておくことが大切であって、ある特定の場合に望ましい結果が生ずるかどうかにはかかわりがないのである。[18]立法者が特定の命令よりむしろ一般的規則に自己拘束するのは、規則が適用される特定の場合を必然的に知らない結果なのである。立法者ができることは、特定の行動のための計画をつくらなければならない人びとが利用する、ある確固たる材料を提供することだけである。しかし、かれらの行動の条件の一部分だけを規則に定めることにより、立法者は機会を提供することができるが、かれらの努力の結果に関するかぎり決して確実性を提供できるものではない。

法の抽象的規則の本質は、規則の適用される大多数の場合に有益であることが多いというにすぎないこと、そして人間の生来の無知に対抗するためにおぼえた手段の一つであるということを強調する必要がある。というのは功利主義によるある合理主義的解釈にたいしてわれわれはそう強調せざるを得ないからである。ある特定の法の支配の正当性の理由がその有用性にあるに違いないことはたしかである。ただしその有効性は合理的論議によって論証できるものではなく、単にその規則が実際上、他のどんな規則よりも便利だと実際に証明されてきただけのことから、その有効性が知られたかもしれないのである。しかし一般的にいうならば、こうした規則は全体系として正当化されなければならないが、その一つ一つの適用はそうであってはならない。[19] 法律のうえでも道徳のうえでも紛争はすべてその決定のいっさいの結果を理解しうる人にとって、もっとも有利であると思われるように決められるべきであるとする考え方に立つならば、いかなる規則の必要をも否定することになる。「なにもかも知っている個々人よりなる社会のみが、一般的功利的な基礎に立って、あらゆる特定の行動を考量する完全なる自由をひとりひとりに与えることができる。[20]」このような「極端な」功利主義は不合理もはなはだしい。したがって「制限的」功利主義と呼ばれてきたものだけがわれわれの問題にとって適切である。これに対して、ある規則は特定の場合にそれを守ることによって有益な効果が認められる場合にのみ拘束力があるという考え方ほど、法規範や道徳規則にとって破壊的な信念は少ない。

この誤った考え方のもっとも古い形は（よく誤って引用される）定式「salus populi suprema lex esto（人びとの福祉は最高の法であるべきである——法で『ある』というのではない——）」と関係がある。[21] 正しく理解すると、その意味するところは、法の目的が人びとの福祉であるべきこと、そして一般的規則がそれに役立つように設定されるべきであることにあるのであって、ある特定の社会的目的の観念はどんなものでも、これらの一般的規則を破る正当な理由を与えるべきであるということを意味しない。ある特定の目的、成就されるべきある具体的結果は、決して一つの法とはなりえない。

7　命令なき秩序

自由に敵対する人びとはつねに、人間生活の秩序には一部の者が命令を与え、他の一部の者がこれに従うことが必要であるという論点にもとづいて議論をする。[22]一般的法律のもとにおける自由の体系にたいする反対の多くは、知性の命令による目的意識的な組織化がないと、人間の活動の効果的な調整を想像することができないことから生じている。経済理論の成果の一つは、各個人の支配領域の限界があらかじめわかっていれば、個々人の自発的行動の相互調整が市場によっていかにもたらされるかを説明することであった。個々人の相互調整のあのメカニズムを理解することによって、個人の行動を制限する一般的規則をつくるのに必要な知識のもっとも重要な部分が与えられる。

各個人が一貫した行動計画を実行できるのは、その一つ一つの段階において自分の仲間たちからのある貢献を予想することにもとづいているが、そうした事実のなかに社会的行動が秩序をもっていることを示している。「社会生活のなかに、ある種の秩序、整合性および不変性があることは明らかである。もしそれらがなかったならば、われわれは誰ひとり自分の仕事に取りくめないし、または自分の基本的な欲望を満たすこともできないであろう。[23]」この秩序正しさは統一的な管理の結果ではありえない。それはただし、われわれが個々人にたいして、大部分はかれらにだけ知られていて、全体としては誰ひとりの人物にも知られていない特定の情況に、自らの行動を調整するよう望む場合においてのことである。本来、社会に関する秩序は根本的にはこういうことを意味している。すなわち、個人の行動はよい結果を予想する先見によって導かれること、また人びとは自分たちの知識を有効に利用するばかりでなく、かれらが他人からどんな協力を予想できるかについて、高度の確信をもって予見できることを意味している。[24]

情況に応じて調整するという意味をもつこういう秩序は、非常に多くの人びとのあいだに分散された知識であり、中央の指導によって打ちたてることはできない。それはさまざまな要素の相互調整と直接それらの要素に働きかけるできごとにたいする反応からのみ生じる。それはM・ポラニー（M. Polanyi）が「多中心的秩序（a polycentric order）の自生的形成と呼んでいたものである。「人間が自ら発意によって――すべての人間に等しく適用される法律にだけはしたがうが――お互いに影響しあうことを許すことにより、人間のあいだに秩序が成り立つ場合に社会における自生的な秩序の制度が存在することになる。そこでわれわれはこういうふうにいうことができるであろう。これらの個々人の努力はそれぞれの自発的な創意を働かせることによって相互に調整され、そしてこの自己調整は公共的な根拠のうえに立ってこの自由を正当化するものであると。このような個々人の行動が自由であるといわれる。というのは、その行動は上に立つ権威とか公的な権威からの、どんな特定の命令によっても決定されるものではないからである。かれらが従う強制は非人格的で一般的である。[25]」

物理的な物体を秩序づけるやり方によく慣れている人びとは、しばしばこのように自生的な秩序の形成を理解しにくいと考えるけれども、同じように一つの物理的秩序をつくりだすために個々の要素の自発的な調整に頼らなければならない例がもちろんたくさんある。もしそれぞれ個々の分子や原子一つ一つを他のものとの関係で適切なところに配置しなければならないとしたら、一つの結晶体あるいは複雑な合成物を決してつくりえないだろう。われわれは一定の条件のもとではそれらがある一定の特徴をそなえた構造のなかで自然に配列されるだろうという事実をあてにしなければならない。そしてこれらの自生的な力の使用はこのような例では、望ましい結果を成就するたった一つの手段であるが、そのことは秩序をつくりだす過程での多くの特徴がわれわれの支配をはるかに越えるものであることを意味している。いいかえるならば、これらの力に頼ってしかもそれと同時に、特定の原子がその結果生じる構造のなかで特定の位置を確実に占めるように保証することはできない。

同様に、われわれは社会のなかである秩序を形成するための条件をつくることはできるけれども、適当な条件のもとでその要素が自然に秩序づけられるやり方を取りきめることはできない。この意味において立法者の仕事は特定の秩序を設定することではなく、秩序ある配置がなされ絶えず更新される条件をつくりだすことだけである。自然におけるのと同じく、このようなある秩序の設立には、われわれが各原子の行動を予知できることを必要としない。その行動は原子自体がおかれている知られていない特定の情況によるであろう。必要なことはこの行動のある限定された規則性だけで足りる。そしてわれわれが施行する人間の法律の目的は、ある秩序の形成を可能にするような限定された規則性を保障することである。

このようなある秩序の各要素が知性のある人間であって、自分自身の目的を追求する上でできるだけうまく各人の能力をつかうように望む場合、秩序成立にとって主に必要なことは各人が自分の周囲の環境のどの条件をあてにすることができるかを知ることである。予知することのできない干渉にたいする保護の必要は時として「ブルジョワ社会(bourgeois society)」[26]に特有のものとして表現されることがある。しかし、「ブルジョワ社会」という意味が分業の条件のもとで協力する自由な個人の社会をさすのでないかぎり、このような見方はこの必要をあまりにも狭い社会での配置に限定するものである。この保護が個人的自由の本質的条件であり、それを保障することが法の主たる任務である。[27]

第一一章　法の支配の起源

法の目的は、自由を廃止あるいは制限することではなく、自由を維持、拡大することにある。なぜかというに、法律を定める能力のある生物にとっては、どんな場合にも、法のないところに、自由はないからである。また自由とは、制約と他人による制限と暴力から免れることであり、それは法のないところにはありえない。そして普通にいわれているように、それは、誰でもが望んでいることをする自由なのではない（なぜかというに、あらゆる他人の気まぐれが自分を圧制するかもしれないというときに、いったい誰が自由でありえようか）。しかし自分の服している法律の許す範囲内で、自分の望むとおりに、自分の身体、行動、財産そして自分の全所有物を処理、指示し、その点で、他人の恣意に従うのでなく、自分自身の意思に従う自由こそが自由なのである。

ジョン・ロック（John Locke）

1　近代的自由は一七世紀のイギリスにはじまる

現代における個人的自由については、一七世紀のイギリスより以前に遡ることはほとんど不可能である。[1] それはたぶんいつもそうであるように、計画的実現を目的とした結果としてよりも、むしろ権力への闘争の副産物としてはじめて出現したものである。しかしその恩恵が理解されるまでにはまことに長い期間を要した。そして二〇〇年以上にもわたり個人的自由の維持と保護はこの国の指導理念となり、その制度と伝統は文明世界にとっての模範となった。[2]

このことは中世の遺産が現代の自由にとって無関係であることを意味しているのではない。しかしその意義はしばしば考えられているものとはまったく違っている。事実、多くの点で中世の人間は現在普通に考えられているより、多くの自由を享受していた。しかしながら、その当時のイギリス人のいろいろな自由が多くの大陸の人民の自由よりはるかに大きかったと考える根拠はあまりない。[3] しかし、もし中世の人びとが領地や人間に許された特権という意味で多くの自由を知っていたとしても、自由を人民の一般的条件として考えることはほとんど知らなかったのである。その当時法律と秩序の性質と源泉について普及していた一般的概念は、いくつかの点で自由の問題がその近代的形式においてあらわれてくるのを妨げていた。しかし、イギリスが法の優越性についての中世の一般的な考え方を比較的多く保持していたので、イギリスは自由に関して近代的な成長を開始することができたといえるかもしれない。他の国では絶対主義の興隆のためにこの考え方は破壊されたのである。[4]

この中世的な考え方はおよそ中世の初期のあいだだけ完全に受けいれられていたにとどまったが、近代の発展にとっての背景としてはきわめて重要であった。それはこういう考え方であった。「国家は自ら法を創造、あるいは作成することはできず、ましてや法を廃止あるいは犯したりすることはできない。なぜなら、そのことは正義自体を廃止することを意味するがゆえにおろかしいことであり、法の唯一の創造者たる神にたいする謀叛であり、罪である。(5)」国王あるいは他の権威をもつ人間は、現存する法律を公に宣告しあるいは発見し、またはいつの間にか法を濫用するようになっていたのを改めることだけはできるが法律を創造することはできないという考えが、数世紀にわたり広く認められた学説であった。(6)ただし中世の後半になると、新しい法を意図的に創造するという考え方——われわれが知っているところの立法——が受けいれられてきた。イギリスでは、こうして議会（Parliament）がかつて主として法を発見する団体であったものから、法を創造する団体へと発展していった。個人的自由の大義は偶然にも立法の権威に関する論争のなかで最終的に取りあげられたのであるが、それは相抗争する政党が相互に相手の恣意的な行動——つまり、認められた一般的な法に従わない行動——を非難しあったのがもとであった。一五世紀と一六世紀に生まれた高度に組織化された国民国家の新しい権力は、はじめて意図的な政策の手段として立法を利用した。この新しい権力はしばらくのあいだは大陸におけるのと同じく、イギリスにおいても絶対王制へと導き中世のいろいろな自由を破壊するかのように思われた。(7)制約された政府の考え方は一七世紀のイギリスの闘争から起こったものであり、それは新しい出発であり、新しい問題を取りあつかった。もし初期のイギリスの教義や、あの偉大な中世の文書すなわちマグナ・カルタ（Magna Carta）、偉大な「自由憲章（Constitutio Libertatis）」(8)以後のそれが、近代の発展にとって重要であるとするならば、それはあの闘争において武器として役立ったからである。

しかしながら、もしわれわれの目的にとって中世の学説をこれ以上論じる必要がないとしても、近代のはじめに復活した古典的な遺産をいくぶんとも詳しく考察しなければならない。これを重要とするのは、古典的な遺産が一七世紀の政治思想に大きな影響を与えたからばかりでなく、古代の人びとの経験がわれわれの時代にたいして直接の意義をもっているゆえでもある。[9]

２　古代アテネにおける自由の理念の源

近代的な自由の理念にたいする古典的伝統の影響は論争の余地のないことであるけれども、その性質はしばしば誤解されている。古代の人びとは個人的自由という意味での自由を知らなかった、とよくいわれている。このことは、古代ギリシャでさえ多くの場所と時代を通じて事実である。しかし全盛期のアテネにおいては（あるいは、後期ローマ共和国において）決してそうではなかった。プラトン（Plato）の時代の堕落した民主主義においては事実であったかもしれないが、アテネ人についてはそうではなかった。そのアテネ人に向かってペリクレス（Pericles）はいった。「われわれがわが政府のもとで享受している自由もまた、われわれの日常の生活へと広がっている。その生活のなかで、各人は互いにねたみ心を抱きながら監視をしあうどころか、隣人が好きなことをしているからといって、これにたいして怒るような気にはなれないのである」[10]と。そして、アテネの兵士たちは、シシリア遠征のあいだ、非常に大きな危機に際して、かれらは将軍から、「自分の好むとおりに生きるために、なんの束縛もない自由が与えられている」[11]国のために戦っているのであると励まされた。それと同じ頃ニキアス（Nicias）はアテネを「自由な国のなかでもっとも自由な国」と呼んだが、そこでの自由の主要な特徴はどんなであったか。ギリシャ人ものちのチューダー朝とスチュアート朝（Tudor and Stuart times）のイギリス人も、ともにそういうふうにアテネの国を見たのであるが。

これにたいする答えは、エリザベス朝時代の人びとがギリシャ人から借りたある言葉によって示唆されている。ただしその言葉はそれ以後つかわれなくなってしまった。[12]「イソノミア（isonomia）」というのがそれである。それはイタリアからイギリスに一六世紀末期に、「人びとのあらゆる行為にたいする法律上の平等[13]」という意味の言葉として、輸入されたのである。その後まもなくその言葉は英語で“isonomy”という形で、リヴィ（Livy）の著書の翻訳者によって自由に使用された。それはすべての人にたいする平等な法律の状態と法執行者の責任とをあらわす言葉であった。[14]それは一七世紀まではつかわれていたが、[15]しだいに「法の前の平等」とか「法による政治」あるいは「法の支配」という言葉におきかえられていった。

古代ギリシャにおけるその概念の歴史は興味深い教訓を提供している。というのは、おそらくそれは文明が繰り返しおこなっているように思われるという循環運動の最初の例を示すものだからである。この概念がはじめてあらわれたとき、[16]それはソロン（Solon）がもっと以前にアテネに打ちたてたある状態をあらわしていた。その時、かれは「貴族にも平民にも平等な法律[17]」を人民に与え、それによって「公の政策の管理というよりも、むしろよく知られている規則にしたがって、合法的に支配されているという確信」をアテネ人に与えていた。[18]法の前の平等（isonomy）は専制君主の恣意的支配と対照され、そしてこれは専制君主のひとりの暗殺を祝う酒宴の歌のなかのなじみ深い表現となっていた。[19]その概念は民主主義（*demokratia*）の概念より古いようであり、政治への全員の平等な参加の要求はその一つの結果であったと思われる。ヘロドトス（Herodotus）にとって「政治的秩序のあらゆる名称のなかでもっとも美しい[20]」のは、民主主義よりむしろ法の前の平等であった。民主主義が達成された後もしばらくはこの言葉がつかわれつづけた。はじめはそれを正当視するために、そして後にはすでにいわれているごとく、[21]それが装っていた特質を隠すためにつかわれる傾向を高めていった。というのは、民主主義的政府はまもなくその正当化の根拠であった法の前での平等を無視するようになったからである。ギリシャ人はその二つの理念が関係しているけれども、同じものではないことを明白に理解していた。トゥキュディデス（Thucydides）は躊躇せずに「法の前の平等に基づく寡頭政治

（isonomic oligarchy）」について語り[22]、そしてプラトンでさえ民主主義の正当化のためよりもむしろ民主主義とわざわざ対照させて「法の前の平等」という言葉をつかっている[23]。四世紀の終りまでには、「民主主義のもとにおいて法律は主人たるべきである[24]。」ということを強調することが必要となっていたのである。

このような事情を背景として、アリストテレス（Aristotle）のある有名な文章は、"isonomia"という言葉をもはやつかっていないけれどもその伝統的な理想の一つの弁護と思われる。『政治学（*Politics*）』のなかでかれはつぎのように強調している。「市民のうちのどの人物よりも、法が統治すべきであること」、最高権力をもつ人びとは、「ただ法の後見人、かつ使用人としてのみ任命されるべきである。」そして、「最高の権力を心のなかに認めようとする者は、神のうちに、また法のうちにそれを置く[25]」と。かれは「法律でなく、人民が統治する」種類の政府、また「すべてのことが法律でなく、多数決によって決定される」種類の政府を非難する。このような政府は、かれにとって自由な国の政府ではないのである。「というのは、法はあらゆるものの上に立つ最高のものであるべきであるから、政府が法律にもとづいていないときには、自由な国は存在しない」「人民の投票にすべての権力を集中させている政府は、正確にいえば、民主主義であるはずがない。というのは、かれらの法令は、その範囲において普遍的ではありえないからである[26]。」もしこの言葉に、『修辞学（*Rhetoric*）』のなかにあるつぎの文章を加えるならば、法による統治の理念についてかなり完全な叙述になるであろう[27]。「非常に重要なことであるが、よく書かれた法とは、可能なかぎりすべての点を明確にすべきであり、できるだけ裁判官の判決にまかせる余地を少なくすることである。［なぜかというに］立法者の決定は、特定的でなく、将来に関するものであり、そして一般的なものであるからである。ところが実際は議会や陪審の人たちは、かれらの前にもちだされた具体的な事件の判決をくだすことを自分たちの義務と思っているのである[28]。」

「人間によるのでなく、法による統治」という現代でもつかわれている文章が、アリストテレスのこの文章から直接引きだされていることを示す明白な証拠がある。トーマス・ホッブズ（Thomas Hobbes）の信ずるところによれば、「秩序よくととのった国家においては、人間ではなく法が統治すべきであるというのが、アリストテレスの政治学のまさにもう一つの誤ちである」[29]というのである。しかしその後これにたいしてジェームス・ハリントン（James Harrington）は反撃を加え、「市民社会を共通の権利と利益の基礎のうえに設立し、保持する方法は、アリストテレスやリヴィによれば、すなわち人間の帝国でなく、法律の帝国に従うことである」[30]という。

3　ローマ帝国における起源

一七世紀のあいだに古代ローマ人の著述家の影響がギリシャ人の直接的な影響とほとんど入れかわった。だから、われわれはローマ共和国から受け継がれてきた伝統を簡単に見ておくことにしよう。有名な十二表法（Laws of the Twelve Tables）は一般にはソロンの法律の意識的な模倣として書かれたといわれているが、ローマ共和国の自由の基礎を形成している。そのなかにある公法の第一は、つぎのように規定している。「全市民に共通の法であって、どんな身分のものでも利用する権利のある法にそむき、他人を害して私的個人に有利になるような特権や法令は、いかなるものといえども制定されるべきではない。」[31]これが基礎的な概念となり、そのもとで慣習法が成長した過程といちじるしくよく似た過程を経て、[32]はじめて十分に発達した私法体系がしだいにできあがった。それは精神において、大陸の法思想を決定したのちのユスティニアヌス法典（Justinian code）とははなはだ異なっていた。

自由ローマのこの法の精神は、主としてその時代の歴史家や雄弁家の作品を通じてわれわれに伝えられているが、かれらは一七世紀のラテン・ルネッサンス（Latin Renaissance）のときにふたたび影響を及ぼすようになった。リヴィ――かれの翻訳者は人びとに“isonomia”（リヴィ自身はこの言葉をつかいはしなかった）という言葉を広め、法による政治と人による政治の区別をハリントンに提供した[33]――、タキトゥス（Tacitus）、それからとくにキケロ（Cicero）は古典的伝統を拡めていった主要な著述家となった。キケロは実に現代の自由主義の主要な権威者となり[34]、われわれが法の下における自由をもっとも効果的に定式化することに関してかれに負うところが多い。一般的規則あるいは法の法（*leges legum*）という立法を支配する概念[35]、われわれが自由であるために法に従うという概念[36]、さらに裁判官とは法が語ることを伝える口述者にすぎないという概念[37]は、かれに負うものである。ローマ法の古典的時代を通じて法と自由のあいだに争いはなく、自由は法の一定の属性すなわちその一般性と確実性、それに法が権威者の自由裁量に加える制限とに依存していることが十分理解されていたことを、かれほど明白に説明したものは他にいない。

この古典的時代はまた完全な経済的自由の時代であり、ローマはその繁栄と勢力とを主としてそれに負うたのである[38]。しかし紀元二世紀以降、急速に国家社会主義が進展した[39]。この発展のあいだに、法の前における平等がつくりだした自由は他の種類の平等への要求が出現したためにしだいに破壊されていった。のちの帝政時代には新しい社会政策の利益のために、国家が経済生活のうえにその統制を加えたので厳正な法は弱体化していった。その過程はコンスタンティヌス大帝のもとで頂点に達し、ローマ法で名高い研究家の言葉によれば、「絶対帝政は、衡平の原則とともに、法の枠にとらわれない帝王の意思の権威を宣言した。ユスティニアヌス帝は、博識な学者とともに、この過程をその結論へと導いていった[40]」という結果になったのである。それ以来一千年にわたり、立法が個人的自由の守護に奉仕すべきであるという考えは失われてしまった。そして立法の術が再発見されたときに、大陸において模範として役立ったのは法のうえに立つ君主の概念をもった[41]ユスティニアヌス法典であった。

4　特権にたいするイギリス人の闘争

しかるに、イギリスではエリザベス朝のあいだに古典派の学者たちが享受していた広範な影響力が異なった発達への進路を準備するのを助けた。女王の死後まもなく国王と議会のあいだに激しい闘争がはじまり、そのなかから副産物として個人の自由があらわれた。重要なことはその闘争が今日われわれが直面している問題と非常に似かよった経済政策の問題をめぐって主としてはじまったということである。一九世紀の歴史家にとっては、争いを引きおこしたジェームズ一世（James I）とチャールズ一世（Charles I）の政策は、時事問題として興味のない陳腐な問題のように思われるかもしれない。われわれにとっては、産業独占を打ちたてようという王たちの試みによって引きおこされた問題は親しみやすい響きをもっている。チャールズ一世は石炭産業を国有化しようとさえ試みたものの、反乱を引きおこすかもしれないといわれ思いとどまらされたのである。[42]

裁判所が有名な独占判例（Case of Monopolies）[43]において、どんな物品の生産についても排他的権利を許すことは「慣習法と臣民の自由に反する」という判決をくだして以来、すべての市民に平等な法をという要求が国王の目的に反対する主要な武器となった。その当時のイギリス人は今日のイギリス人よりも、生産の統制がつねに特権の創造を意味することを、つまり、ある者には許して別の者には許さないことが特権の創造を意味するということをよく理解していたのである。

しかしながら、基本的原理に関する最初の偉大な声明を生んだのは別種の経済統制のためであった。一六一〇年の苦情請願（Petition of Grievances）は、ロンドンにおける建築と小麦からの澱粉生産の禁止に関して、国王が発布した新しい規制によって刺激されたのである。下院（House of Commons）のこの有名な請願はつぎのように述べている。イギリスの臣民のあらゆる伝統的権利のうちで、「確実な法の支配によって導かれ、統治されるのであって、不確実で恣意的な政府によって統治されるのではないということほど、大切で貴重と認められているものはない。法の確実な支配は、上の者にもその下にいる者にも、かれらに帰属する権利を与えるのである……。このような基礎から、この王国の人民の明々白々の権利が育ってきた。それはこの国のコモン・ローの命ずるところのもの、あるいは国会における共同の承認によってつくられた法令による以外は、かれらの生命、土地、身体または財産に及ぶ刑罰に服することはないものである。[44]」

最後に、一六二四年の独占条例（Statute of Monopolies）によって引きおこされた論議のなかで、ホイッグ党（Whig）の偉大な祖であるエドワード・コーク卿（Sir Edward Coke）はマグナ・カルタの解釈を発展させ、それが新しい学説の敷石の一つとなった。かれの『イングランド法提要（*Institutes of the Laws of England*）』の第二部において、それはまもなく下院の命令により印刷されたものであるが、かれは（独占条例に言及して）つぎのように論じた。「もし誰かある人にカード製造なり、そのほかどんな商売を扱うものであっても独占の許可を与えるとすれば、かかる許可は、これまでこの商売を営んでいた、また法律的にも営むことのできた臣民の自由にそむいている。そして、結果的にはこの大憲章に違反している。[45]」しかしかれはそれだけではなく、このような国王大権にたいする反対からさらに進んで国会自体に警告をした。「すべての訴訟を貴重で公明正大な基準の法によってはかるようにし、不確実で歪んだ自由裁量のひもにまかさないように」と。[46]

内乱（Civil War）〔訳注―チャールズ一世と国会との戦い、一六四二～九〕のあいだに、これらの問題に関しての広範で連続的な論議のなかから、その後のイギリスの政治的発展を支配することになった政治的理念がすべてだんだんと出現してきた。われわれはここでその時代の論争や小論文の文献のなかにそれらの進化をたどることはできない。それらのきわめて豊富な考え方は、近年になってそれが再版されてはじめて見ることができるようになったのである。[47] われわれのできることは以後ますます頻繁にあらわれた主だった思想を記録することだけである。それは王政復古(Restoration)〔訳注―一六六〇年、チャールズ二世(Charles II)の復位〕のときまでには確立した伝統の一部となり、一六八八年の名誉革命(Glorious Revolution)の後は勝利を得た政党の教義の一部となった。

　後の世代にとって市民戦争の恒久的な成果の象徴となった大事件は、一六四一年に特権的な裁判所とくに星室庁裁判所(Star Chamber)が廃止されたことであった。それはメイトランド(F.W. Maitland)がしばしば引用した言葉によれば、「法を司る裁判官による裁判所ではなく、ある政策を実施する政治家の裁判所」[48]となっていたのである。ほとんど同じ頃、はじめて裁判官の独立を保障するための努力がなされた。[49] 引きつづく二〇年間の論争のなかで、中心的問題はしだいに政府の恣意的行動の防止となった。「恣意的」には二つの意味があって、久しく混同されていたけれども、国会が国王と同様に恣意的に行動しはじめたので、[50] ある行動が恣意的であるかどうかは権威の源泉によるのではなく、既存の法の一般的原則にしたがっているかどうかによるということが認められるようになった。もっとも頻繁に強調された点は、前もって存在する法の規定なしにはいかなる刑罰もあってはならないこと、[51] すべての法令は過去に遡って適用されるべきではなくもっぱら将来を見て扱うべきであること、[52] そしてすべての法執行者の裁量はきびしく法によって制限されるべきであるということであった。[53] 全体を通じて支配的な考え方は、法が王たるべきこと、あるいはその時期の論争的な論文の一つが表現したように法は王である(*Lex, Rex*)であった。[54]

　いかにしてこれらの根本的な理念を守るべきかに関して、二つの重要な構想がしだいに出現してきた。すなわち、成文憲法[55]の考えと権力分立の原則[56]である。一六六〇年一月、ちょうど王政復古の直前の「ウェストミンスターに召集された国会の宣言」において、正式な文書をもって憲法の根本的な原理を述べる最終的試みがなされた。それにはつぎのような印象的な文章が含まれていた。「人民は、法によって統治さるべきであり、裁判は誤った法執行にたいして責任をもつ者によってのみおこなわれるべきであるということほど、一国の自由にとって重要なことはない。それゆえに、つぎのとおり宣言する。この国の自由な人民すべての生命、自由および財産に関するすべての手続きは、その国の法律に従うべきであるし、国会は法の通常の執行や執政権領域に関与しない。政府の恣意にたいして、人民の自由のためにそなえることこそ、あらゆるこれまでの国会の役割であったと同様に、その原則的役割である。」[57]もしその後、権力分立の原則がまったく「立憲的な法の原則として全面的に承認される」[58]にはいたらなかったとしても、それは少なくとも支配的な政治教義の一部をなすものとして残った。

5　ホイッグ党の学説の成文化

これらの思想はすべてつぎの一〇〇年間において、イギリスのみならずアメリカおよびヨーロッパ大陸において、決定的な影響を及ぼした。それは一六八八年、スチュアート朝（Stuarts）が最終的に排除されたのちに要約された形式で示された。その当時いくつかの他の著作に等しくあるいはおそらくそれ以上に強い影響を与えたかもしれない[59]ジョン・ロックの『市民政府論（*Second Treatise on Civil Government*）』は、その永続的効果の点で際だっているため、われわれの注目はそれに限定されなければならない。

ロックの功績は、主に名誉革命[60]を包括的かつ哲学的に正当化したものとして知られている。そしてかれの独創的な貢献は、主として政府の哲学的基礎に関するその広範な思索のなかにある。かれの思索の価値についてはいろいろ意見が分かれるかもしれない。しかし少なくともその当時において重要であって、ここで主にわれわれが関心をもつかれの功績は、勝利を得た政治的教義とその実践的原理を成文化したことであって、それはそれ以後の政府の権力を規制すべきものとして承認されたのである。[61]

ロックの哲学的議論のなかでかれの関心は権力の正当化の源泉と政府一般の目的とに向けられているが、かれが関心を払った実際的問題は誰が権力を行使しようとも、いかにして権力が恣意的になることを防御することができるかということである。すなわち「政府のもとにおける人民の自由とは、生活のよりどころとなる確固たる規則をもつことであり、その規則はその社会の誰にでも共通であって、その社会に設けられた立法権力によってつくられる。つまり、それは規則が命じていないところでは、なにごとにも自分自身の意思に従う自由である。気まぐれで、不確実で恣意的な他人の意思に従わないという自由である。[62]」その立論が主に向かうところは、「不規則で不確実な権力の行使[63]」に対抗することである。重要な点は、「いかなる国の立法上、あるいは最高の権力をもつ者も、臨機の命令によらず、公布されて人民に知られていて、確立された慣習的な法によって、そしてこれらの法律によって争いに判決をくだす公平で正直な裁判官によって、統治するよう拘束されていること、そしてこれらの法律の施行にあたってのみ、自国においてその共同社会の権力をつかうことである。[64]」立法府といえども、「絶対的な恣意的権力[65]」をもたず、「その時々の気ままな命令によって支配する権力を自らのうちに握ることはできず、正義を施行しなくてはならず、発布された恒常的な法と名のとおった権限をもつ裁判官とによって、臣民の権利を決定しなければならない。[66]」その一方、「法の最高執行者は、……意思も権力ももたず、法の意思と権力をもつのである。[67]」ロックはいかなる主権をも認めることをひどく嫌い、そして『市民政府論（*Treatise*）』は主権の観念そのものにたいする攻撃としてあらわされている。[68]権威の濫用にたいする主な実際的な防御手段として、かれが提唱したのは権力の分割である。それをかれは先人たちよりはやや不明瞭に、親しみにくい形式で説明している。[69] かれの主要な関心は、「行政的権力をもつ人」の裁量をいかに制限するか[70]ということであるが、かれは特別な防御手段を提案していない。しかしかれの究極的な目的は、一貫して「権力の抑制」と今日しばしばいわれているものである。人びとが「ある立法者を選択し、かつ権威を与える目的は、社会の全成員の財産の防壁として、また護衛として、そこで法律がつくられ、規則が定められ、権力を制限し、その社会のあらゆる部分と成員の支配をやわらげることである。[71]」

6　一八世紀における発展

ある理念が世論によって受けいれられ、政策として十分に実現されるまでには長い道のりがある。そして法の支配の理念は二〇〇年後その進行は逆転してしまったが、その時点においてさえおそらくまだ完全に実現されたとはいえなかった。とにかくそれが日常の実践のなかに漸進的に浸透していった主要な定着化の時代は、一八世紀の前半であった。[72] 一七〇一年の王位継承法（Act of Settlement）においての裁判官の独立に関する最終的な確認から、[73] 一七〇六年、国会によってすでに通過していた公権剥奪の最後の法案が、立法府のこのような恣意的な行動に反対するあらゆる議論の最終的な再声明[74]を引きだしただけでなく権力分立の原則の再確認をも引きだした。[75] この期間は一七世紀のイギリス人が望み戦った原則の大部分のものが、緩慢であったが着実な拡大をみた時期であった。

その当時の意義深いできごとのいくつかを簡単に述べておいた方がよいだろう。下院の一議員は（ジョンソン博士［Dr. Johnson］が討論を報告していたとき）、「法律なくして刑罰なし（*nulla poena sine lege*）」という基本的学説を再宣言した。今日でさえこれはイギリス法の一部ではないと主張されることがある。[76]「法律がなければ、違犯もないということは、普遍的な同意によって確立される公理であるばかりでなく、それ自体明白で否定しがたいものである。そして諸君、違犯がなければ刑罰もありえないことは、同様にはっきりしています。[77]」もう一つは、ウィルクス（Wilkes）事件のなかでキャムデン卿（Lord Camden）が明らかにしたことで、それは裁判所の関心は政府の特定の目的にあるのではなく一般的な規則にのみあること、あるいは時おりかれの立場が他の人びとに解釈されていた言い方を借りれば、公の政策は法廷での論議とはならないということである。[78]他の面では進歩はもっとゆっくりしていたし、もっとも貧しい人たちの立場から見れば、法の前における平等の理想は久しく、やや疑わしい事実のままであったことはおそらくたしかである。しかしもしこれらの理念の精神にもとづいた法律改革の過程が緩慢であったとしても、原則それ自体については論争の余地はなくなっていた。それらはもはや一党派の見解ではなく、トーリー党（the Tories）[79]によっても完全に受けいれられていた。しかしながらいくつかの面では、その発展は理想に向かわずむしろ離れていった。とくに権力分立の原則は同世紀のあいだイギリスの憲法のもっとも明白な特色とみなされていたけれども、[80]近代の内閣制度が発展するにつれてしだいに事実ではなくなった。そして無制限な権力を要求する国会はさらに他の原則からもやがて離れていった。

7　ヒューム、ブラックストーンおよびペイリーによる再叙述

一八世紀後半には諸理念にたいする首尾一貫した説明が生まれ、その後の一〇〇年に関する世論の風潮を大いに決定した。よくあることであるが、これらの考えを広く一般に伝えたのは政治的哲学者や法律家による組織だった説明よりも、むしろ歴史学者による事件の解釈に依拠するところが多かった。かれらのあいだでもっとも影響力があった

のは、デヴィッド・ヒュームであった。かれはその著作のなかで肝要な点を繰り返し強調した。[81]かれにとってイギリス史の真の意味は、「意思による政府から、法による政府へ[82]」の発展であったと適切にも評されている。少なくともかれの『イギリス史（*History of England*）』からの特徴的な一節は引用に値する。星室庁裁判所の廃止に関してかれは書いている。「その当時、ある行政長官に委任されたある恣意的な権力の混在なしに存続した政府は世界中どこにもあらわれていなかったし、おそらくいかなる歴史の記録のなかにも見いだされない。そして予想としても、人間社会が完成の状態に到達して、法と衡平に関する一般的で厳正な公理の外に、どんな支配も設けずに存立することができるかどうかは当然疑わしいであろう。しかし国会が正当にも考えたことは、国王を行政長官として自由裁量の権力を委任するには位が高すぎるのであって、国王はその権力をいとも簡単に自由の破壊に向けるかもしれないということであった。そしてその際にわかったことは、法に厳格に従うという公理から若干の不都合が生ずるとしても、なおその利益は不都合をはるかに上回るということであった。これによりイギリス人は繰り返し論争をした後ついにあの高貴な原則を打ちたてた祖先の霊にたいし永遠に感謝するであろう。[83]」

一八世紀の後半には、これらの理念は多くの場合当然のことと受けとられてわざわざ表明されなくなってきた。そして現代の読者はアダム・スミス（Adam Smith）やその同時代人が「自由」の意味をどう理解したか[84]を知ろうとすれば、それらの理念について推測をしなくてはならないのである。ただ時々、ブラックストーン（Blackstone）の『イングランド法注釈（*Commentaries*）』におけるように、特定の点を精密に論ずる努力を見いだすのである。たとえば、裁判官の独立と権力分立の意義、[85]あるいは「法」を定義して「一つの規則とし、ある上の者からあるいはある特殊な人物にかかわる一時的で突然の命令ではなく、永久的で一律的かつ一般的なもの[86]」としてその意味を明白にしている。

それらの理想についてもっともよく知られている表現の多くは、もちろんエドマンド・バークの親しまれている文章に見られる。[87]しかし、法の支配に関する教義の叙述でもっとも十分にあらわされたものは、ウィリアム・ペイリー(William Paley)の著作にある。かれは「法典編纂の時代における思想の偉大な法典編纂者[88]」といわれた。それはいくらか長いけれども引用に値する。かれはこう書いている。「自由な国家の第一の公理は、法律が一群の人びとによってつくられ、他の一群の人びとによって執行されるべきである。いいかえれば、立法と司法の特性が分離されねばならないということである。これらの職務が同じ人間または同じ議会のもとに統合される場合には、特定の法律が特定の場合のために、しばしば偏った動機から生じて私的目的に向けられてつくられる。両者が分離している場合には一般的法が一団の人びとによってつくられるが、誰にそれが影響を与えるかを予想することはない。そして、つくられると、他の一団の人びとによって適用されなくてはならないが、その法律が誰に影響を及ぼすにしてもそのままにしておかねばならない……。法律によって影響を受ける党派や利益集団が知られているときには、法の作成者の性向が必然的にある一方にひきつけられるであろう。そして立法者たちの決定を規制するなんらかの固定した規則もなく、またそれらの過程を支配するなんらかの超越した権力も存在しない場合には、これらの性向は公的正義の誠実性を妨げるであろう。その結果はこのような国制のもとにおかれている臣民は確固とした法律なしで、すなわち判決について前もって打ちたてられた既知の規則がなにもなく生活するか、あるいは特定の人びとのためにつくられた法律のもと、そしてその法律の源泉となっている動機の不正と矛盾をともなっている法律のもとで、生活することになるであろう。」

「立法と司法の機能の分割によって、この国では上記の危険は防がれている。国会はその法案によって影響を蒙る個人を知らないし、議会の前には事件も当事者もない。奉仕しなければならない私的な意図もない。したがって、国会の議決は普遍的な影響と傾向を考慮して審議されるだろう。それはつねに公平で一般的に有利な規制をつくりだすのである。[89]」

8　イギリス的発展の終り

一八世紀末になると、自由の原則の発展に対するイギリスの主要な貢献は終末を迎える。マコーレーはヒュームが一八世紀のためになしとげたことを一九世紀のためにもう一度おこない[90]、『エジンバラ・レビュー（*Edinburgh Review*）』のホイッグ党の知識人たちや、スミスの流れをくむマカロック（J.R. MacCulloch）やシーニアー（N.W. Senior）などの経済学者たちは、古典派的な表現で自由について考えつづけていたけれどもほとんど発展はなかった。ホイッグ主義（Whiggism）にしだいに取りかわっていった新しい自由主義が、哲学的急進派とフランスの伝統がもつ合理主義的傾向の影響のもとにだんだんと勢力をもつようになった。ベンサム（Bentham）と功利主義者たちは中世以来、部分的に保持してきた信念[91]を打ちくだくのに大いに力があった。功利主義者たちはそのときまでイギリスの制度のもっとも称賛された特色であったものの大部分を軽蔑的に取りあつかったのである。そして、かれらはそれまで完全になかったもの、すなわち合理主義の原則に立ってイギリスの法律と制度を全面的につくりなおす欲求をイギリスにもち込んだ。

フランス革命の理想によって導かれた人びとには、イギリス的自由の伝統的原則に関する理解が欠如していたことの明白な例証として、イギリスにおける革命の初期の主唱者のひとり、リチャード・プライス博士（Dr. Richard Price）をあげることができる。早くも一七七八年にかれはこう論じた。「『人間による政治でなく法による政治』という表現は、自由の定義としてははなはだ不完全である。もし法律が共同の同意によらず、ひとりの人間または一国内での一党派によってつくられるとすれば、そういう政府は奴隷と違わない。[92]」八年後、かれはテュルゴー（Turgot）からの称賛の手紙を誇示することができた。「驚くべきことではありますが、あなたは貴国においてはじめて自由の正しい考え方を示し、しかもしばしば共和国の著作家たち（Republican Writers）のほとんどすべてのものによって繰り返されている『自由は法律にのみ従うところにある』という観念の虚偽性を示しました[93]」と。それ以後、イギリス流の個人的自由の理念に代って、本質的にフランス流の政治的自由の考え方がますます勢力を増していった。そしてついには、「一世紀あまり前は、フランス革命の基礎となっていた考え方を排斥し、ナポレオンにたいする抵抗を指導していったイギリスにおいて、こういう考え方が勝利をおさめた[94]」といってもよいであろう。イギリスでは一七世紀の成果の大部分が一九世紀の後までも保持されていたけれども、それらの成果の基にある理想のなおいっそうの発展は他の国に求めなければならない。

第一二章　アメリカの貢献＝立憲制

ヨーロッパは自由国家の本拠地になることができないように見えた。人は自分自身の本分に気づくべきであり、国民は国家のなす行為について、神にたいして責任を負わねばならないとの平明な思想——孤独な思想家たちの胸のなかで長いあいだしまいこまれラテン語で書かれた大判の書物のなかに埋もれていた思想——が征服者のごとく突然世界にあらわれ出たのはアメリカからであった。この思想は人権の名のもとに世界を一変させるよう運命づけられていた。

アクトン卿（Lord Acton）

1　アメリカ憲法制定者たちとイギリスの伝統

「一七六七年にこの近代化したイギリスの国会が、いまでいう無制限かつ制限不可能な国会主権の原則にしたがって、妥当とみなすいかなる法律をも多数決によって制定することができると宣言を発したとき、植民地ではこれが恐怖の叫びでもって迎えられた。マサチューセッツ（Massachusetts）のジェームズ・オティス（James Otis）およびサム・アダムズ（Sam Adams）、ヴァージニア（Virginia）のパトリック・ヘンリー（Patrick Henry）、その他海岸地帯の植民地指導者たちは『反逆！』、『マグナ・カルタ！』と叫んだ。かれらの主張するところによれば、そのような教義はかれらのイギリスの祖先たちが戦いとろうとしてきたすべての目的の本質を破壊し、イギリスの賢人や愛国者が殉じたあのすばらしいアングロサクソン的自由からその香気そのものを取り去った。[1]」現代アメリカにおいて多数派の無制限な権力の熱狂的支持者の一人は、個人の自由を確保する新しい試みを引きおこすこととなった運動のはじまりをこのように述べている。

運動はその初期においてまったくイギリス人の自由に関する伝統的概念にもとづいていた。エドマンド・バークその他のイギリスの共鳴者たちだけが植民地人について、「単に自由に献身しただけでなく、イギリスの思想に従いイギリスの原則にのっとった自由に献身した[2]」と述べたのではない。植民地人自身も久しくこの見解を取ってきた。[3]かれらは自分たちが一六八八年におけるホイッグ党の革命の原則を支持していたと信じていたし、[4]また「ホイッグ党の政治家たちがワシントン将軍のために乾杯して、アメリカが抵抗し独立の承認を主張したことを祝った」のだから、[5]植民地人は自分たちを支持したウィリアム・ピット（William Pitt）とホイッグ党の政治家たちのために乾杯した。[6]

イギリスでは国会の完全な勝利ののち、どの権力も恣意的であるべきでなく、すべての権力はより上位の法によって制限さるべきであるという観念が忘れられる傾向にあった。しかし植民地人たちはこの思想を身につけており、今度はそれにもとづいてイギリス国会に反発した。かれらが異議を唱えたのはその国会に代表を送っていないことだけでなく、それ以上に国会の権力にいかなる制限をも認めないことにたいしてであった。国会それ自体にたいしてより上位の原則によって権力を法的に制限するという原則を適用することによって、自由な政府の理想をさらに発展させることの主導権はアメリカ人の手にわたった。

アメリカ人がとくに幸運だったのは、おそらくほかのどの国民も同様の境遇になかったということであろうが、またかれらの指導者たちのなかに政治哲学に造詣の深い学者たちが何人かいたことでもあった。この新しい国が他の多くの点においていまだ非常に遅れていたときに、「政治学のみにおいてはアメリカが第一級の地位を占める。一流のヨーロッパ人、すなわちスミス、テュルゴー、ミルおよびフンボルト（Humboldt）と同一水準にあるアメリカ人が六人いる」[7]と表現できたのは注目すべき事実である。そのうえ、かれらには前世紀におけるイギリスの思想家と同じように古典的伝統が染みこんでおり、またその思想家たちの思想に十分に通じていた。

2　政府を限定する工夫としての憲法

最終的決裂にいたるまでは、植民地人たちが母国との紛争において提唱した要求と主張は、イギリス臣民としてもつ資格があるとみなしていた権利と特典に完全にもとづいていた。しかるに、かれらがその原則を固く信頼していたイギリスの憲法はほとんど実体というものをもたず、議会の主張にたいしてうまく訴えることができないとわかってはじめて、かれらは見えなくなった根本理念をそなえなくてはならないと結論したのであった[8]。よって「固定した憲法」[9]がいかなる自由な政府にとっても大切であり、また憲法が制限された政府を意味することを根本的な信条とした[10]。かれらは自らの歴史からメイフラワー号（Mayflower）の盟約および各植民地の憲章などのように政府の権力を明確にし、限界を定めた文書に精通していた[11]。

かれらは経験からいろいろな権力を割りあて配分する憲法が、それによっていかなる権威をも必然的に制限することを学んでいた。ある憲法はこれを手続き上のことがらに限定して、単にいっさいの権威の源泉を確定するにとどめることも考えられる。しかし、これこれの団体や個人のいうことをもって、なんでも法律とすると述べるだけの文書を「憲法」とするとはほとんど考えられないことであろう。一度そのような文書が特定の権力をいろいろな権威に割りあてたならば、それらの権力が果たすべき課題ないし目的に関してだけでなく、もちいるべき方法に関してもその文書によって制限の加えられることをかれらは知っていた。植民地人にとって自由の意味するところは、政府は法によって明らかに要請されている行為にたいしてのみ権力をもつべきで、したがって誰もいかなる恣意的な権力をもつべきでないことであった(12)。

こうして憲法の概念は代議政体の概念と密接に結びつくようになった。代議機関は文書によって特定の権力を与えられ、あわせてその権力も厳密に限界を定められるのである。すべての権力が国民に由来するという公式は、代議士の選挙が定期的に繰り返されることに関してよりも、むしろ憲法を制定する集団として組織された国民が代議制立法府の権力を定める排他的権利をもつことに関連していわれたのである(13)。したがって憲法は政府の他の部門と同じく、立法府の側におけるすべての恣意的な行為にたいして、国民を守るものと考えられたのである。

このようにして政府を制限することを任務とする憲法が含むべき内容には、権威の由来を規制する規定の他に、実際に実体的規則がなければならない。憲法は任命された立法府の行為を支配すべき一般的原則を規定しなければならない。したがって憲法の考えは権威ないし権力の階層組織の考えを含むだけではなく、規則ないし法律の階層組織の考えを含む。その場合、より高い一般性をもちより上位の権威をもつ手続きによった法が、委任によって制定される特定の法内容を統御する。

3　自由の憲法

通常の立法を支配するある上位の法という概念はきわめて古いものである。一八世紀においては、神の法、自然の法、あるいは理性の法と自然に考えられた。しかし、この上位の法を文書にすることによって明示化し強要しうるという考えはまったく新しいものではないが、革命的な植民地人によってはじめて実行されたのである。事実、個々の植民地は通常の立法におけるよりもいっそう広範な民衆を基盤として、この上位の法を成文化することを最初に試みた。しかし他の世界に深遠な影響を与えることとなった原型は連邦憲法であった。

憲法と通常の法律の根本的な区別は法律一般と個々の事件についての裁判所によるその適用との区別に等しい。すなわち、具体的な事件を裁決するにあたって裁判官が一般的な規則に縛られるのと同様に、立法府は特定の法律を制定するにあたって憲法のより一般的な原則に拘束される。これらの区別の正当化の理由もまた両方の場合とも同じである。つまり、ある司法上の決定がある一般的な法律に一致するときにのみ正当とみなされるのと同様に、特定の法律はより一般的な原則に従うときにのみ正当とみなされるのである。そして裁判官はある特定の理由から法律を逸脱することのないよう望まれるのと同様に、立法府もまた一時的で即時的な目的のためにある一般的な原則を破ることのないよう望まれるのである。

われわれはすでに別のことに関連してこの必要性の理由を議論してきた[14]。すなわち、人はみな行為の規則が一般的に遵守されることを望むにもかかわらず、即時的な目的を追求しながらそれを破る傾きがある。あるいはその知能の限界のためにそれを破らざるを得なくなるということを論じた。われわれの心の能力が制限されているために、即時的な目的はつねにひどく重要に見えるので、長期の利益をそのために犠牲にする傾向があるであろう。したがって社会的行為においても個人的行為においても、われわれはその時々の必要とは無関係に一般的な原則に従うことによってのみ、ある程度の合理性または整合性に近づくことができるのである。立法はもし全体としての効果を考慮すべきならば、他のどんな人間活動とも同じように原則の指導なしで済ますことはできないのである。

もしある重要な即時的目的のために、ある手段をとることによって正式に公表されている原則を明らかに放棄する必要がある場合には、立法府は個人と同様その手段をとることをいっそう嫌うであろう。特定の義務または約束を破ることは、これこれの一般的な状態が生じたときには契約ないし約束を破ってもよいとはっきり述べることとは別のことがらである。ある法律を遡及させたり、法によって個人に特権を授与したり、刑罰を科すことは、こうしたことを絶対におこなってはならないという原則を廃止することとは別のことがらである。そしてあるいっそう大きな目的を達成するために立法府が所有権あるいは言論の自由を侵害することは、そのような権利を侵害しうる一般的条件を立法府が述べなくてはならないこととはまったく別のことがらである。

立法府によるこのような行為を正当とする条件を述べることは、たとえ立法府自体だけがそれを述べることを要求されたとしても、おそらく有益な効果をもつであろう。裁判官が裁判を進める際にのっとる原則を述べることを要求される場合とまったく同様である。しかし別の機関があって、これらの根本的な原則を修正する権力をもつとすれば、それだけでもより効果的なことは明らかである。とくにこの機関の審議が長くかかり、したがって修正の要求を引きおこした特定の目的の重要性について適当な時間をかけて判断するとすればいっそう効果的である。一般に憲法制定議会または同様の機関を設けて、政府のもっとも一般的な原則を制定することにし、しかもこのことだけをおこなう権限があって、他の特定の法律はどんなものも承認しないとするのは注目しておく価値がある。[15]

「酔っぱらった人からしらふの人への訴え」という表現はこれに関連してしばしばもちいられるが、はるかに広い問題の一つの側面を強調するものにすぎないし、またその言いまわしの軽薄さのため、包含されている非常に重要な問題を明らかにするよりも、むしろ隠すことにおそらく役立っている。問題は興奮を鎮めるために時間を与えることだけではない。これも時には非常に重要であろうが、特定の手段から起こりそうなすべての影響をはっきりと考察する能力が人間には一般にないこと、それから個々の決定を矛盾のない一つの全体に適合させるつもりならば一般化ないしは原則に依存せざるを得ないこと、を考慮することでもある。「人は、正義の規則の普遍的かつ確固とした遵守によるほど効果的な仕方で、自らの利害を考慮することができない(16)」のである。

改めて指摘するまでもないことであるが、憲法の体系は国民の意思の絶対的な制限を意味するものではなく、即時的な目的を長期的なものに従属させることを意味するにすぎない。要するに、このことは特定の目的の達成のために、一時的な多数派の利用できる手段を、それよりずっと以前に別の多数派によって制定された一般的原則によって制限することを意味する。あるいは別の言い方をすれば、特定の問題について一時的な多数の意思に従うという合意の基礎には、この多数がいっそう包括的な集合体によって前もって制定されたもっと一般的な原則に従うという了解があるということである。

権限のこの分割は一見して明らかと思われること以上のものを含んでいる。それには目的意識的な理性の力にたいする制限を認め、またその場その場の（*ad hoc*）解決よりも証明済みの原則を信頼するという意味がある。さらにそれは規則の階層性が明白に述べられた憲法の規則をもって、必ずしも終結していないことを意味している。個人の心を支配する力と同様に、社会秩序の利益になる力は多段階的ことがらであり、憲法でさえもより根本的な原則についての基本的合意にもとづくか、あるいはそれを前提としている。その原則はこれまで決してはっきりと表明されたことがなかったかもしれないが、にもかかわらず同意と成文化された基本法を可能としまたそれらに先行するのである。法律を意図的につくることをおぼえたからといって、すべての法律がある人間の機関によって意図的につくられるに違いないと信じてはならない[17]。むしろ人間のある集団が法をつくることのできる社会を形成できるのは、かれらが討論と説得を可能とする共通の信念をすでに分かちあっており、箇条的に定めた規則が正当なものとして受けいれられるには、その共通の信念に適合しなければならないからである[18]。

このことから推して、どんな人間も人間の集団も自ら好む法律はなんでも他の人びとに課してもよいといった完全な自由をもつものではないことがわかる。これと反対の見解は、主権に関するホッブズの概念[19]（およびそれから派生した実定法主義）の基礎にあるが、それは誤った合理主義より生じる。この合理主義は自律的で自己決定的な理性を考え、すべての合理的な思考が信念と制度の非合理的な枠組のなかで働いている事実を見逃している。立憲主義の意味するところによれば、いっさいの権力はそれが共通に承認された原則にしたがって行使されるだろうという理解にもとづいており、権力を与えられる人が正しいことをもっともしそうだと思われるから選ばれるのであって、かれらのなすことはなんでも正しいに違いないとするためではないのである。最終的には、立憲主義は権力が究極的に物理的な事実ではなく、人びとを従わせるある世論の状態であるという了解にもとづいている[20]。

人びとによって支持される長期的な決定や一般的原則が、一時的な多数派の権力に課す制限を「反民主主義的」と表現するのは煽動家のみのよくするところである。これらの制限は国民が権力を与えなければならない人たちにたいして自分を保護するために考えられたものであった。その制限によってのみ、国民は生活する秩序の一般的な性格を決定できるのである。一般的な原則を承認することによって、国民は特定の問題に関するかぎり不可避的に手を縛ることになる。自分自身にたいしてもちいられることを望まない手段を防ぐことによってのみ、多数派は自分が少数派となった場合に、そのような手段が採用されることを先取りして防ぐことができる。事実、長期の原則にまかせるほうが特定の問題ごとにつぎつぎと意思決定をすることによってのみその社会の政治的性格を決定する場合よりも、国民は政治的秩序の一般的性質を支配する能力をもつことができる。たしかに自由社会はその時々の特定の目的とは無関係に政府の権力を制限する恒久的手段を必要としている。そして新しいアメリカ国民が自分自身に与えた合衆国憲法は単に権力の起源の規制だけではなく、自由の条件として、すなわち個人をあらゆる恣意的な強制にたいして守ろうとする条件としての意味をたしかにもっていた。

4　州憲法と権利章典

独立宣言（Declaration of Independence）から連邦憲法の立案までの一一年間は、一三の新しい州において立憲主義の原則に関する実験の期間であった。ある点においてそれら個々の憲法はすべての政府の権力を制限することがどの程度、立憲主義の目的であったかを最後の連合規約（Constitution of the Union）以上に明らかに示している。このことはこれらの憲法文書の一部として、あるいは独立の権利章典（Bills of Rights）として列挙された侵すことのできない個人の権利にたいして、あらゆる個所で卓越した地位が与えられていることからなににもまして明らかである。[21]それらの多くは植民地人が実際に享受していたか、[22]もしくはかれらがつねに資格をもっていると考えていた権利をいい改めたものにすぎず、また他のものは当時論争中のことがらに関して急いで成文化したものではあったが、立憲主義がアメリカ人にとってなにを意味していたかを明らかに示している。いくつかのところで、これらの憲法は連邦憲法を刺激することとなった大部分の原則を先取りしている。[23]全部のなかの主要な関心事は一七八〇年のマサチューセッツ憲法に先立つ権利章典が表現しているように、政府は「法による統治であって人による統治であってはならない」ということであった。[24]

これらの権利章典のうちでもっとも有名なヴァージニアの権利章典は独立宣言以前に起草され採択され、またイギリスおよび植民地の前例を手本としたものであるが、その大部分は他の州の権利章典の原型としてばかりでなく、一七八九年のフランスの「人および市民の権利宣言（French Declaration of the Rights of men and citizens）」およびそれを通じてすべての同じようなヨーロッパの文書の原型として役立った。[25] 事実上、アメリカ諸州のさまざまな権利章典およびその主な規定はいまでは誰にでもよく知られている。[26] しかしながら、これらの規定のうちには時おりあらわれるにすぎないにもかかわらず注目に値するものがいくつかある。たとえば四つの州の権利章典にあらわれる法の遡及の禁止、あるいは二つの州の権利章典にあらわれる「永久権および独占」の禁止[27]などがそれである。いくつかの憲法において、権力分立の原則が断固とした調子で主張されているのも重要なことである。[28] このことが同じく重要であるのは、実際問題としてその原則が讃えられるのはそれが遵守されているときよりも違反されているときだからである。「自由な政府の根本原則」にたいする訴えの繰り返しは、現在の読者には修辞上の装飾にすぎないとしか思われないが、当時の人にとっては非常に重要なもう一つの性質であった。その訴えはいくつかの憲法に含まれており[29]、「根本原則にたびたび立ち返ることが、自由を享受しつづけるために絶対的に必要である」[30]ことを繰り返し注意しているのであった。

これらの優れた原則の多くが大部分理論にとどまり、州の立法府がやがてイギリス国会のなしたように万能性に近いものを主張するようになったことは事実である。実際、「大部分の革命的な憲法のもとで立法府がまったく万能であり、行政府はそれに応じて弱体であった。これらの機関のほとんどすべてが前者にたいして実質的に無制限の権力を与えた。六つの憲法においては立法府が通常の立法手続による憲法の修正を妨げるものはなに一つ存在しなかった[31]。」そうでない場合においても、立法府は憲法の明文規定を、さらにこれらの憲法が保護する意図をもっていた不文の市民の権利さえをもしばしば高圧的に無視した。しかしそのような権力の濫用にたいするはっきりとした保護の発達には時間が必要であった。アメリカ植民地同盟の期間〔訳注―一七八一～八九〕の主な教訓は、憲法を単に紙のうえに書きつけることだけでは、それを実施するためのはっきりとした機関が用意されないかぎり、少しの変化も引きおこさないということであった[32]。

5　連邦制の発見――権力の分割は権力の制限である

アメリカ憲法が設計の産物であり、近代史上はじめて国民がそのもとで自分たちの生活を営みたいと願うような政府を意図的に建設した事実から、時おり多くのことが主張される。アメリカ人自身は自分たちのおこなったことが独特の性質をもつことを非常によく意識していたし、またある合理主義の精神、すなわちわれわれが「イギリス的」というよりも「フランス的伝統」と呼んできたものに近い、目的意識的な構築と実利的な手続きの嗜好によって導かれていたことはある意味において事実である[33]。伝統にたいする一般的な疑いの念、および新組織を完全に自分たち自身でつくったという溢れんばかりの自尊心によってこの態度はしばしば強められた。このことは多くの同様の例よりもいっそう正当化されてはいるが、しかし本質的には誤っている。注目すべきことは最終的に出現した政府の枠組がはっきりと予想されたどの構造ともはなはだしく異なっていたこと、また結果の多くが歴史的な偶発事件なり、あるいは受け継がれてきた原則の新しい事情への適用にもとづくものであったことである。連邦憲法に含まれた新しい発見なるものは、伝統的原則を特定の問題に適用した結果であるか、または一般的な理念がかすかに認識された結果としてあらわれたものである。

憲法制定会議は、「連合（Union）の危急時にたいして、連邦政府の憲法をいっそう適切なものとする」ことを託され、一七八七年五月フィラデルフィア（Philadelphia）で開催されたが、そのとき連邦主義運動の指導者たちは二つの問題に直面していることを悟った。連合の力が不十分であり強化されなくてはならないことに誰もが同意していたが、主要な関心はなお政府それ自体としてのその権力を制限することにあり、改革を追求する少なからぬ動機は州立法府による権力の僭越を抑制することにあった。[34] 独立後最初の一〇年間の経験は恣意的な政府に対する保護から一つの有効で共通の政府の創造へと力点をいくぶん移動させただけであった。しかしまたそのことは、州立法府による権力の行使を疑う新たな根拠を提供した。ほとんど予見できなかったことだが、第一の問題の解決が第二の問題にも解答を与えることになり、またある重要な権力を中央政府へ譲渡しその他の部分を別々の州にとどめておくことは、すべての政府にたいする有効な制限をおくことにもなった。「私的権利にたいして適切な保護を与える問題と、連邦政府に対して適切な権力を与える問題とは最終的に同じ問題であり、同様に強化された連邦政府は州立法府の肥大した特権にたいする均衡力となりうるだろうとの理念が生みだされた」[35] のは、明らかにマディソン（Madison）による。こうして偉大な発見がなされ、アクトン卿は後にこう語った。「民主主義にたいするすべての制御のうちで、連邦主義はもっとも効果的かつもっとも適切なものである……。連邦制度は主権を分割し、連邦政府にあるはっきり限定した権利だけを割りあてることによって主権を制限し抑制する。これは多数ばかりでなく全国民の権力を抑制する唯一の手段であり、あらゆる真の民主主義において、自由の本質的な保証とされてきた下院のために最強の根拠を与えるものである。[36]」

諸権力を別々の権限として分割することが、誰にでも行使できる権力をなぜつねに小さくするかという理由は必ずしも理解されてはいない。それは単に別々の当局が相互の嫉妬心によって自分の権限を越えることを防ごうとするからだけではない。いっそう重要な事実は、ある種の強制にはいろいろな権力を共同して協調的に行使するかあるいは別々の手段をもちいることが必要であり、もしそれらの手段が別々に手中におかれているとすれば誰もその種の強制を実行しえないということである。もっとも知れわたった実例はいろいろな経済統制で、この統制が効果をもちうるのは統制を実施する当局がその領土の境界を越えて人間と財貨の動きを支配することができるときのみである。もしその当局がその権力を欠くならば、たとえ領土内の事件を統制する権力をもっていても両方をいっしょに行使する必要のある政策を遂行できない。したがって連邦政府は非常に明白な意味において制限された政府である[37]。

ここに関連している合衆国憲法の他の主要な特徴は個人の権利を保障する条項である。最初に権利章典を合衆国憲法に含ませないことを決めた理由と、最初はその決定に反対していた人さえも後に説得されたその事情は等しく重要である。包括に反対する議論は、アレクサンダー・ハミルトン（Alexander Hamilton）によって『フェデラリスト（*Federalist*）』のなかではっきりと述べられている。「［権利章典は］提案された憲法において不必要であるばかりでなく危険でさえあるだろう。それは付与されていない権力についてさまざまな例外を含むだろうし、またまさにこのことによって与えられたもの以上を要求するもっともらしい口実を与えるであろう。というのは行使する権力がない場合にこうこうしてはならないとなぜ宣言するのであるか？　たとえば出版の制限を課すことのできる権力が与えられていないときになぜ出版の自由を制限してはならないといわなくてはならないのか？　そのような規定が統制権力を与えるであろうと主張するつもりはない。しかしそのことが権力を奪いたいと思う人にその権力を要求するもっともらしい口実を与えることは明らかである。かれらは同じような理由でこう主張するだろう。与えられていない権限の濫用を禁じる規定を設ける不合理について憲法を告発するべきでないこと、そして出版の自由の制限を禁じる規定は出版に関して適切な規制を定める権利が連邦政府に与えられる意図のあることを明らかに意味していると。これは権利章典の無分別な熱狂をほしいままにすることにより、解釈権限に関する多様な教義の扱い方の一例として役立つであろう。(38)」

このような理由で、基本的な反対論は合衆国憲法が保護しようとした個人的権利の範囲はいかなる文書で列挙し尽くせるものよりもはるかに広く、その一部を明確に数えあげればそのほかのものが保護されていないことを意味すると解釈されがちなことであった。(39)経験が示すとおり、どの権利章典も「われわれの制度に共通の一般的原則(40)」のなかに含まれるすべての権利を十分に述べることはできず、そして一部を抜きだすことは他が保護されていないことを意味するように見えるであろうと恐れる理由は十分にあった。他方においてすぐに理解されたことであるが、合衆国憲法は個人の権利がとくに保護されていないかぎり、その侵害にもちいられるかもしれない権力を政府に与えざるを得なくなった。そして若干の個人的権利はすでに合衆国憲法の本文において記されていたのであるから、より完全な目録の追加は有益であったであろう。後にいわれたように、「権利章典は重要であり、国民が政府に実際に与えた権力の制限として働くときにはしばしば不可欠であろう。このことは本国、植民地の憲法および法律、および州の憲法におけるすべての権利章典に関する真の根拠である。」そして、「権利章典は国民自身の側における不正かつ抑圧的な行為にたいする重要な保護である。(41)」

その当時、非常に明らかなものと見られた危険は慎重な条件（修正第九条［the Ninth Amendment］）によって防がれたのであった。それは「この憲法中に特定の権利を列挙したことをもって国民の保有する他の権利を否定または軽視するものと解釈してはならない」というものであったが、しかしこの条項の意味はのちになってまったく忘れさられた。[42]

われわれはアメリカ憲法のもう一つの特徴に少なくとも簡単に触れる必要がある。というのは、自由の主唱者たちがつねに合衆国憲法にたいして感じてきた称賛[43]が必然的にこの側面にも、とくにそれが同一の伝統の産物であるので及ぶと受けとられてはならないからである。権力分立の学説は大統領制の共和国を形成させることになったが、その場合は、行政府の長はその権力を直接国民から得るので、その結果立法府を支配する党とは違う党に属することもある。後で説明することになるが、こういう仕組みの根拠となる学説の解釈は決してそのめざす目的にとって必要ではないのである。行政府の能率にたいしてこの独特の障害を設けることが便宜だというのは理解しがたいことである。そしてアメリカ憲法の他の優秀性は、もしそれをこの特質と結びつけなければいっそう明白になると思うのももっともなところがある。

6　司法審査制の発展

もし憲法の目的が主に立法を抑制することにあると考えるならば、そういう抑制を加えるには他の法律を適用する過程で――すなわち、裁判所を通じて――これをおこなう仕組みがなければならないことは明らかである。したがって、「司法審査制はアメリカの発明であるというより、憲法それ自体と同じく古く、またそれなしでは立憲主義は決して達成されなかったであろう[44]」とある注意深い歴史家が気がついたのも驚くにあたらない。成文憲法の構想を生んだ運動の性格から見れば、法律の違憲性を宣告できる裁判所の必要性が一度も問題とされなかったのは実に奇妙に見えるに違いない[45]。いずれにしても重要なことは、司法審査制が憲法の必然かつ自明の部分であったこと、またその採択後の初期の討論において、かれらの考え方を弁護する必要が生じたときには、かれらが十分に明らかな陳述をしたこと[46]、それからまた最高裁判所の判決によりまもなく国の法となったことであった。州の憲法に関してもすでに州の裁判所によって採用されていたが（連邦憲法の採択以前でさえも少数の例があった）[47]、ただしどの州の憲法も明白にはそう規定していなかった。そして連邦憲法に関するかぎり、連邦裁判所が同じ権力をもつべきことは明白と思われた。マーシャル裁判長（Chief Justice Marshall）は、「マーベリ対マディソン事件（*Marbury v. Madison*）」において原則を確立したが、その見解は成文憲法の理論的根拠を見事な方法で要約している点において当然ながら有名である[48]。

しばしば指摘されてきたことであるが、その決定以後五四年間に最高裁判所はこの権力をふたたび主張する機会がなかった。しかし注意すべきは、それに対応する権力はこの期間に州裁判所によってしばしば行使されたことである。また最高裁判所がそれを行使しなかったことがもし重要な意味をもつとすれば、それはこの権力を行使すべき場合に、それを行使しなかったことが証明される場合のみである[49]。さらに付言するならば、まさにこの期間において司法審査制の根拠となる合衆国憲法学説の全体がもっとも十分に発達したことは疑問を残さない。これらの時期に個人的自由の法的保障に関する一つの独特の文献があらわれ、それは自由の歴史上、一七〜一八世紀における偉大なイギリスの論争につぐ位置に値するものであった。いっそう十分な解説にはジェームズ・ウィルソン（James Wilson）、ジョン・マーシャル（John Marshall）、ジョセフ・ストーリー（Joseph Story）、ジェームズ・ケント（James Kent）、およびダニエル・ウェブスター（Daniel Webster）の貢献が注意深い考察に値するであろう。かれらの学説に反対する後の反応によって、この世代の法学者がアメリカの政治的伝統の発展に与えた偉大な影響はいくぶんか曖昧にされたところがある[50]。

われわれはこの期間における憲法学説に関するもう一つの発展のみをここで考察することができる。それは権力の分離にもとづく憲法体系が、本来の法と立法府によって制定される一般的規則ではないその他の法律とのあいだに明確な区別を前提していたということがますます深く理解されるにいたったことである。この時期の議論のなかに、われわれが見いだすものは「一般的な法律、敵意のない情況のもとで、それによって誰が適用を受けることになるかを知ることなしに慎重に形成されるもの[51]」という概念に絶えず言及していることである。「一般的」な法令と区別される意味での「特殊の」法令の望ましくないことについて多くの議論があった。[52] 司法的決定において、繰り返し強調されたことは、本来の法が「同様の事情のもとにおいて、共同社会の成員それぞれを平等に拘束する一般的な公衆の法律」であるべきだということである。[53] この区別を州の憲法のなかに具体化させるために、いろいろな試みがなされたが[54]、結局それは立法にたいする主な制限の一つとみなされるようになったのである。このことは連邦憲法による法の遡及の明白な禁止（最高裁判所による初期のある判決では、いくぶん不可解にも刑法にかぎられてはいたが[55]）と並んで、いかに憲法上の規則が実体法を支配する意味をもっていたかを示すものである。

7　デュープロセスの奇妙な物語

その世紀の中頃において、最高裁判所にとって議会の立法の合憲性を検討する自己の権力をふたたび言明する機会が訪れたときには、その権力の存在を疑うものはほとんどなかった。問題はむしろ合衆国憲法または憲法上の原則が立法にたいして課す実体的な制限の性質に関するものであった。しばらくのあいだは、司法的決定は「すべての自由な政府に本質的な性質」や「文明の根本的な原則」に勝手に依拠していた。しかししだいに国民主権の理想が影響を強めるにつれ、保護された権利を明白に列挙することに反対する人たちの恐れていたことが起こった。すなわち、

「裁判所の見解として、言葉にこそ表現されていないが憲法のなかに浸透していると考えられる精神に反しているという理由で、ある法律の無効を宣言すること」[56]は裁判所として勝手にはできないというのが公認の説になった。第九修正条項の意味は忘れられ、またそれ以降も忘れられたままであるように思われる[57]。

このように最高裁判所の判事たちはこの世紀の後半において、合衆国憲法の明白な規定に拘束されていながら、いくぶん奇妙な立場におかれることになった。というのは、合衆国憲法が防止する意図をもっていると感じたけれども、はっきりと禁止してはいなかった立法権の行使に直面することになったからである。事実、かれらははじめに修正第一四条によって与えられていたと思われる一つの武器を自ら放棄した。「いかなる州も合衆国市民の特権または免除事項をそこなう法律を制定し、または施行してはならない」との禁止規定は五年以内に最高裁判所の判決によって「実務上、無効なもの」にされた[58]。しかし同一の条項のつづき、「またいかなる州もデュープロセスによらずに何人からも生命、自由または財産を奪ってはならない。またその司法権の及ぶ範囲内にある何人に対しても法律の平等の保護を拒んではならない」は、まったく予測しがたい重要な影響を及ぼすこととなった。

この修正条項の「デュープロセス」の規定は州の立法に関して、すでに修正第五条によって規定されたこと、またいくつかの州の憲法が同じように宣言したことを繰り返し参照していたのである。一般的にいって、最高裁判所は「法の施行のためのデュープロセス」についてのたしかに本来の意味であったものにしたがってその初期の条項を解釈していた。しかるにその世紀の第四半期において合衆国憲法の字句のみが、最高裁判所がある法律を違憲として宣言することを正当化しうるものであるとする学説が一方のおいて承認されるようになり、他方において、最高裁判所は合衆国憲法の精神に反すると思われる立法にますます多く直面することになったときに、最高裁はこの藁にしがみつき手続き上の規則を実体規定したのである。修正第五条と修正第十四条の「デュープロセス」の条文は合衆国憲法中で財産に言及した唯一のものであった。したがってそれ以後五〇年間、この二つの条項を根拠として最高裁判所は個人的自由だけでなく、ポリスパワーおよび課税権の行使を含む経済生活にたいする政府の支配についての法の体系を築きあげた[59]。

この独特ないくぶん偶然の歴史的発展の結果は、それから生じた現在のアメリカ憲法に関する複雑な問題を、ここでさらに考察することを正当化するための一般的な教訓とするには足りない。出現した事態を満足なものと考える人はほとんどいない。最高裁判所としては非常に漠然とした論拠のもとで判決をくだすにあたり、ある特定の法律が立法府に与えられた独特の権限を越えたかどうか、あるいは合衆国憲法が支持しようと意図している成文にせよ不文にせよ一般的原則を立法が侵害したかどうかによるのでなく、立法府がその権力を行使した目的が望ましいかどうかによらざるを得なかったのである。問題は権力行使の目的が「合理的」かどうか[60]、いいかえれば特定の場合における必要がある権力の行使を正当化するに足るものであったかどうかの問題になった。たとえその他の場合において正当性があったかもしれなくとも。最高裁判所はその固有の司法機能を明らかに踏みこえ、そして立法権に属するものを横取りしていた。このことが結局は世論や大統領府との紛争をもたらし、最高裁判所の権威はいくぶんか損なわれたのである。

8　一九三七年の大危機

大部分のアメリカ人にとって、このことはいまでもなお聞きなれている最近の歴史ではあるが、大統領府と最高裁判所との闘争の絶頂をここでまったく無視することはできない。それはT・ローズヴェルト（the first Roosevelt）と長老ラ・フォレット（La Follette）のもとでの進歩主義者による反最高裁判所キャンペーンのとき以来、アメリカの舞台の恒久的な特徴であった。一九三七年の紛争で最高裁判所はいっそう極端な位置から後退することになったのだが、それはまたアメリカの伝統の根本的原則の再認識をもたらし、永続的な意義をもつにいたっている。

現代のきびしい経済恐慌がその頂点にあったときに、アメリカ大統領の職はウォルター・バジョット（Walter Bagehot）の心中にある非凡な人物のひとりによって占められようとしていた。その人物とは、「天才で魅力的な声をもつが、また心が狭く、特別の改革はそれ自身よいことであるばかりでなく、すべてのことがらのなかで最善であり、そして他のすべてのよいことがらの源であると言葉をかざって演説し、力説する人物[61]」とバジョットは書いている。フランクリン・D・ローズヴェルト（Franklin D. Roosevelt）はなにが必要であるかについて自分がもっともよく知っていることを完全に確信し、民主主義によって信任された者に無制限の権力を与えることは危機における民主主義本来の作用であり、そのために「あるものの手中に入れば危険であるかもしれない新しい権力手段をつくりだす[62]」ことがあるとしてもやむを得ないとしたのである。

目的が望ましければほとんどいかなる手段をも正当とみなすこの態度が、半世紀にわたって立法の「合理性」を慣習的に判定してきた最高裁判所との正面衝突をまもなく招いたのは避けがたいことであった。最高裁判所が全員一致で全国復興管理法（the National Recovery Administration Act）を否決したときのきわめて劇的な判決において、最高裁判所は誤った法案から国を救ったばかりでなく、憲法上の権利の範囲内で行動したというのはおそらくたしかであろう。しかしその後、最高裁判所のわずかの保守的な多数派がはるかに疑わしい根拠にもとづいてつぎつぎに大統領の法案を無効にしつづけたので、ついに大統領はこれらの法案を実施するために与えられた唯一の機会は最高裁判所の権力を制限するかまたはその人間を変えるしかないと考えはじめた。闘争が頂点に達したのは「最高裁判所抱き込み法案（Court Packing Bill）」として知られるようになったものをめぐってであった。しかしながら大統領は一九三六年において空前の多数者によって再選されたので、このことを企てるに足るほど十分にかれの地位を強めたが、同時に大統領の計画が広範な賛成を得ていたことを最高裁判所に納得させたように思われる。その結果、最高裁判所はいっそう極端な立場から撤退し、中心的な争点のいくつかに関して自身の立場を翻したばかりでなく、正当な手続きの条項を立法に対する実体的制限として使用することを実際に断念したため、大統領は自らの最有力の論拠を失ってしまったのである。結局、かれの法案は党派が圧倒的多数を占めていた上院において完全に敗れ、かれの威信はその人気が頂点に達したそのときに重大な打撃を受けた。

上院の司法委員会（Senate Judiciary Committee）の報告書において、最高裁判所の伝統的な役割が見事に再述されたことにより、上記の挿話は法のもとにおける自由の理念にたいするアメリカの貢献に関するこの概説にとって一つの適切な締めくくりを与えてくれる。その文書からもっとも特色のある文章のうちの二、三をここで引用しよう。原則の陳述の出発点は、アメリカの憲法制度を保持することが「測り知れないほど重要であって、ある立法の即時的な採決がどれほど有益であろうとも、それにまさる」という前提である。それはこう宣言している。「人間による統治およぴ支配と違い、法による統治および支配を継続させ、また永続させるために、そしてこの点において、われわれは合衆国の憲法にとって基本的な原則を再主張しているにすぎない。」そして、「もしも最高裁判所が政治的に押しつけられ、広く行きわたった当面の感情に結局答えることになるとするならば、かかる最高裁判所はその時々の世論の圧力に最終的に屈従せざるを得なくなるが、このような世論は瞬間的に暴民的情熱をうちにひそめており、冷静で永続的な熟慮とは相容れないものである。……人間の権利に関する自由な政府の大問題を取りあつかうにあたり、偉大な政治家の書物と実践のいずれをとってみても、最高裁判所の判決ほど優れたあるいは永続性のある自由政府の哲学は見いだされない[63]」とつづけて述べている。

立法府の権力を制限した当の最高裁判所にたいして、立法府が贈呈した貢物としてこれほど偉大なものはかつてない。そしてこの事件を記憶する合衆国中の何人たりとも、それが国民の大多数の感情を表現したことを疑うことはできない[64]。

9　アメリカモデルの影響

立憲主義のアメリカの実験は信じられないほどに成功してきたとしても――そして他のどの成文憲法もその半分でも存続したものがあったかわたくしは知らない――それはなお政府を秩序づける一つの新しい方法の実験である。だからわれわれはそれを、この分野でのいっさいの知恵が含まれているとみなすべきではない。アメリカ憲法の主な特徴は憲法の意味の理解に関して非常に初期の段階で具体化したことである。そして経験から学んだことを文書に具体化する修正力をほとんど利用しなかったために、ある面では合衆国憲法の不文の部分が本文よりもいっそう有益である。いずれにしても本研究の目的のためには、その基礎となっている一般的な原則がその個々の特色のいずれよりも重要である。

主要な点は、合衆国において立法府が一般的原則によって拘束されることが確立してきたこと、立法府が特定の問題を取りあつかう際には他の場合にもその基礎的原則がまた同じく適用できるような方法でおこなわれねばならないこと、また立法府がそれまで遵守されていた原則おそらく明白には表明されてはいなかった原則を侵害する場合には立法府はこの事実を認めねばならず、そして国民の根本的な信念が実際に変化したかどうかを確かめるために手の込んだ手続きに従わねばならないことである。司法審査は変化にたいする絶対的な障害ではない。それが最悪に働く場合というのは、手続きを遅らせ憲法を定める団体にたいして争点となっている原則を拒否するなり再確認するなりのことを必要とさせることである。

政府の即時的目的の追求を一般的原則によって抑制する慣行は部分的には風潮というものにたいする警戒である。このために司法再審理はその補完手段として国民投票のようなものを通常的に利用することを要する。すなわち国民全体にたいして、一般的原則に関する問題について決定するよう訴えるのである。さらに個々の市民にたいして強制を加えるに際して特定の一時的目的ではなく、すでに確立した長期的な一般的原則に従わなくてはならない政府は、すべての種類の経済的秩序と両立するわけではないのである。もし強制が一般的な規則において規定された仕方においてのみ行使されねばならないものとすれば、政府はある種の仕事を実行することが不可能となる。こうして、「すべての殻を取り去れば、自由主義とは立憲主義すなわち『人による統治ではなく、法による統治』である」[65]ことはたしかである。――もしわれわれのいう「自由主義」が合衆国における一九三七年の最高裁判所闘争の当時、最高裁判所の擁護者の「自由主義」が少数派の考えとして攻撃されていた頃になお意味していたものを指すとするならば[66]。この意味でアメリカ人はかれらの憲法を擁護することによって自由を守りつづけることができた。つぎにわれわれは一九世紀初頭のヨーロッパ大陸において、アメリカの例によって鼓舞された自由主義運動がいかにして立憲主義の確立と法による支配とをその主要な目的とみなすにいたったかを明らかにしよう。

第一三章　自由主義と行政府＝法治国家

もしもある漠然たる一般的幸福をその目的たるべきであるとして、その判断を最高権力にゆだねるとすれば、いかにしてその最高権力にたいして明確な限界を画することができるか。王侯たちが人民の専制者になる危険がいかに大きくとも、かれらは人民の父たるべきであろうか。

G・H・フォン・ベルク（G.H. von Berg）

1　絶対主義にたいする反動

ヨーロッパ大陸の大部分の国において、二〇〇年にわたる専制政治が、一八世紀の半ばまでに自由主義の伝統を破壊してしまった。それより以前の概念の一部は自然法の理論家により受け継がれ発展されたとはいえ、復活の主な刺激は英仏海峡をわたってきた。しかし新しい運動が成長するにつれ、それはその当時のアメリカあるいはさらに一〇〇年前のイギリスにあったのとは違った状態に遭遇した。

この新しい要素とは、絶対主義がつくりあげた強大な中央集権的な行政機構、人民の主たる支配者となっていた専門の行政官の集団であった。この官僚制は人民の福祉とニーズについて、アングロサクソン世界の制限的政府がなしえたであろう、あるいは、なすべきだと期待されたものよりはるかに多くの関心を払った。だから、大陸の自由主義者たちがその運動の初期の段階において直面しなければならなかった問題は、イギリスとアメリカではずっとのちになって、しかも非常にゆっくりとあらわれたので体系的な論議の機会はほとんどなかったのである。

恣意的な権力に反対するこの運動の大きなねらいは、はじめから法の支配の確立にあった。イギリスの制度の解説者たち――その主導者はモンテスキュー（Montesquieu）であった――は、自由の本質として法による統治を主張した。かれらとは異なり、そしてそれに対立する伝統の主要な源となったルソー（Rousseau）でさえつぎのように思っていた。「政治における大問題は、わたくしはそれを幾何学における円積法にたとえているが、人間のうえに法をおく政治形態を求めること［である］[1]」と。「一般意思」というかれの曖昧な概念は、また法の支配という概念に関して重要な検討へと進んでいった。一般的であるというのは、すべての人の意思であるという意味だけでなく、意図においても一般的たるべきものであった。「法律の対象はつねに一般的であるとわたくしがいう場合、その意味は、法律は人を全体として、また行為を抽象的に考えるのであって、決して個人または個別的行為を考えるものではないということである。なぜかというに、ある法律は特権の存在を規定することができるけれども、名指しで特権を享受するものを定めることはできない。法律は市民のあいだにいくつかの階級をつくることはできるし、それぞれの階級にいれる資格を指定することさえもできるが、誰々は入りうると指名することはできない。法律は世襲制の君主政体を定めることはできても、国王を選んではならないし、王室を指名することもできない。一言でいえば、ある個人の指名に関係することは、立法当局の範囲外にある。[2]」

2　フランス革命の実らなかった努力

それゆえに、一七八九年の革命は、歴史家ミシュレ（Michelet）の記憶すべき句を引用すれば、「法の到来（L'avènement de la loi）[3]」として広く一般的に歓迎された。ダイシー（A.V. Dicey）がのちに記したように、「バスチーユ牢獄（The Bastille）は、おもてにあらわれた不法権力のしるしであった。その陥落はヨーロッパの他の国にとっては、すでにイギリスに存在していたあの法の支配を予告するものとして感ぜられた。しかも身にしみて感ぜられた。[4]」かの有名な「人および市民の権利宣言」は、個人の権利の保障と権力分立の原則の主張とを含み、これをいかなる憲法にとっても欠くべからざる主要な部分として表明し、厳格な法による統治の確立をめざしたのである。[5]そして、憲法作成にあたっての努力ははじめのうちは苦労の多いものであり、時には法による統治という基本的概念を精密に書きだすために衒学的な努力をさえ要するものである。[6]

しかしながら、フランス革命がもともと法の支配という理念によってどれほど強く鼓舞されていたとしても、[7]それが実際にその理念の進歩を高めたかどうかは疑問である。人民主権の理念が同時に法の支配の理念として勝利をおさめたという事実はまもなく後者の理念の陰を薄くしてしまった。法の支配の理念と調和することの困難な他の野心が急速に出現した。[8]おそらくどんな暴力的な革命も法にたいする尊敬を高めるにはいたらない。ラファイエット（Lafayette）流の人は、「こん棒の支配（reign of the clubs）」にたいして「法による統治（reign of law）」を訴えたであろうが、結局それは無駄であろう。「革命的な精神」の一般的影響をもっともよくあらわすものは、おそらくフランス民法典の主たる起草者が立法府にそれを提出する際もちいた言葉であろう。「ある革命的目的のためにいっさいの権利を暴力的に犠牲にし、そして国家利益が要求するものについては定義しえないが、しかし変化しうるものとする考え方以外のいかなる考慮をも許そうとしない、この熱烈な断固たる決意。[9]」

個人的自由の増進にたいするフランス革命の努力をこのように不毛にしてしまった決定的要素は、一度すべての権力が人民の手におかれた以上、この権力の濫用にたいする防衛手段は不必要となったという信念がつくりだされたためであった。民主主義の到来は自動的に権力の恣意的な使用を防ぐであろうと考えられた。しかしながら、選ばれた人民の代表者たちはまもなく行政府の権力にたいして人民を守るということよりも、行政機関が自分たちの目的に十分に奉仕すべきであるという熱望にとらわれることになった。多くの点でフランス革命はアメリカの革命によって鼓舞されたとはいえ、後者の主要な成果――立法の権力に制約を課す憲法――であったものを決して達成しなかった。[10]そのうえ、革命のはじめから法の前の平等という基本原則は、単なる権利の平等（*égalité de droit*）に代わって実際の平等（*égalité de fait*）を主張する近代社会主義の先駆者たちの新しい要求に脅かされていた。

3　革命後のフランスの自由主義

フランス革命が触れなかったもの、しかもトクヴィル（Tocqueville）が適切に明らかにしたように、[11]それ以後の数十年の移り変わりをとおして生き残った唯一のものは行政当局の権力であった。権力分立の原則に関する極端な解釈がフランスにおいて受けいれられており、それがたしかに行政の権力の強化に役立った。この原則は裁判所によるどんな干渉からも行政当局を守るために主として利用され、国家の権力の制限よりもむしろその強化に利用された。

革命につづくナポレオン体制は、個人の自由の保障よりも行政機関の効率と権力との増大に必然的により多くの関心を向けた。この傾向にたいして、法のもとにおける自由は七月王政の短期間にふたたび合言葉となったが、ほとんど前進することができなかった[12]。共和制には、行政府の恣意的な権力にたいして個人を守ろうとするどんな組織的な試みを企てる機会もなかった。それが事実、主に一九世紀の大部分を通じてのフランスにおいて一般的となっていた事態であったので、「行政法（administrative law）」にたいして、アングロサクソンの世界では久しく悪名を課すこととなった。

行政機関の内部に一つの新しい権力が徐々に発展して、行政当局の自由裁量の権限を制約する機能をますます引きうけるようになったことはたしかである。「国務院（Conseil d'État）」はもともと立法府の意図の忠実な実行を保障するだけのために創設されたのであるが、現在ではある別の方向に発展強化された。それはアングロサクソンの研究者たちが最近発見して意外に感じたことであるが[13]、行政当局による自由裁量的行動にたいして現在のイギリスにおいて利用されるよりも多くの保護を市民に与えるものであったのである。このフランスにおける発展は、同時にドイツで起こった同様の発展よりもはるかに多くの注意を惹くこととなった。ドイツでは君主制度が継続したために、民主主義的コントロールのもつ自動的有効性を素朴に信頼して問題点を曖昧にしておくことはできなかった。したがって問題についての体系的な議論は行政の支配に関する精密な理論を生みだした。その実践的な政治的影響は短期間であったが、大陸の法思想にたいしては深刻な影響を与えた[14]。新しい法理論が主として展開されたのはこのドイツ型の法の支配に対抗するためであった。そしてそれは世界を征服し、いたるところで法の支配を脅かしたので、それについてさらに詳しく知ることが重要である。

４　ドイツ法治国家の伝統の源泉

プロシアが一九世紀に得ていた名声から見れば、法による統治のためのドイツの運動のはじまりがそのプロシアから発見されることを知れば、読者は意外に思うかもしれない。[15] しかしいくつかの点において、一八世紀の啓蒙的専制政治の支配は驚くほど近代的であったことはたしかである。事実、法的および行政的原理に関するかぎりはほとんど自由主義的であったといえるかもしれない。フリードリッヒ二世（Frederick II）が自らを国家の第一の奉仕者と呼んだのは決して無意味な表現ではなかった。[16] 主として自然法の偉大な理論家と部分的には西欧の源泉から由来する伝統は、一八世紀後半において哲学者イマヌエル・カント（Immanuel Kant）の道徳と法に関する理論の影響によって大いに強められた。

ドイツの著述家たちは法治国家（*Rechtsstaat*）への運動のかれらの説明のはじめに通例カントの理論をおく。これはおそらくかれの法哲学の独創性を誇張するものであろうが、[17] かれがドイツで最大の影響を与えた考え方にたいして形式を与えたことはたしかであろう。かれの主たる貢献は実に道徳の一般理論であり、それは法の支配の原理をより一般的な原理の一つの特殊な適用として表明したことにある。かれの有名な「定言命法（categorical imperative）」――「汝がその行為において従うべき格率はそれが普遍的法則となるように、汝が同時に望むことのできるものでなければならぬ[18]」――は、実に法の支配の根底にある基礎的考え方を倫理学の一般分野に拡張したものである。それは法の支配の場合と同じく、特定の規則が公正であるために合致しなければならぬ一つの規準を示すものにすぎない。[19] しかしながら、もし規則が自由な個人の指針となるものであるべきならば、それらは一般性と抽象性を必要とするということを強調することにおいて、この考えは法の発展の基礎を準備するうえできわめて重要であったことを実証した。

ここは、憲法上の発展にたいするカント哲学の影響について詳細に論じる場所ではない。[20] ここでは単に『政府の領域と義務（*The Sphere and Duty of Government*）』[21] と題する若きヴィルヘルム・フォン・フンボルトの卓越した書物をあげるにとどめよう。それはかれがカント的見解を説明するにあたって、「法的自由の確実性（the certainty of legal freedom）」というよくつかわれる言葉を流布させたばかりでなく、ある意味では極端な見解の原型にもなったものである。すなわち、かれは国家のいっさいの強制的行為をあらかじめ公表された一般的な法律の執行に限定したばかりでなく、法律の実施を国家の唯一の合法的任務であると表現した。後者は個人の自由の概念に必ずしも含意されているわけではなく、非強制的な機能であれば国家はなにをなしうるかという疑問に決着をつけてはいないのである。これらの相異なる概念が法治国家に関するのちの主唱者によりたびたび混同されたのは、フンボルトの影響によるところが大きかった。

5　プロシアの先例

一八世紀プロシアの法の発展に関して、のちに非常に重要となった二つのことがあるので、われわれはそれについてさらに詳しく観察しなければならない。その一つはフリードリッヒ二世の発意が一七五一年[22]のかれの民法典を通じてすべての法律の法典化運動として実を結んだことで、この運動は急速に広がり、そしてそのもっとも著名な成果が一八〇〇〜一八一〇年のナポレオン法典となった。この運動全体は法の支配の確立のための大陸における努力のもっとも重要な側面の一つとみなされるに違いない。というのは、その運動は大いにその一般的性質を決定するとともに少なくとも理論においては慣習法の国において到達した段階を越えた発展方向をも決定したのである。

もっとも完全に作成された法典をそなえていることだけでは、法の支配が要求する確実性を保障することにはもちろんならないし、それは根の深い伝統の代用物を提供することにもならない。しかし、このことは法の支配の理念と判例法の体系との少なくとも矛盾が一応存在しているように思われるという事実を曖昧にするものとはならないであろう。判例法の確立された体系のもとで裁判官が実際の法をつくりだす範囲は、成文法の体系のもとにおけるよりも大きいことはないであろう。しかし司法が立法とならんで法の源泉であるという明白な承認は、たとえそれがイギリスの伝統の基礎にある進化論にそっているとはいえ、法の創造と適用との区別を曖昧にする傾きがある。そのうえ、慣習法の弾力性は法の支配の発展を政治の理想として一般に受けいれるかぎりは好都合であるが、自由が生気を保つに必要な警戒がひとたび失われる場合には、法の支配を脅かす傾向にたいする抵抗の軽減を意味しないかどうかが問題である。

少なくとも成文化の努力が法の支配の基礎となるいくつかの一般的な原理を明白に定式化するにいたらしめたことはたしかである。この種のもっとも重要なできごとは、「法律なくしては、罪もなく、刑罰もない（nullum crimen, nulla poena sine lege）」[23]という原則を形式的に承認したことであり、一七八七年のオーストリア刑法[24]にはじめて取りいれられ、フランスの人権宣言に包含されたのち大陸の法典の大多数に具体化された。

しかし一八世紀のプロシアが法の支配の実現にもっとも際だって貢献したのは、行政の領域においてであった。フランスでは権力分立の理想を文字どおりに適用した結果、行政活動が裁判所による統制を免れることになったのにたいして、プロシアでの発展の方向はまさにその正反対であった。一九世紀の自由主義運動に深く影響を与えた指導理念は、市民の身体または財産にたいする行政権の行使はすべてみな司法審査に服すべきであるということであった。この方向に向ってもっとも進んだ実験――一七九七年の一法律、それはプロシアの新しい東部諸州だけに適用されたが一般に追随すべき原型と考えられた――は、行政当局と私的市民とのあいだの紛争をすべての通常裁判所の管轄に服せしめるほどにまで進んだ。[25] このことが、その後八〇年にわたり、法治国家に関する議論における主な原型の一つを提供することとなった。

6 自由主義運動の理念としての法治国家

　このような根拠によっていたからこそ、一九世紀の初期に法による国家、法治国家という理論的概念が体系的に展開され、[26] それが立憲主義の理念とともに新しい自由主義運動の重要な目標となったのである。[27] ドイツの運動がはじまったときまでには、すでにアメリカの前例がフランス革命当時以上によく知られかつ理解されていたのが主要な原因であったのか。あるいはドイツの発展が共和制の枠組でなく立憲君主制の枠組において進められ、したがって民主主義の到来によって問題が自動的に解決されるであろうとの幻想にあまりとらわれなかったのが原因であったのか。いずれにせよ、まさにドイツにおいて一つの憲法によってあらゆる政府を制限し、そしてとくに裁判所が実行可能な法律によってすべての行政活動を制限することが、自由主義運動の中心課題となったのである。

　当時のドイツの理論家の議論の多くは当然のことながら、その当時にフランスにおいて受けいれられていた意味での「行政裁判管轄権 (administrative jurisdiction)」――つまり、個人の自由の保護よりもむしろ法の執行の監視を主なねらいとする行政機関内の準司法機関――にたいして明確に向けられたものであった。ある南ドイツの州の裁判長の一人が表明したように、「ある私的権利が十分に守られているか、あるいは政府の行為によって侵害されているかの問題が生じたときは、その問題は必ず通常裁判所の裁判に付されなければならぬ[28]」という説は、かなり急速に進展をとげた。一八四八年のフランクフルト議会が全ドイツのための憲法の起草を試みたとき、議会は憲法のなかに、（その当時の意味での）「行政裁判（administrative justice）」をすべて廃し、私的権利の侵害はすべて裁判所によって裁定されるべきであるという条項を挿入した[29]。

しかしながら、それぞれのドイツの州による立憲君主制の確立が法の支配という理念を効果的に実現するであろうという希望はまもなく失望に終わった。新しい憲法はその方向へはほとんど進まず、すぐにつぎのことが明らかになった。「憲法が与えられ、法治国家が布告されたにもかかわらず、実際は警察国家がつづくことになってしまった。誰が国民一般の法および基本的権利に関するその個人主義的原則の守護者たるべきであろうか。基本法が保護しようとした対象は勢力を拡張し活動しようとしている行政以外のなにものでもなかった[30]。」事実、その後の二〇年を通じてプロシアは警察国家の世評を得て、その議会において法治国家の原則について大論争が戦わされねばならなかったし[31]、そして問題の最終的解決が具体化された。しばらくのあいだ少なくとも北部ドイツでは行政行為の適法性についての支配を通常裁判所にゆだねるという理念は残存した。この法治国家の概念はのちには普通「司法主義（justicialism）[32]」として引用されるものであるが、まもなくイギリスの行政実務の研究者ルドルフ・フォン・グナイスト（Rudolf von Gneist）により主に提唱されたある別の概念により取って代わられることとなった[33]。

7　行政裁判所の問題

通常の司法と行政活動の司法統制とを分離すべきであるとする主張がなぜなされるかについては、二つの異なる理由がある。この二つの考慮すべき理由のいずれも、ドイツにおける行政裁判所制度を結局確立させることに寄与したし、またこれら二つがしばしば混同されてはいるがそれらはまったく異なる。しかも両立しがたいとさえいえる目的をめざすものであって、それゆえにはっきりと区別されるべきものなのである。

一つの主張は行政行為をめぐる紛争により引きおこされる問題が主として私法もしくは刑法に習熟している通常の裁判官がもつことを期待されないような部門の法律と事実との双方に関する知識をともに必要とするということである。それは強力なしかもおそらく決定的な主張である。しかしそれは、私法、商法および刑法の事件をそれぞれ取りあつかう裁判所を分離する以上に、私的紛争を裁判する法廷と行政紛争を裁判する法廷とを分離すべき理由にはならない。単にこの意味において、通常裁判所と行政裁判所とを区別するのであれば、行政裁判所は通常裁判所と同じく政府とは独立しているであろうし、法律の執行、すなわちすでに存在する法典の適用にのみかかわることになるであろう。

しかしながら、独立した行政裁判所はこれとまったく異なる理由にもとづいても必要と考えられるであろう。というのは、ある行政行為の適法性についての紛争は、つねに政府の政策あるいは便宜の問題を含むものであるから、純粋に法の事項としては決定しえないからである。この理由から別に設立された裁判所はつねにその時の政府の目的に関心を払うことになり完全に独立することはできない。それは行政機関の一部になり、そして少なくともその行政上の長官の指図に従わなくてはならない。その目的は政府機関による私的領域の侵害にたいして、個人を守るというよりもむしろそういう侵害が政府の意図と指令にそむいて起こらないようにすることである。それは個人を守る手段というよりはむしろ、政府の意思（立法府のそれを含む）を下部機関が実行するのを保証するための装置であろう。

このような区別を明確に設けるのは、行政府の行為を指導しかつ制限するための、詳細な法的規則の体系が存在する場合だけである。もしもこのような規則の成文化が立法府と司法府によってこれから試みられるべき仕事であるときに行政裁判所が設立されるとすればこの区別は不可避的に曖昧なものとなる。その場合、行政裁判所にとって必要な仕事の一つは、それまで行政府の内部規則にすぎなかったものを法規範として成文化することになるであろう。そしてその際に、一般的性格をもつ内部規則と当面の政策の特定目的を示すにすぎない内部規則とを区別することがきわめてむずかしいことがわかるであろう。

一八六〇年代と一八七〇年代のドイツにおいて久しく抱かれていた法治国家の理念を、最終的に実践に移す試みがなされたのはまさにこういう状態のもとであった。「司法主義」という長く支持されてきた主張を結局打ち破った議論は、行政行為をめぐる紛争から引きおこされる複雑な問題を取りあつかう仕事を、そのための訓練をとくに受けていない通常の裁判官にまかせることが実際にできないだろうという主張であった。その結果、新しい行政裁判所が分離して創設されたが、それは完全に独立した裁判所としてもっぱら法律問題を取りあつかうものと考えられていた。そしてそれは時の経過とともに、すべての行政活動にたいして厳密な司法上の支配をおこなうものと期待された。それゆえ、この制度を考え出した人たち、とくに主要な設計者グナイストおよびのちのドイツの法学者の大多数にとっては、この分離された行政裁判所制度の創設は法治国家をかざる王冠――法の支配の決定的な達成(34)――と見えたのである。実際にはなお多くの抜け穴があって、結局恣意的な行政上の決定が残存していたが、それは単に小さな一時的な欠陥にすぎず、その時の条件のもとではやむを得ぬものと思われた。もし行政機関がその機能をつづけるべきだとするなら、その活動にたいする明確な規則体系が判定されるまでは、さしあたり幅ひろい自由裁量が許されなくてはならないと、かれらは信じていた。

したがって、組織としては独立の行政裁判所の設立が法の支配を保障するために構想された制度的装置の最終段階であると見えたけれども、もっともむずかしい課題はなお将来に残っていた。しっかりと確立した官僚機構のうえに司法的支配の装置をのせて効果的になるためには、その全体系を意図したときの精神にもとづいて法形成がつづけられた場合だけである。しかるに実際においては、法の支配の理念にかなうように構想された機構の完成はだいたいにおいてその理念の放棄の時期と一致していた。新しき考案が導入されたちょうどその時に知的傾向のある大きな逆転がはじまった。すなわち、法治国家をその主要な目標とする自由主義の概念が放棄されたのである。一八七〇年代と一八八〇年代に行政裁判所制度が、ドイツの各州において（さらにフランスにおいても）最終的な形を与えられたときに、国家社会主義と福祉国家への新しい運動が勢力を獲得しはじめた。その結果、新しい制度によって構想され奉仕しようとしていた制限された政府の考えを具体化して、それまで行政府が保有していた恣意的権力を立法によってしだいに取りのぞこうとしていた意欲はほとんどなくなってしまった。事実、現在の傾向は新しくつくられた制度のなかの抜け穴を拡大し、政府の新しい課題に必要な自由裁量の権力を司法審査から明白に除外しようとするものである。

すなわち、ドイツでの実績は実践よりは理論において顕著なものがあった。しかしその意義は低く評価されてはならない。ドイツ人は自由主義の潮が訪れた最後の国民であった。その後、その潮は引きはじめた。しかし、かれらは西欧の経験のすべてをもっとも組織的に探求し消化し、かつ近代の行政国家の諸問題にたいしてその教訓を慎重に適用した国民であった。かれらが展開した法治国家の概念は法の支配の古き理念の直接の成果であり、その下では君主や立法府よりはむしろ精巧な行政装置が抑制さるべき主要な機関であった。[35] かれらが展開した新しい概念は決してしっかりと根をおろさなかったけれども、ある面では継続的発展の最終段階をあらわしており、そして古い制度の多くのものよりはわれわれの時代の問題におそらくはよりよく適合している。現在、個人的自由にとっての主要な脅威は専門行政官の権力であるから、行政官を抑える目的をもってドイツで発展した制度はこれまで加えられてきた以上に注意深い検討に値する。

8　イギリスにおける大陸の伝統の誤解

このドイツにおける展開があまり注意を引かなかった理由の一つは、前世紀の終りごろ大陸の各地に広がっていた状態が理論と実践とのいちじるしい矛盾を示していたことにあった。原則において、法の支配の理念はすでに久しく認められていた。そして一つの重要な制度的前進――「行政裁判所」――の効果はある程度制限されていたとはいえ、それは新しい問題の解決に重要な貢献をした。しかし新しい可能性を展開してみるためにその新しい実験がはじまって少しのあいだは、これ以前の条件が示していた特徴のいくつかはいまだ決して消滅していなかった。そして、福祉国家への前進はイギリスやアメリカよりはるかに早く大陸においてはじまっており、法のもとでの統治という理念とはほとんど両立しがたい新しい特徴をやがてもたらすことになった。

その結果、第一次世界大戦の直前、大陸とアングロサクソン諸国の政治構想がほとんど同様のものとなっていたときでさえ、イギリス人やアメリカ人がフランスやドイツでの日常の慣行を観察して感じたことは、法の支配の反映とははるかに異なる状態ということであった。（しばしば引用される例をとれば）ロンドン警察の権力と行為とベルリン警察のそれらとの違いは以前と少しも変わらないほど大きく見えた。大陸においてはすでに起こっていたのと同様の発展のきざしが、西方においてもあらわれはじめていたとはいえ、ある鋭敏なアメリカの観察者はなお一九世紀の末にその基本的な相違をつぎのように述べることができたのである。「たしかに、場合によっては［イギリスにおいてさえ］、［地方の］役所の役人が法律にもとづいて規則を制定する権限を与えられていることがある。英国の地方行政府（The Local Government Board）や、アメリカの保健局はこの種の例としてあげられるが、しかしこのような場合は例外的であって、大多数のアングロサクソン人はこの権力が性質上恣意的であり絶対的に必要なもの以上に拡張されるべきでないと感じている。[36]」

このような雰囲気のなかで、イギリスではA・V・ダイシー（A.V. Dicey）がのちに古典ともなった著作[37]のなかで法の支配の伝統的な概念を重ねて述べた。それはすべての後世の議論を支配し、大陸における事態との対比をうながすことになった。しかしながら、かれの描写はいくぶんか誤解を生むものであった。大陸において法の支配の普及はきわめて不完全であるという一般に認められまた否定できない命題から出発し、そしてこのことが行政上の強制をなお司法審査から大部分免除していたという事実と多少関連があることを認めて、かれは、行政府の行為を通常裁判所によって司法審査する可能性に、かれの主要な判定規準を求めた。かれは、行政裁判管轄権（administrative jurisdiction）というフランスの制度だけしか（しかも、むしろ不十分にしか）知っていなかったし[38]、ドイツでの発展については事実上無知であったらしい。フランスの制度にかぎっていえばかれのきびしい非難はある程度是認できるかもしれない。ただしその当時においてさえ「国務院」はすでにある発展を示しており、それは現代の研究者が指摘しているように、「行政府の自由裁量権を、すべて司法的統制の範囲内におくことに、やがては成功したかもしれない[39]」ものであった。しかし、それはたしかにドイツの行政裁判所の原則には適用不可能であったし、後者はダイシーが非常に熱心に存続させようとした法の支配を保障する目的をもった独立の司法機関としてはじめから構成されたものであった。

たしかに一八八五年にダイシーがかの有名な『憲法序説（*Lectures Introductory to the study of the Law of the Constitution*）』を公刊したときには、ドイツの行政裁判所はまさにその具体化をはかろうとしていたし、フランスにおけるその制度はその明確な形態をとってまもない頃にすぎなかった。それにもかかわらず、かれの「根本的誤謬」はきわめて不幸な結果をもたらした。根本的とは「かれほどの卓越した著者にあっては理解しがたくまた弁明の余地のないほどのもの[40]」であったということである。分離した行政裁判所の考え方そのもの、さらには「行政法（administrative law）」という言葉さえがイギリスにおいて（そして、アメリカにおいてはそれほどではないにしても）法の支配の否定とみなされることとなった。したがってかれが理解したとおりの法の支配を擁護しようと試みながら、結果としてダイシーはそれを存続させる最善の機会を提供したと思われる発展を止めてしまった。かれは大陸において存在したと同じような行政的装置がアングロサクソンの世界で成長するのをとどめることはできなかった。しかしながらかれは新しい官僚機構を有効な支配のもとにおくような諸制度の成長の妨害または遅延に大きく貢献したのである。

第一四章　個人的自由の保障

この小さな間隙をぬって、すべての人の自由は、しだいに失われゆくかもしれない。

ジョン・セルデン（John Selden）

1　法の支配とは超-法的な学説である

さてここでさまざまな歴史的要素を取りあげ、そして法の下における自由の本質的な条件を体系的に述べてみよう。人類は長くかつ苦しい経験から自由の法がある一定の特質をもたねばならないことを学んだ[1]。それはなんであるか。最初に強調すべき点はつぎのことである。すなわち法の支配は政府がすでに知られている規則の実施を除いては、決して個人を強制してはならないということを意味しているのであるから[2]、法の支配とは立法府の権力をも含めてあらゆる政府の権力の限界を設定しているということである。それは法がどうあるべきかに関する一つの教義であり、また個々の法律のもつべき一般的属性に関しての教義である。このことが重要であるのは、今日すべての政府活動が適法でさえあれば、すなわちそれは法の支配の概念にかなっていると両者を混同する議論がしばしばなされているためである。もちろん法の支配は完全な適法性を前提としているがこれだけでは十分ではない。もしある法律によって政府にたいしてその好むままに活動する無制限な権力が与えられたとしたら政府の活動はすべて適法であろうが、それは法の支配のもとにあるとは明らかにいえないであろう。したがって法の支配とは立憲主義以上のものでもある。それはすべての法律がある原理に従うことを要求する。

法の支配は立法全体にたいする制限であるという事実から推論されることは、それ自体が立法者の可決する法律と同じ意味での法律ではありえないということである。憲法上の規定は法の支配の侵害をいっそう困難にするであろう。それらは通常の立法によって不注意にも侵害されることを防ぐのに役立つかもしれない。[3] しかし最高の立法者は法によって自分自身の権力を決して制限することができない。というのは、かれは自分のつくったいかなる法をもいつでも廃棄できるからである。[4] したがって、法の支配とは法それ自体による支配ではなく、法がどうあるべきかに関する規則、すなわち超－法的原則あるいは政治的理念である。[5] それは立法者がその制約を自覚しているかぎりは有効である。民主主義のもとでは、それが共同社会の道徳上の伝統、多数の人が共有し問題なく受けいれる共通の理念の一部を形成しないかぎり、法の支配は普及しないであろうということになる。[6]

この事実こそが法の支配の原理にたいする絶えざる攻撃をきわめて不吉なものにしているのである。法の支配の適用の多くはわれわれがきわめて近くまで接近しようと望むことはできても、決して十分には実現のできない理念でもあるためその危険はいよいよ大きいのである。もし法の支配の理念が世論の確固たる要素であるとすれば、立法と司法とはますますそれに接近する傾向があろう。しかしもしそれが実行不可能で、そして望ましいものですらない理念として示され、そして人びとがその実現のための努力をやめるとしたらそれは急速に消滅するであろう。そのような社会は急速に恣意的暴政の状態に陥るであろう。これが西欧世界全体において過去二、三世代のあいだに脅威を与えてきたものである。

同様に忘れてならぬ重要なことは、法の支配が政府を制限するのは強制的活動においてのみであるということである[7]。政府の機能は強制的活動だけではない。法律を執行するためでさえ、政府は人的および物的資源の組織を必要としそれを管理しなければならない。それから外交政策のように、市民の強制の問題が通常起こらない政府活動の広い領域がある。われわれはのちに政府の強制的活動と非強制的活動との区別を取りあげなければならないであろう。さしあたって重要なことは法の支配が前者だけにかかわっているということである。

政府の処理にまかされる強制手段は刑罰である。法の支配のもとで政府が個人の保護される私的領域を侵害するのは、公布されている一般的法規をおかすことにたいする刑罰としてのみである。したがって、「法律なくしては、罪もなく、刑罰もない[8]」という原則は、この理念のもっとも重要な結論である。しかし、この説明は一見明瞭で確実なように思えるが、もし「法」とはいったいなにを意味するかを明確にしようとする場合には、多くの論争が生じてくる。もしも、ある公職者の命令に従わないものは誰でも特定の方法で処罰されるであろうと、法律がただ説いたのみとすれば、上記の原理が満たされていることにはならないであろう。しかるにもっとも自由な国でさえ、法律はしばしばそのような強制の行為を用意しているように見える。おそらくどこの国でも、たとえばある人が警察官に従わない場合、「公安を害する行為」あるいは「公の秩序を乱す」あるいは「警察官を妨害する」という理由で、刑罰を科されるような目にあわないことはないであろう。したがって、われわれは法の支配を可能にする原理を構成する全体を検討することなしには、教義のこの重要な部分さえ十分に理解しないことになるであろう。

2　真の法の属性

われわれがこれまで見てきたことは、法の支配の理念が法の意味についてきわめて明確な概念を前提としていること、そして立法府によって制定されたあらゆる法律がすべてみなこの意味での法ではないということである。[9] 現在の一般用法によれば、立法府によって適切な方法で議決されてきたものはすべて「法律」と呼ばれる。しかし、形式的な言葉の意味でいうこれらの法律のうちで、[10] 私人のあいだの関係あるいはそのような個人と国家とのあいだの関係を規定している一部のものだけ——今日では通例きわめてわずかな部分——が実体的（あるいは「実質的な」）法律である。いわゆる法律の大部分はむしろ国家がその公僕にたいして発する指図であり、それはかれらが政府の機関とかれらの処理にまかされる手段とを指示する方法に関するものである。今日それらの手段の利用を指示することと一般市民の従わなくてはならない規則を制定することとはどこでも同じ立法府の任務である。これは確立されたやり方となってしまっているが必然的な事態ではない。一般的規則を制定する仕事と行政府に命令を発する仕事とを別々の代表機関に委任することによって、またそれらの決定を独立の司法審査に服せしめて相互にその境界を侵さないように二種類の決定の混同を防ぐことが望ましくないであろうかと、わたくしは自ら問わざるを得ない。[11] どちらの意思決定も民主主義的に統制されることを望むかもしれないけれども、これは両者が同じ議会の手中にあるべきことを必ずしも意味しない。[12]

現在の構成のあり方はつぎの事実をおおい隠すのに役立っている。すなわち政府はその処理をまかされている手段（その指令を実行するために雇われている人たち全部のサービスをも含めて）を管理しなければならないが、これは私的な市民の努力を同様に管理すべきであることを意味するものではないという事実である。自由な社会を不自由な社会と区別するものは、前者においては各個人が公的な領域とは明確に異なる私的領域をはっきり認められた領域としてもっており、そして私的個人は命令されることなくすべての人に等しく適用される規則だけに従うものと期待されていることである。自由な人びとの誇りとなるものはかれらが既知の法律の範囲内にいるかぎり、誰の許可を求める必要もあるいは誰の命令に従う必要もないということである。しかし、今日ではこう主張しうるかどうか疑わしくなってしまっている。

一般的で抽象的な規則とは実質的意味の法律であり、すでに見てきたように実質的な意味における法律である一般的・抽象的な規則は、未知の事件に関係し、特定の人、場所または目的についてはなんら言及しない、本質的に恒常的な規準である。そのような法律はつねにその法の効果は将来におけるものであって遡及的であってはならない。そうあるべきだということは一つの原理でありほとんど普遍的に受けいれられているが、必ずしも法形式として実現されているとはかぎらない。それはもし法の支配を有効に保とうとすれば守られなくてはならない超‐法的規則の好例である。

3　法の確実性

真の法の要件とするべき第二の主要な属性は、それらが知られていることおよび確実であることである。[13]自由な社会の円滑で効果的な運営にとって、法のもつ確実性はほとんど誇張しすぎることのないほど重要なものである。西洋の繁栄に貢献した要素のうちで、単一要素としては西洋に支配的となった法の相対的確実性に優るものはおそらくないであろう。[14] このことは、法の完全な確実性にはわれわれが近づくように努力しなければならないが、決して完全に達成しえない理想であるという事実によって変わるものではない。これまで達成されてきたその範囲を軽視することが現に流行になっており、また主に訴訟に関心をもつ法律家がそのように軽視しがちであるのももっともなことだといえなくはない。かれらは通常結果が不確実な事件を取りあつかわなければならない。しかし法の確実性の程度は、訴訟にはいたらない紛争によって判断しなければならない。というのは、紛争にいたらないわけは法律上の立場が検討されるやいなや、その結果が実際に確実なものとなるからである。結果の確実なものは法廷に決してあらわれない事件であり、法廷にあらわれるのは結果の確実でないものである。それが法の確実性の尺度である。この不確実性を誇張する現代の傾向は法の支配に反対する運動の一部をなすもので、後の章で検討することにしよう。[15]

大事な点は司法部による裁判が予測できるということであり、それらを定めるすべての規則が言葉で述べることができるということではない。裁判所の行為が既存の規則に合致していると主張することは、それらすべての規則が明示されていて、多くの言葉であらかじめ記されていると主張することではない。後者を主張することはまさに達成不可能な理想のために努力することである。明白な形では決してあらわすことのできない「規則」がある。それらの多くは矛盾せず予測可能な裁判に帰結するその理由だけによって知られることになったり、せいぜい「正義感（sense of justice）」の表現としてそれによって導かれる人びとに知られるであろう。[16] 心理学的には、法律上の推論はもちろん明白な三段論法からなるのでなく、大前提は明白でないことが多い。[17] 結論の依拠する一般的原理の多くは定式化された法体系のなかには暗黙に含まれているにすぎず、そしてそれは裁判所によって発見されなければならないものであろう。しかしこれは法律上の推論の特質ではない。おそらくわれわれが定式化できる一般化はすべてみな高度な一般化に依存しており、それを明白には気づかないにもかかわらずわれわれの知性の働きを支配している。いつもわれわれの決定が依存しているそれらのより一般的な原理を発見しようと努めるけれども、これはその性質上決して完成することのできない無限の過程である。

4　一般性と平等性

真の法の第三の必要条件は平等である。これを定義することは他の条件と同じように重要であるが、はるかにいっそう困難である。いかなる法律もすべての人にたいして等しく適用されるべきであるということは、われわれがさきに定義した意味で、法が一般的であるべきであるということ以上のことを意味する。ある法律は関係する人間との形式的な特質だけにあてはまるときに完全に一般的であるかもしれないが[18]、しかも、なお異なる種類の人間には異なる規定を与えることがある。そのような分類は十分に責任を負う市民の集団の内部でさえ明らかに避けられない。しかし抽象的な用語での分類も必ずある点まで達すると、抜きだされた階層が特定の既知の人だけあるいはある一個人からさえなるということになってしまう[19]。この問題を解くための多くの独創的な試みにもかかわらず、どんな種類の分類が法の前の平等と合致するかをわれわれにつねに教えてくれるような完全に満足のいく規準がいままでなかったことは認めざるを得ない。法は無関係な区別をしてはならないとか、法の目的と関係のない理由で人間を区別してはならない[20]とはよくいわれることであるが、それは問題を回避する以上のものではない。

法の前での平等はしたがって理想の一つでありながらも、目標を十分に定めないで方向を指図するものであり、したがってそれはわれわれの到達しえないところにあるもののようであるが、無意味なものではない。われわれはさきに満たされなくてはならない一つの重要な必要条件を指摘しておいた。すなわち抜きだされた集団に属する人びとも、集団の外にある人びとと同様に区別の正当性を承認するということである。その際やはり重要なことは、ある法律がいかに特定の人びとに影響するかを予見できるかできないかを問題とすることである。重要なことである法の平等の理想は未知の人びとの機会を等しく改善することを目的としているが、既知の人びとに予言可能の仕方で便益をもたらしたり、あるいは損害を与えたりすることとは矛盾する。

しばしばいわれていることであるが、一般的で平等であることに加えて、法の支配という場合の法は公正でもなければならないといわれる。法が有効なものであるために多数の人びとがそれを公正として受けいれねばならないことに疑問の余地はないが、しかし一般性と平等性以外に公正という形式的な規準があるかどうかは疑わしい。おそらく成文化はされないとはいえ、もしも定式化されれば一般的に受容されるもっと一般的な規則に当該法が適合しているかと検証されないかぎり。しかし法と自由の支配とが適合しているかに関するかぎり、いろいろな人びとのあいだの関係を規律することにかぎられる法で、しかも一個人の純粋に私的な関心事には介入しない法であるかどうかに関してはその法の一般性と平等性以外に検証の途はない。たしかにそのような「法律は悪法で不公正であるかもしれないが、しかしそれを一般的で抽象的な形に成文化することにより、この危険は極小にまで抑えられる。法律の保護的な性格――それこそその存在理由であるが――はその一般性のなかに見いだされるものである。[21]」

もし一般的で平等な法律が個人の自由への侵害にたいするもっとも有効な保護を与えるということを認識しないとすれば、それは主として国家とその機関を暗黙のうちに法律からはずして政府が個人に例外を認める権力をもっていると想定する気質によるのである。法の支配の理念が要求するのは国家が法律を他人に強制するか――しかも、これは国家だけにかぎられる――、あるいは国家が同じ法律のもとで行動し、したがってどの私人とも同じ方法で規制を受けるかである。[22]すべての規則は支配するものを含めて、すべてのものに平等にあてはまるというこの事実こそ、どんな抑圧的な規則の採用をもほとんどありえないものにするのである。

5　権力の分立

新しい一般的な規則を定めることと、それを特定の場合に適用することとを効果的に分離するには、それらの機能を相異なる人びとあるいは機関に遂行させないかぎり実際的に不可能であろう。したがって、権力分立の教義のこの部分[23]は少なくとも法の支配の不可欠な部分とみなされなければならない。規則は特定の場合を念頭においてつくられてはならないし、また特定の場合は一般的な規則――この規則はまだ明示的には成文化されているとはいえず、発見しなければならないかもしれないが――以外のものに照らして決定されてはならない。これには政府のいかなる一時的な目的にも関心をもたない独立の裁判官が必要である。主要な点はある特定の場合に強制をもちいるべきかどうかを決定しうる以前に、二つの機能を別々に二つの同格の機関によって遂行しなければならないということである。

これよりいっそうむずかしい問題は、法の支配を厳密に適用するに際して、執行部（あるいは行政府）がこの意味で明確な独立の権力として認められるべきかどうか、他の二つと等しい条件で同格であるかどうかである。もちろん、行政府には自ら適切と考える場合に自由に行動しなければならない領域がある。しかし、法の支配のもとではこれは市民にたいする強制力にはあてはまらない。権力分立の原則の解釈に関して一般市民を扱うとき、行政府は立法府によって制定され、独立の裁判所によって適用される規則に必ずしも従うわけではないという意味にとってはならない。そのようなある権力を主張するのは、法の支配と正反対の命題である。行政府が独立の裁判所によって統制されない権力をもたねばならないのは、実際に運営可能な制度のもとでは疑いないことであるが、「個人と財産にたいする行政府の権力」はそのなかには数えることはできない。法の支配が要求するのは、強制活動において行政府がいつ、どこで強制をもちいるかだけでなく、いかなる方法でそれを行使するかを規定する規則によって拘束されなくてはならないということである。これを保障する唯一の方法はこの種のすべての行動を司法審査に服させることである。

しかし行政府を拘束する規則を通常の立法府が制定すべきかどうか、あるいはこの機能を別の団体に委任すべきかどうかは政治上の便宜の問題である。[24]これは法の支配の原理に直接には関係なく、むしろ政府の民主的な統制の問題に関係がある。法の支配の原理に関するかぎり、立法の委任それ自体にたいする反対はない。明らかに地方議会あるいは市議会のような地方の立法機関に規則を制定する権力を委譲することは、あらゆる観点から見ても異論はない。この権力を選挙によらない機関に委任することでさえ、そのような機関がこれらの適用にさきだって、規則を公示する義務を負い、かつそれを固く守るようになっているかぎりは法の支配に反するとはいえない。現代における委譲の広範な利用にともなう困難は、一般的な規則をつくる権力が委譲されていることではなく、そのような権力の行使を明確に示す一般的な規則を成文化することができないために、行政当局が結局規則なしに強制を実行する権力をもっているということである。しばしば「立法権の委譲」と呼ばれるものは、規則をつくる権力の委譲――それは非民主主義的かあるいは政治的には得策ではないかもしれないが――ではなく、法としての力をすべての決定に付与する権限を委任することである。だからこそ、立法府のある法律と同じものとして、裁判所はこれを疑問の余地なく容認せざるを得ないのである。

6　行政上の裁量の限度

このことは現代において重要となってきている問題、すなわち行政上の自由裁量にたいする法律上の限界にわれわれを直面させる。ここに「やがてはすべての人びとの自由が失われるかもしれない小さな隙間」がある。

この問題に関する議論は、「自由裁量」という用語の意味についてのある混乱から曖昧になっていた。われわれは、まず法律を解釈する裁判官の権限に関してこの言葉をもちいる。しかし規則を解釈するための権威は、われわれに関連する意味での自由裁量ではない。裁判官の役割は正当な法の支配に関する体系全体の精神に含まれている意味を発見することであり、あるいは法廷または立法者があらかじめ明示的に述べていなかったことを必要な場合に一般的な規則として明示することである。解釈を施すというこの役割は、裁判官が特定の具体的な目的を追求するために、自分自身の意思に従う権威という意味での自由裁量をもつという場合のものではない。そのことはかれの法律解釈がより上級裁判所の審査の下におかれうるし、また一般にそうされるという事実から明らかである。ある裁判内容について、上級裁判所が既存の規則と事実関係だけを知るために必要な範囲で審査しているかどうかの判定が規則に拘束されているのか、それとも裁判官の自由な裁量権にまかされているのかどうかの最善の試金石である。法律のある特定の解釈は論争にさらされることがあり、また十分に確信のもてる結論に到達することは時として不可能であろう。しかしこのことは、論争が単に意思による行為によらず、規則に訴えて解決されなくてはならないという事実を変えるものではない。

うえのものとは別の意味で、しかもわれわれの目的にとって等しく無関係な意味での自由裁量は政府の階層組織全体を通じた上級と下級機関との関係にかかわる問題である。最高の立法府と行政部門の長官との関係からくだって官僚組織のそれぞれの各段階にいたるまでのあらゆる段階において、全体としての政府の権威のどの部分がある特定の職または公職者に委任されるべきかについての問題が生じる。特定の官庁に特定の任務を課すことは法律によって定められるので、個々の機関がなにを実行する資格があるか、また政府の権限のどの部分を行使することを許されているのかの問題は、しばしば自由裁量の問題として論ぜられている。たしかに政府の行為のいっさいを固定された規則によって拘束することはできないし、政府の階層組織の各段階においてかなりの自由裁量が下級機関に付与されなくてはならない。政府が自分自身の資源を管理するかぎり、同じ事情のもとで企業経営に必要とするのと同程度の自由裁量を政府に与えることを支持する強力な議論がある。ダイシーが指摘しているように、「政府は自分自身の事実――そういってよいと思うが――の管理において、私人が自分の個人的な事業の経営にあたって必要とする活動の自由をもつ必要があることに気づくであろう。[25]」立法機関は、行政機関の自由裁量の制限にあまりにも熱心であることがよくあって、いたずらにその効率を妨げることがよくある。これはある程度は避けがたいであろう。また官僚組織はおそらく営利事業よりも広範囲にわたって規則による拘束を受けざる得ないであろう。というのは、官僚組織には、商売においては存在するような利潤によって示される効率性の検証がないからである。[26]

法の支配に直接に影響する自由裁量の問題は、政府の特定の機関による権力の制限の問題ではなく、全体としての政府の権力制限の問題である。それは行政一般の範囲の問題である。政府が自由にその支配下にある手段を効率的に利用するために、大幅な自由裁量を行使せざるを得ないという事実に異を唱えるものはいない。しかし繰り返していうが、法の支配のもとでは私人としての市民とその財産とは、政府による行政管理の対象物ではなく、政府の目的を達成するためにもちいられる手段でもない。自由裁量がわれわれにとって関心事となるのは、行政府が市民の私的領域に介入するときのみである。そして実際に、法の支配の原則は行政当局にはこの点に関して、自由裁量権を許すべきでないということを意味している。

法の支配のもとで活動するに際し、裁判官が法律の解釈において自由裁量を行使するように、行政機関も自由裁量を行使しなければならないことがあるであろう。しかしこれは独立の裁判所によってその決定の内容を審査することができるので、監督ができるし、また監督を受けなければならない自由裁量権である。ということはその決定は法準則と法律の関係する事情と、当事者たちの知ることのできる事情とから推論しうるものに違いないのである。その決定は政府のもっている特殊の知識とか、あるいは政府の当座の目的とか、相異なる人びとへの影響に関する選好を含めて、いろいろな具体的目的に付与される特定の価値によって影響を受けるものであってはならないのである[27]。

この点において現代の世界では、自由がいかに維持されるのかを理解したいと望む読者は、法のもつ一見微妙な点を考察する用意がなければならない。その点の重要性の高いことがしばしば評価されていないのである。すべての文明国には行政上の決定を不服として裁判所に提訴する規定が存在するが、これは行政機関のしたことについて果たしてそうする権利をもっていたかどうかの問題だけに関するものであることが多い。しかしすでに明らかにしたように、もしある当局のおこなったことはすべて合法的であると法律がいったとすれば、なにをしても裁判所はそれを制限することができないであろう。法の支配のもとで要求されるのは、法律が当局のおこなってきたある特定の活動を考慮したかどうかを決定する権限を、裁判所がもつべきであるということである。換言すれば、行政活動が個人の私的領域に介入するすべての場合に、裁判所は、特定の活動が**権限内**（*infra vires*）か、**権限踰越**（*ultra vires*）かだけでなく、行政的決定の実体は法律が要求したものであったかどうかを決定する権限をもたねばならない。実にそういう場合にのみ、行政的自由裁量は排除されるのである。

この必要条件は、自分の支配下にある手段をもちいて特定の結果を達成しようとする行政機関には明らかにあてはまらない(28)。しかし法の支配の本質は一般市民とその財産が、この意味で政府の支配に属する手段ではないということである。強制は一般的な規則に合致するときにのみ行使されるべきであるとすれば、あらゆる特定の強制行為の正当化はこのような規則から引きだされなくてはならない。このことを保障するためには、ある権威機関があって政府の一時的な目的にはすべて関与せず、規則にのみ関与し、他の当局が実行したことについて、その権限があったのかどうかを論じるだけでなく、その実行したことが法律の要求したことであるかどうかについても発言する権利をもっていなければならない。

7　立法と政策

われわれがいま論じている区別は時には、立法と政策とのあいだの対照として議論されることがある。もし後者の用語が適切に定義されるとしたら、その要点をつぎのように表現することができるであろう。すなわち強制は一般的な法に一致するときのみ認められ、当面の政策の特定の目的を達成する手段であるときは認められないと。しかし、こういう説明の仕方はたぶん誤解を導きやすい。というのは、「政策」という用語はすべてもっと広い意味にもちいられ、そのなかに立法をも含むからである。この意味では立法は長期にわたる政策の主要な手段であり、そして法律を適用してなされることは、すべて前もって決定されている政策を実行することに他ならない。

さらになお混乱の原因となるものはつぎの事実である。法自身の範囲内での「公共政策」という表現は、成文化された規則として制定されていないことの多い普遍的で一般的な原則を述べるためにもちいられるのが普通でありながら、より特定の規則の有効性を厳格には問わないものとして理解されている。[29] 善意を保護するとか公共の秩序を守るとかあるいは不道徳な目的のための契約を承認しないことが法律の政策であるといわれる場合、それは行為の規則としてよりもむしろ政府のある恒久的な目的の観点に立っているものである。ということは、政府に与えられている権限内で政府は目標が達成されるように行動しなければならないということである。「政策」という用語がそのような場合にもちいられる理由は、達成されるべき目標を特定化することが抽象的な規則としての法の概念と抵触すると感じられることにあると思われる。この理由づけは現実を説明しているかもしれないが、明らかにそれは危険なものである。

政策がその時代の具体的で絶えず変化する目的にたいする政府の追求を意味する場合には、政策という言葉はまさに立法と対比される。行政それ自体が主にかかわるのはこの意味での政策の実行である。その役割は政府の処分にまかされている資源の管理と配分であり、共同社会の絶えず変化する要求のためにもちいられる。政府が市民に供給するすべてのサービス、国防から道路の維持まで、衛生施設から街路の警備までは、みな当然この種のものである。これらの仕事のためには一定の手段と政府に雇われる公務員が認められており、そして政府は絶えずつぎの切迫した仕事とそれにもちいる手段についての決定をしなければならないであろう。これらの仕事に携わっている専門の行政官はかれらの追求している公共の目的のために、できるかぎりのものを引きだそうとする性向を必然的にもっている。今日私的領域をのみこんで絶えず成長する行政機構のこの傾向にたいして私的市民の領域を守ることこそ、法の支配がきわめて重要なゆえんである。これは要するに、このような特性の仕事をまかされている機関はそれの目的のために最高の権力（ドイツ人が高権 *Hoheitsrechte* と呼ぶもの）を振るうことを許されず、自分たちに与えられた手段だけに自身を限定しなければならないのである。

8　基本的権利と市民的自由

自由の支配のもとでは、個人の自由な領域は一般的な法律によって明示的に制限されていないいっさいの活動を含んでいる。すでに指摘したとおり、若干のより重要な私的権利を権威による侵害から守ることがとくに必要であることがわかった。それからまた若干の権利をこのように明示的に列挙するため、それらだけが憲法の特別の保護を享受するという意味に解釈されるかもしれないという危惧がいかに感じられるかということもわかった。これらの懸念にはたしかに根拠が十分ある。けれども全体として見れば、人権宣言文はどんなものでも不完全を避けることはできないとはいえ、危険にさらされやすいことのわかっているいくつかの権利にたいして、重要な保護を与えることができるという議論は経験によって確かめられているように思われる。今日われわれがとくに注意しなければならないことは、技術的変化が絶えず個人的自由にたいして新しい潜在的脅威を生んでいる結果として、保護される権利の表をつくっても列挙しきれないということである[30]。ラジオとテレビの時代には情報に接近する自由はもはや出版の自由の問題ではない。薬品や心理学的技術が人の行動を支配するためにもちいられる時代では、人の身体に関する自由な支配の問題はもはや物理的規制にたいする保護の問題ではない。移動の自由についての問題は自国の当局が旅券の発行を拒む人たちにとって、外国旅行が不可能となる場合には新しい意義をおびてくる。

われわれはたぶんある時代の入口にいるにすぎず、やがて精神を支配する技術的な可能性が急速に増大しそうである。当初は個人の人格にとって無害または有益な力と受けとられるものが政府の支配下におかれるかもしれないことを考えると問題はきわめて重要である。人間の自由にたいする最大の脅威はまだ将来のことであろう。とはいえ水道に適当な薬品を加えるかあるいは類似の他の装置によって、当局がその意図する目的のために、全住民の心を鼓舞するのか、消沈させるか、刺激させるか、あるいは麻痺させるかすることのできる日はあまり遠くないかもしれない[31]。もし基本的人権の宣言がともかく有意であるべきとするならば、その意図がまさに個人をかれの自由にたいするあらゆる重大な侵害から守ることにあり、そしてそれゆえに、その宣言のなかには、個人が過去において享受してきた自由権を政府の干渉に対抗して保護するある一般的な条文が含まれているものと考えられるべきことが、いちはやく承認されなければならない。

結局のところ基本的権利の法的保障は立憲主義によって与えられる個人的自由の保護の一部でしかなく、またこの法的保障は自由の立法的な侵害にたいして、憲法それ自体以上に保障を与えることはできないのである。すでに見てきたように、この法的保障は当面の立法の軽率かつ不用意な行動にたいして守る以上のことはできないし、また最高の立法者の意識的行動による権利のどんな抑圧をも防ぐことはできない。これにたいする唯一の保障は世論の側において危険をはっきり自覚することである。かかる用意は大切である。というのはそれがあってはじめて個人の権利の価値が世人の心に印象づけられ、そしてそれが一つの政治的信条の一部となり、人びとがその意義を十分に理解していないときでさえ、これを守ろうとするからである。

9　個人の領域への干渉の条件

ここまで、われわれは個人的自由の保障をあたかも決して侵すべからざる絶対的権利であるごとくに説明してきた。実際には、それは社会の正常の運営がかかる保障にもとづいており、それからの逸脱は特別の正当化を必要とするという意味にすぎない。しかし自由社会のもっとも基本的な原則でさえ、長期にわたる自由の保障が問題になる場合、その場合にかぎり、たとえば戦争に際しては犠牲にされねばならないかもしれない。そのような場合における政府のそうした緊急時の権力（およびその濫用にたいする防御）の必要に関しては広範な合意が存在する。

さらに進んで考察する必要のあることは、人身保護令状（habeas corpus）の停止とか戒厳状態の宣言によって市民的自由の一部を取りあげる偶発的必要性についてではなく、個人あるいは集団の特定の権利が公共の利益のために時おり侵害されるその条件についてである。言論の自由のような基本的権利でさえ、「明白かつ現在の危険」な状態では縮小されなくてはならないかもしれないこと、あるいは政府が土地の強制買収に関する土地収用権（eminent domain）の権利を行使しなければならないかもしれないということは、ほとんど論争の余地はない。しかしもし法の支配を維持するべきであるとすれば、このような行動は規則によって定義された例外的な場合だけにかぎり、その承認はある当局の恣意的な決定に依存するのではなく、ある独立の裁判所が審査できるようにしておくことが必要である。そしてさらに影響を受ける個人が自分の正当な予想がはずれたことによって損害を受けることのないよう、このような行動の結果として、個人が蒙るどんな損害をも十分に補償されることが必要である。

「正当な補償のない収用はない」という原則は、法の支配が普及しているところではどこでもつねに認められてきている。しかし、これは法律の至高性の原則の必要不可欠な要素であるとは、必ずしも認められているわけではない。正義がそれを要求する。しかしより重要なことは、私的領域を侵害する必要が認められるのは、公共の利益が正常な個人の予想がはずれることによって受ける損害よりも明らかに大きい場合にかぎられるということが、われわれの主要な確信となっていることである。十分な補償を必要とする主要な目的は私的領域のかかる侵害の阻止として働くことにこそあり、そして特定の目的が社会の正常の運営の依存する原則にたいする例外を承認するに足るほど重要であるかどうかを確かめる手段となることである。公共の行動の利益はしばしば掴みがたくその推定の困難なことと、当面の特定の目標の重要性を過大評価する専門的行政官の悪評高い性向とを考慮すれば、私的所有者はつねに疑念をもつのが有益であるし、また補償は露骨な濫用を防ぐためにできるかぎり高く定めるのが望ましいとさえ思われる。要するにその意味は通常の規則の例外を許すべきだとすれば、公共の利益が明白で十分に損失を上回るものでなければならないということである。

10　手続上の保護

われわれは人身保護令状のような手続き保障、陪審による裁判、そのほかアングロサクソンの国における大部分の人びとにとって自由の主要な基礎と思われているものを考慮せずに、法の支配をともに構成する本質的な要素を列挙し終えた(32)。イギリスとアメリカの読者は、わたくしが本末を転倒し基本的なものを残して些細な特質に注意を集めてきたとおそらく感じるであろう。これはまったく故意になしたことである。

わたくしはともかくこれらの手続き保障の重要性を軽視しようとは思わない。自由の保持にとってその価値は誇張しすぎることはほとんどない。しかしその重要性は一般的に認められてはいるものの、その前提としてここで定義した法の支配を承認してこそ有効になることと、法の支配なしにはあらゆる手続き保障は無価値であろうということが理解されていない。事実、英語圏の世界において人間にたいする法の支配という中世的な概念を維持させてきたのは、おそらくこれらの訴訟手続による安全装置にたいする尊敬である。しかし、このことはもしすべての権威の行動を束縛する抽象的な法の支配の存在にたいする基礎的信念が動揺するとしたら、自由が保持されるという証拠はなにもない。裁判の形式は判決が特定の目的あるいは価値の相対的な望ましさに従うのではなく、規則にしたがって下されることを保証する意図をもっている。裁判上の手続きに関するすべての規則、個人を保護し正義の公明正大を確保することを意図するすべての原則は、個人間あるいは個人と国家のあいだのあらゆる紛争は一般的な法の適用によって解決されうることを前提としている。これらの規則や原則は法を広く普及させるように企図されているが、しかし法律が決定を故意に当局の自由裁量にゆだねる場合は正義を守る力がない。手続き保障が自由の安全装置であるのは、法が決定する場合だけ——これは独立の裁判所が最高権威者である場合だけを意味している——である。

わたくしはここで伝統的な制度の前提となっている法の基本的概念に注目してきた。というのは裁判上の手続きの外面的な形式に依拠すれば、法の支配が維持されるであろうという信念はその維持にとって最大の脅威であると思えるからである。疑うのではなくむしろ強調したいのは、法の支配の信念と司法の形式にたいする尊敬とは同じ部類に属するものであり、いずれか一方なしにはどちらも有効でないということである。しかし今日、主として脅威にさらされているのは前者である。またこの脅威の主要な原因の一つである司法の形式を注意深く監視していれば、法の支配が維持されるであろうというのは幻想である。「裁判上の手続きの形式と規則を、それが本来所属していないところへもちこんでも社会は救われないであろう。[33]」裁判の判決に関する本質的な条件が欠けている場合に、裁判形式の装飾を使用したり、あるいは規則の適用では決定できない問題を決定する力を裁判官たちに与えたとしても、かれらが尊敬を受けてよいところでさえも、その尊敬を破壊する効果しかもちえない。

第一五章　経済政策と法の支配

下院は、……代議員自身にもその友人たちにも、同時に社会の一般大衆にも効力を十分に及ぼさないような法律をつくることのできないところである。この［事情］は人間の政策によって、支配者と人民とを結びつけることのできる最強の紐帯の一つであるとつねに考えられてきた。それが支配者と人民のあいだに、利害の交流や感情の共感をつくりだすものであり、これまでそういった実例を生みだした政府はほとんどないが、しかし、これがなければ、あらゆる政府は、専制に堕落してしまう。

ジェームズ・マディソン（James Madison）

1　個人的自由はある種の政府の政策を排除する

経済問題にたいする古典学派の自由擁護論は、この分野においても他のあらゆる分野におけるのと同様、政策が法の支配に服しているという暗黙の前提に立っている。アダム・スミスあるいはジョン・スチュアート・ミルのような人たちによる政府の「干渉」にたいする反対の性質は、この背景のもとにそれを見なければ理解することはできない。したがって、この基礎的概念をよく知らない人びとはしばしばかれらの立場を誤解した。そして、その読者も法の支配の概念を想定しなくなるとともに、イギリスでもアメリカでも混乱が生じてきた。経済活動の自由とは、法のもとでの自由の意味であって、すべての政府活動の欠如の意味ではなかった。これらの著述家たちが原則の問題としては反対した政府の「干渉」あるいは「介入」とは、それゆえに法の一般的規則によって守ろうとしていた私的領域の侵害のみを意味したのであって、政府が自ら経済問題にもかかわってはならないとは考えていなかった。しかしかれらは原則的に排除すべきある種の政府の政策手段があると考え、それはいかなる便宜的理由にもとづこうとも承認することはできないと思っていた。

アダム・スミスとその直接の後継者たちにとっては、コモン・ローの一般的規則の施行はたしかに政府の介入とは受けとられなかったであろう。また、これらの規則の変更の場合も立法府による新しい規則の承認の場合でも、それが無期限に全人民に等しく適用されるものであるかぎりは、政府干渉という言葉を適用しなかったであろう。かれらはおそらく明確には決して述べなかったが、介入とは一般的法の規制的執行ではなくて、一部の特殊な目的の達成を意図した政府権力の行使を意味したのである。[1]しかしながら、重要な規準は追求される目的ではなくて採用される手段であった。目的についてはもし人びとがそれを望んでいることが明白であれば、かれらはすべてそれを正当なものとみなしたであろう。しかし、特殊の命令や禁止の手段を自由社会では一般的に受けいれがたいものとして、排除したのである。ただ間接的にある目的達成を可能にする唯一の手段を政府に行使させないということで、この原理はそうした目的追求をする権力を政府から奪うのである。

後世の経済学者はこれらの問題に関する混乱にたいしてかなり責任を負っている。[2]たしかに経済問題にたいするすべての政府の関心に疑問を抱くのにも、とりわけ経済活動への政府の積極的参加に反対する強固な先入観をもつのにも、それ相応の理由がある。しかしこれらの論拠は経済的自由を支持する一般的な論拠とはまったく異なっている。前者の議論は、この経済活動の分野で弁護されてきた大多数の政府の政策手段は実際には不得策であるという事実を根拠にしている。というのは目的を達しないか、あるいは費用が利益をしのぐからである。ということは、法の支配に合致するかぎりにおいて、政府の政策手段を政府干渉として拒絶すべきでなく、一つ一つの場合ごとに便宜の観点から検討する必要があるということを意味する。あらゆる邪悪なあるいは有害な手段に反対する戦いにおいて、慣習的に非介入の原理に訴えてきたことは、自由体制に合致する手段と合致しない手段の種類の基本的な区別を曖昧にする効果をもってきたのである。そして自由企業の反対者たちはある特定の手段が望ましいか望ましくないかを、原理の問題ではなくて、いつも便宜の問題であると主張することにより、きわめて容易にこの混乱を助長してきたのである。

いいかえると、重要な点は政府活動の量よりもむしろその質にある。うまく機能する市場経済は国家の側のある種の活動を前提としているし、その機能を助けるためにもなお若干の活動が必要である。そのうえさらに、その活動が機能している市場に合致する類のものであれば、多くの活動を許すことができるのである。しかし、自由体制が依拠しているまさにその原理に反する活動もあるのであって、それは自由体制を機能させるためには排除されなければならない。その結果、比較的活動的でないが間違ったことをする政府は経済問題にもっと深くかかわりながら、経済の自生的な力を助ける活動に自ら限定する政府よりも市場経済の力をいちじるしく弱めることになろう。

この章の目的は、法の支配が自由体制に合致する手段と合致しない手段とを区別することのできる規準を示してくれることを明らかにすることである。合致する手段は、さらに便宜性の根拠に立って検討することができる。もちろん、そのような手段の多くはやはり望ましいものではなく有害でさえあろう。しかし合致しない手段はたとえそれがある望ましい目的にとって効果的、あるいはたぶん唯一の効果的な方法であるとしても排除されなくてはならない。法の支配の遵守は自由経済が有効に機能するための十分条件ではないが必要条件であることを明らかにしよう。しかし重要な点は、政府のあらゆる強制的な活動が恒久的な法的枠組によって明確に決定されなければならないことであって、その枠組によって個人はある程度確信をもって計画を立てることができ、人間の不確実性を可能なかぎり縮小させることができる。

２　正当な政府活動の領域

まずはじめに、政府の強制手段と政府の純粋なサービス活動との区別を考えよう。後者の場合、強制が介在しないかあるいは強制があるとしても、課税による資金調達の必要からのみそうする場合である。[3]もし政府が引きうけなければ、他に供給するものがまったくないというサービスを政府が引きうけるかぎり（これは通常、サービスの代価を支払う用意がある人びとに便益の供給を制限することができないとの理由である）、そこに生じる問題はその便益がその費用に値するかどうかということだけである。もちろん、もし政府が特定のサービスを供給する独占権を自ら要求するならば、その事業は厳密には非強制的ではなくなるであろう。一般に自由社会では政府は強制の独占を享受するがそれだけであって、他の面ではすべてあらゆる個人と同じ条件のもとで活動するべきものとされる。

この分野において政府が普遍的に引きうけてきたもので、右に述べた制限内に入る活動の大多数のものが、一般的重要性をもつ事実に関する信頼できる知識の獲得を促進させる活動である。[4]この種のものでもっとも重要な任務は信頼のできる、そして効率的な貨幣制度の提供である。そのほかほとんど同等に重要なものとしては、度量衡基準の設定、測量、土地登記統計などによって収集される情報の供給、それからある種の教育の支援がある。ただし教育の支援は教育機関の支援とはかぎらない。

これらの政府活動はすべてみな個人の意思決定に適した枠組を供給する努力の一部をなすものであって、個人が自分自身の目的のために利用することのできる手段を供給する。そのほかもっと物的な種類の多くのサービスも同じ範疇に数えられる。政府は法の一般的規則の施行と無関係な活動を自分のために保留するためには、その強制力をもちいてはならないが、市民と同じ条件であらゆる種類の活動に従事するについては、なんら原則を破ることにはならない。もし多くの分野においては政府がそのようにすべきだとする十分な理由がないとしても、政府活動の望ましいことについてほとんど疑問の余地のない分野もあるのである。

後者の部類に属すものとしては、望ましいことが明白であっても、個々の受益者に料金を課すことが不可能あるいは困難であるために競争的企業によって供給されないサービスがすべてそうである。たとえば、衛生および保健サービスの大部分、道路の建設とその維持、および都市住民のために市当局が供給する文化施設の多くがそれである。同様にアダム・スミスが述べたもので、「公共事業として、大きな社会には最高度に有益であるのだが、しかし、その利潤は決していかなる個人にも、あるいは一部少数の個人にもその費用をつぐないえない性質をもっている公益事業」[5]もまたこのなかに含まれる。そして、そのほかにも政府が正当な仕事として引きうけようと望む多種類の活動がある。たとえば軍事的装備の秘密保持のため、あるいは特定分野における知識の進歩を促進するための政府活動がそれである。[6]しかし、政府はある時期にはこのような分野において指導的地位を引きうけるために最適であるかもしれないが、だからといっていつもそうだと想定して政府に独占的責任を与えることを正当化することにはならない。しかも多くの場合、こういう活動の実際の運営に政府が携わる必要は必ずしもない。問題とするサービスは資金上の責任の一部または全部を政府が引きうけるが、仕事の遂行を独立の、そしてある程度は競争的な機関にまかせることによって一般的に供給できるし、またよりいっそう効率的に供給されるものである。

実業界がいっさいの国営企業にたいして、不信をもって眺めるのはそれ相応の理由がある。国営企業を私的企業と同じ条件のもとで経営することを保障するには大きな困難がある。そしてこの条件が満たされる場合にかぎって、これに原則的に反対すべきものはなくなる。政府がその強制力を少しでも利用するかぎり、とくに国営企業を援助するために課税の権力を利用するかぎり、政府はいつもその企業の立場を実質的な独占の企業に変えることができる。これを防ぐためにはどのような分野であろうと、政府が自身の企業に与えるどんな特別の便宜も補助金も含めて、等しく競争する私的企業にも利用しうるようにすることが必要である。政府がこうした条件を満たすのはきわめて困難であろうし、そして国営企業に反対する一般的な推定論拠がそれにより大いに強められるが、このことをあえて強調する必要はない。しかしこのことは国営企業をすべて自由体制から排除しなければならないことを意味するものではない。たしかにそれは狭い限度内に抑えるべきである。もしも経済活動のあまりに多くの部門が国家の直接統制に従うようになれば、自由にとっての現実的な危険となるであろう。しかしここで反対すべきものは、国営企業それ自体ではなく、国家の独占である。

３　行政的介入の領域

さらになお自由体制は原則として経済的活動の一般的な規則を排除するものではない。それはある活動に従事するすべてのものが満たさねばならない条件を明白に定める一般的な規則の形式で制定されるものである。そのなかには、とくに生産技術を取りしまる規制がすべて含まれる。かかる規制が賢明であるかどうかの問題にはこの際関心をもたない。おそらくそれは例外的な場合にだけ賢明なものとなるであろう。それはつねに実験の範囲を制約し、それによって有益な進歩となるかもしれないものを妨害する。通常それは生産費用を高めるであろうし、あるいは同じことになるが、総合的な生産性を引きさげるであろう。しかしもし費用に及ぼすこの影響を十分に考慮にいれて、しかもなお一定の目的の達成のために費用をかけるだけの価値があると考えられるならば、それについていうべきことはなにもない。(7)経済学者はなお疑いを残すであろう。そしてこのような手段に反対する強い論理があると主張する。というのは、総合的な費用はほとんどつねに過小評価されるからであり、そしてとくに一つの不利益、すなわち新しい発展の妨害が決して十分には考慮されないからである。しかし、もしたとえばマッチの生産と販売が健康上の理由で一般に禁止されるか一定の予防策が講じられる場合にだけ許可されるとすれば、あるいは夜間業務が一般に禁止されるとすれば、これらの手段が適切であるかどうかは総合的費用と利得との比較によって判定されなくてはならず、一般的な原則に訴えて決定的に決められるものではない。このことは「工場法」として知られている広範な規則の大部分のものについてあてはまる。

今日しばしば述べられていることであるが、政府の固有な機能であると一般に認められた上記のあるいはそれに類似した仕事は、行政当局に広範な自由裁量権が与えられず、すべての強制が法の支配の限定を受けていたならば適切に遂行することはできないであろうといわれる。この点については恐れる理由はほとんどない。法律は特定の情況のもとで当局が採用するかもしれない特定手段を必ずしも指定できないとしても、採用された手段が法のめざしている一般的効果を達成するために必要であるかどうかを公平な裁判所が決定することができるように、法というものは形づくられるのである。当局が行動しなければならない情況はさまざまであって予測しにくいけれども、ひとたびある特定の情況が発生したならばかなりの程度まで推測しうるだろう。伝染病の蔓延を阻止するために農家の家畜を屠殺したり、火事の延焼を防ぐために家屋を破壊したり、汚染井戸の使用を禁止したり、高圧電流送電の保安手段の必要および建築物の安全規則の施行には、当然ながら一般的な規則の適用に際して当局にある自由裁量を認める必要がある。しかしこれは一般的な規則によって制限されない自由裁量である必要はなく、また司法審査を免除される必要のある種類の自由裁量である必要もない。

この種の手段が自由裁量権を与える必要がある証拠としてよく引用されるのにわれわれは慣れているが、意外なことにある著名な行政法の研究者が最近、といっても三〇年ほど前のことであるが、つぎのようにも指摘しているのである。「保健および安全に関する法令は一般的にいって、決して自由裁量権の行使についてとくに目立つものではない。それどころか、この立法の多くにおいて自由裁量権はとくに目立って欠けているのである。……たとえば、イギリスの工場立法は実際にはすべて一般的規則（大部分は行政的規則によって、枠をはめられているものであるが）に依存してよいものであることがわかった。……多数の建築物の規定は最小限度の行政的裁量で構成されており、実際に規制はすべて基準化の可能な条件に限定されている。……これらの場合のいずれにおいても決して公共の利益をあからさまに犠牲にすることなく、しかも弾力的に考えるにあたっても、私権の確実性を考慮することのほうが優先されたのである。(8)」

すべてこのような場合には、意思決定は一般的な規則から引きだされてくるのであって、その時々の政府を動かしている特定の選好から引きだされるものではないし、あるいは特定の人びとをどういう地位におくべきかについてのある意見から引きだされるものでもない。政府の強制的権力はなお一般的で時間を越えた目的に奉仕するものであり、特定の目的に奉仕するものではない。政府はいろいろな人びとのあいだにどんな差別もしてはならない。政府に与えられる自由裁量は、関係当局が一般的な規則の考え方を適用するはずであるという意味において、限定された裁量である。この規則がその適用にあたって完全に明確なものとされ得ないのは、人間が不完全であることの結果である。けれども問題はある規則の適用の問題であり、それを明らかにできるのは、ある独立の裁判官が特定の願望、政府にとっての価値、その時の多数者の願望をも代表することがない場合である。そのときこそ、かれは当局がある活動をする権利があるかどうかを、さらに当局の決定をまさにそのとおりに実行することが法によって要求されていたかどうかも決定しうるということである。

ここにおける問題点は、政府活動を正当化する規制が一国全体にわたって一様のものであるかどうか、あるいはその規制が民主的に選挙された議会で制定されるかどうかの問題とは無関係である。一部の規制は地方の条例で承認することが明らかに必要であるし、それらの多くたとえば建築条例のごときは、必然的に形式のうえでは多数決の産物であっても実質はそうではないであろう。この際重要な問題は、その起源ではなくて、授けられる権力の限度にかかわっている。規制が行政当局それ自体によって作成されるとしても、前もって適当に公布され厳格に施行されるならば、立法行為によって行政機関に授けられる漠然たる自由裁量権よりはむしろ法の支配に合致するであろう。

行政上の便宜を根拠にしてこれらの厳格な制限を緩和すべきであるとする願望はつねに存在しているが、これまで考察してきた目的の達成にとってはそれは決して必要条件ではない。ただ法の支配を維持するよりも、行政上の効率性への配慮のほうが上回ってしまうのは、ある他の目的のために法の支配が侵犯されてしまった後だけである。

４　原則として排除される手段

さて、われわれがつぎに眼を向ける必要のある政府の政策は、法の支配が原則として排除する種類のものである。というのは、そういう政策は単に一般的規則を施行するだけでは達成され得ず、どうしても人びとのあいだに恣意的な差別をともなわざるを得ないからである。そのうちでもっとも重要なものは、各種のサービスあるいは商品の供給について、どんな価格で、どれだけの数量を、どういう人に許可するかの決定である。いいかえるならば、各種の事業と職業の選択、販売の条件および生産または販売される額の統制をめざす政策である。

各種職業への参入に関するかぎり、われわれの原則は事情に応じて、ある確認可能な資格をもつものだけに参入を許可するのを望ましいとする場合のありうることを排除するものではない。しかしながら、一般的規則の施行の強制にたいして制限を加えるには、このような資格をもつ人なら誰でもその許可を受ける請求を実現しうることとし、その許可を与えるのはただ一般的規則として制定された条件を満たすかどうかのみにかかっており、許可を与える権限をもつ当局の自由裁量で決定されなくてはならないような（「地方の需要」のごときもの）ある特定の事情に左右されないことが大切である。多くの場合そのような統制の必要でさえ、もっていない資格をもっているごとく装おう人たちを取りしまるだけで、すなわち詐欺を防止する一般的規則を適用するだけでこと足りることになるであろう。この目的のためには、そうした資格をあらわすある名称あるいは称号を保護するだけで十分であるかもしれない（医師の場合でさえ、営業許可証の条件よりも、右記の方法のほうが好ましくないとは決して明白にいえるものではない）。しかし場合によっては、たとえば毒薬あるいは銃火器の販売におけるように、一定の知的・道徳的資質をそなえている人物だけがその営業を許されるべきだとするのは望ましくもあるので、反対もできないことはたしかであろう。必要な資格をもつものは、誰でもその職業につく権利をもち、もし必要とあれば独立の裁判所がかれらの請求を審査しかつ実施されるようにすることができれば基本的原則は満たされるものである(9)。

政府による価格の直接統制がいずれも自由体制の機能と相容れない理由はいくつかあげられる。それは政府が直接に価格を固定する場合も、許容しうる価格帯を定める規則を規定する場合も同じである。まず第一に、長期にわたる規則にしたがって価格を定め、生産を効果的に誘導することは不可能である。適切な価格は絶えず変化する情況に依存するもので、つねに情況にたいして調整されなければならない。一方、完全に固定されていなくても、ある規則によって定められる価格は（たとえば費用と一定の関係を保つべしとする規則）すべての販売者にとって同じものにはならない。この理由からその価格は市場の機能を阻害するであろう。さらに考慮すべきもっと重要な事情は、市場で形成されるはずの価格とは異なる価格の場合には、需要と供給は等しくならないであろう。加えて価格統制を効果的にしようとすれば、誰が買うなり売るなりすることを許されるかを決定する方法を見つけなければならないということである。これは当然、自由裁量的になり、基本的には恣意的な根拠にもとづいて人間を差別する特定の意思決定によることになるに違いない。経験から十分確認されているように、価格統制を有効にするには、数量統制によるしかない。つまり、特定の個人あるいは企業にどれだけ購入または販売を許可するかについて、当局の側の決定によるしかない。そして、どんな数量統制でもそれを実施すれば必然的に自由裁量的にならざるを得ず、規則によらないで特定の目的の相対的重要性に関する当局の判断によって決められるのである。

自由体制のもとで価格と数量の統制をまったく排除しなければならないとするのは、このような手段によって妨げられる経済的利益のほうが他のものよりもいっそう重要であるからではなく、この種の統制が規則にしたがって実施されることが不可能であり、その性質上自由裁量的かつ恣意的にならざるを得ないからである。当局にそのような権力を認めることは、結局なにが誰によって誰のために生産されるべきかを恣意的に決定する権力を当局に与えることを意味する。

5　私法の内容

したがって厳密にいえば、いっさいの価格および数量の統制が自由体制と合致しない理由は二つ存在する。その一つはそのような統制がすべて恣意的にならざるを得ないということ、もう一つは市場機能を適切に作用させる形で統制を実施することができないということである。自由体制はその調整機構自体が働きつづけているかぎり、ほとんどどんな条件を与えられても、どのような一般的禁止あるいは規制にたいしても順応していくことができる。そして主として、価格の変動こそが必要な調整をもたらすのである。ということは、自由体制が適切に機能するには、自由体制の運営の条件となっている法の支配が一般的規則であるというだけでは十分でなく、市場がかなり有効に働くようなものに法の支配の内容がなっていなければならないのである。自由体制の擁護論は強制が一般的規則によって限定されれば、どんな体制も十分にうまく機能するだろうということではなくて、自由体制のもとでは一般的規則によって自由体制を機能することのできる形態が与えられるというものである。もし市場におけるいろいろな活動についてある有効な調整がおこなわれるためには、最小限の条件が満たされなくてはならない。これらのうちで比較的に重要なものはすでに明らかなように、暴力と詐欺の防止、財産の保護と契約の履行、そして任意の数量を生産し任意の価格を選んで販売する平等の権利をすべての人に認めることである。これら基礎的条件が満たされているとしても、その体制の効率はなお規則の特定の内容に依存するであろう。しかしもしそれが満たされていなければ、価格の動きに誘導される個々の意思決定の達成することを、政府が直接命令で達成しなければならないであろう。

法秩序の性質と市場体制の機能とのあいだの関係はこれまであまり研究されておらず、この分野における仕事の大部分は、競争秩序の支持者よりもむしろその批判者[10]によってなされてきた。前者はわれわれがいま述べてきた市場の機能にとって最少必要条件を述べるだけで満足するのが通例であった。しかしながら、これらの条件を一般的に述べるとき、答えれば答えるだけ疑問が生じてしまう。市場がどれほど有効に働くかは特定の規則の性質に依存する。個人間の関係を形成する主たる手段として、自発的契約に訴えるという決定は契約法の特定の内容がどうあるべきかを決定するものではない。すなわち、私有財産権の承認自体は市場機構ができるかぎり有効かつ有益に機能するためには、この権利内容がいかにあるべきかを決定するものではない。私有財産の原理は、動産に関しては比較的問題を生ずることが少ないが、土地所有に関してはきわめて困難な問題を引きおこすのである。ある一区画の土地の利用がしばしば隣接地に及ぼす影響は、所有者の思いのままにその財産を利用または濫用する無制限の権利を許すことを、明らかに望ましくないものとするのである。

概して経済学者がこれらの問題の解決にほとんど貢献していないことは遺憾とすべきであるが、しかしこれにはいくつかのそれ相応の理由がある。ある社会秩序の性質の一般的考察も、法秩序が従わねばならぬ原則の等しく一般的な言明以上を出ることはできないのである。これらの一般的原則を詳細にわたって適用するのは大部分、経験と漸進的な進化にまかされなければならない。それは具体的な諸事案との関係を意味しているのであって、経済学者よりもむしろ法律家の領域に属する。とにかく法制度を順々に修正して競争の円滑な働きをもっと助長する作業があまりに緩慢な過程であるために、自分の独創的想像力のはけ口を求めてさらなる発展の青写真を描こうと切望する人びとにとっては、ほとんど魅力に欠けることにおそらくなったのであろう。

6　契約の自由

もう一つ詳細に考察すべき点がある。ハーバート・スペンサー（Herbert Spencer）[11]の時代以来、ここで論じている問題点の多くの側面を契約の自由の項目のもとに論ずることが習慣となってきている。そしてある一時代にわたり、この見解はアメリカの司法界において重要な役割を果たしたのである[12]。たしかに、契約の自由は個人的自由の重要な一部であるということには一理ある。しかしこの言葉は誤解を生むことにもなる。第一に問題は、個人がどんな契約を結んでよいかではなくて、むしろ国家がどんな契約を履行せしめるかである。現代国家はあらゆる契約を強制しようと試みたことはないしまたそうすることは望ましくもない。犯罪的あるいは不道徳な目的をもつ契約、賭博契約、取引制限の契約、人間の勤務を恒久的に拘束する契約、さらにある特定履行のためのある種の契約も強制されない。

契約の自由とはすべての他の分野における自由と同様に、ある特定の行為が許容されるかどうかは一般的規則にのみ依存しており、実際当局による特定の許可に依存しないということを意味する。ということは、ある契約の正当性と強制可能性とは、すべての他の法的権利を決定する一般的で平等でまた既知の規則に依存するものであり、政府の一機関による特定内容の承認に依拠するものでないということである。このことは、一定の一般的条件を満たす契約だけを法律で認めるとか、あるいは国家が契約の解釈のための規則を制定して、明白に同意する条項を補完するとかの可能性を排除するものではない。契約についてこのような公認の標準形式があって、正反対の条項が規定されていないかぎり、約束の一部であると仮定されているならば私的取引は大いに容易になることがある。

さらにいっそう困難な問題は、たとえば過失の有無にかかわりのない産業災害にたいする責任の場合のように両当事者の意向には反するかもしれない契約から生じる責務にたいして、つねに法がそなえなければならないかどうかである。しかしこれでさえ、原則の問題というよりは便宜の問題であろう。契約の強制の実行性は法がわれわれに用意している一つの道具であり、契約の締結からどんな結果が生じるかは法律にまかせるのみである。その結果が一般的規則から予測されうるかぎり、そして個人が自由に自分自身の目的のために利用しうる型の契約を利用するかぎり、法の支配の基本的条件は満たされているのである。

7　法の支配と分配的正義

少なくとも原則として、自由体制と調和しうる政府活動の範囲と種類はこのようにかなりにのぼる。自由放任《レッセ・フェール》(laissez faire) あるいは非介入という古い方式では、自由体制のもとで許しうるものと許しえないものとの区別に適当な規準を与えない。自由社会がもっとも効率的に作用することのできるようにする恒久的な法律上の枠組のなかでも、実験と改良の余地は十分にある。市場経済をできるかぎり有益に作用させる最善の機構や制度を、われわれがすでに知っているとはおそらくいかなる点でも確信できない。たしかに自由体制の基本的条件が確立されたのちには、それ以上の制度的改良はすべて緩慢で漸進的たらざるを得ない。しかし自由体制によって富と技術的知識の不断の成長が可能となり、そのために政府は市民にサービスを供給する新しい方法を思いつくことになり、実行可能な範囲内にそれらを引きいれるのである。

そうだとすれば、個人的自由の保護のために政府にたいして設定した制限を廃してしまおうとする圧力が執拗に存在するのはなぜだろうか。そしてもし法の支配の内部に改良の余地が広くあるとすれば、なぜ改革者たちは絶えず法の支配を弱めかつ傷つけようと努めるのだろうか。その答えは、最近数世代のあいだに法の支配という制限内では達成できないある新しい政策目的が生じてきたということである。一般的規則の実施の場合を除いて、強制をもちいることのできない政府は、明白に政府の任務にゆだねられた手段以外の手段を必要とする特定の目的を達成するための権限を持たない。そして、とくに特定の人びとの物質的地位を決定する分配的あるいは「社会的」正義を実施することができない。このような目的を達成するためには、政府はフランス語の *dirigisme*（誘導政策）という言葉で表現するのが最適の政策——「計画化」という言葉では曖昧すぎる——をしなければならない。すなわち、どの特定の目的のために特定の手段をもちいるべきかを決定する政策である。

けれども、これこそはまさに法の支配によって拘束される政府がなしえないことである。もし政府が特定の人びとをどのように位置づけるべきかを決定するとすれば、それは同時に個人の努力の方向をも決定する立場に立たなければならない。もし政府が相異なる人びとを等しく扱うとすればなぜその結果が不平等になるのか、あるいはもし人びとが自らの能力と手段を思いどおりにいかなる用途にも向けることを許すとすれば個人にとってその結果がなぜ予測できないものとなるのか。その理由をここで繰り返す必要はない。法の支配が政府に課している制約があるために、個人の報酬がその仲間にとっての当該サービスの価値によるのではなくて、むしろ当該個人のメリットあるいは功績についてのある別の人物の考え方によってなされることを保護するために必要な手段はすべて排除されるのである。あるいは帰するところは同じであるが、法の支配は交換的正義に反対な分配的正義を追求することを排除するのである。分配的正義はある中央当局による全資源の配分を必要とする。それは人びとがなにをなすべきで、かつどんな目的に奉仕すべきかを命ぜられるのを必要とする。分配的正義を目標とするならば、人びとがなにをするようになるかの決定は一般的規則から導出できず、特定の目的と計画当局の知識とに照らしてくださざるを得ない。これまですでに明らかにしたように、社会（the community）の意見によって人びとが受けとるものを決める場合には、同じ当局者がまたかれらになにをさせるかも決めなければならない。

自由の理念と所得分配をより「公正」にしようと「修正」する願望とのあいだの争いは、一般にはっきりと理解されていない。しかし、分配的正義を追求する人たちは現実にあらゆる段階で法の支配によって妨げられていることに気がつくであろう。かれらはその目的の性質そのものから差別的で自由裁量的な行動を好むに違いない。しかし、目的と法の支配とが原則上合致しがたいことに気づかないのが普通であるために、かれらは一般的には保持されることを望んでいる当の原則を個々の場合についてごまかすか無視しはじめるのである。しかし、かれらの努力の最後の結末は必然的に既存秩序の修正ではなくその完全な放棄となり、完全に異種の制度すなわち命令経済にとって代わることになるのである。

このような中央計画体制が自由市場にもとづく体制よりも効率的であるというのはもちろん正しくないが、各個人の受けとるものがある特定の道徳的根拠に照らしあわせて価値があると考えられたものだけにかぎられるというのは、明らかに中央の命令機構しかできないことである。法の支配によって設定された限度内で、市場の働きをより効率的で円滑にするために多くのことがなされる余地がある。しかし、この限度内で今日分配的正義と人びとがみなすものを達成することは決してできない。われわれは現代の政策の一部のもっとも重要な分野において、分配的正義の追求の結果として生じている問題を検討しなければならない。しかしそれに先立って、最近の二、三世代のあいだに法の支配を不信に陥れるうえで、多大な影響を及ぼした知的運動を考察しなければならない。この運動はこの理念を傷つけて、恣意的な政府の復活にたいする抵抗に重大な打撃を与えたのである。

第一六章　法の衰退

絶対的権力は、人民にその起源をもっているという仮説によって、立憲的自由と同様、正当であるとする教義が、社会の空気を暗くしはじめた。

アクトン卿（Lord Acton）

1　反動のドイツ的起源

われわれは議論のはじめのほうで、ドイツにおける発展に普通よりも多くの注意を払った。その理由は一つには、法の支配の理論は実践の面ではともかく、ドイツにおいてもっとも発展したからであり、また一つにはドイツで起こったその理論にたいする反動を理解することが必要であったからである。社会主義の教義がそうであるように、法の支配の基礎を危うくする法理論はドイツにはじまり、そこから世界の他の地域に広まったのである。

ドイツでは自由主義の勝利から社会主義あるいは一種の福祉国家への転回までの期間が他のどの国よりも短かった。法の支配の確保をめざした制度が完成するかしないかのうちに、意見の変化が起こり、その制度はその創造の当の目的に役立つにいたらなかった。政治的環境と純粋な知的展開とが結びついて、他の国では比較的ゆっくり進んできた発展を加速化することになった。国家の統一が漸進的発展よりもむしろ政治的策略によって最終的に達成されたという事実が、意識的設計にしたがって予想した型どおりに社会を改造すべきであるという信念を強化した。こうした情況によって助長された社会的・政治的野心は、その当時ドイツに流布していた哲学的傾向によって強い支持を受けた。

政府が「形式的」正義のみならず「実質的」（すなわち、「分配的」あるいは「社会的」）正義をも実現すべきであるという要求は、フランス革命以来たびたび主張されてきた。一九世紀も終りに近づくと、これらの考えは、すでに法の教義に深い影響を与えていた。すなわち一八九〇年までに、ある指導的な社会主義的法理論家は、ますます支配的になりつつあった教義をつぎのように表現することができた。「個人的資質や経済的地位にかかわりなくすべての市民を完全に平等なやり方で取りあつかい、そしてかれらのあいだで無制限の競争を許すことによって、財の生産はかぎりなく思いがけず増大した。しかし貧者と弱者はその生産物のわずかな分け前しか受けとらなかった。それゆえ、新しい経済的・社会的立法は強者にたいして弱者を守り、かれらに人生の幸福の適度な分け前を確保しようと試みるものである。その理由は事実上、平等でない者を平等に扱うことほど大きな不正義はないということがいまや理解されているからである！」(1)そして、アナトール・フランス（Anatole France）は、「橋の下で眠り、往来で物乞いをし、パンを盗むことを、富者にも貧者にも同じように禁止するという法の威厳にみちた平等」(2)を嘲笑した。この有名な一節は悪意はないが無思慮な人びとによって幾度となく繰り返されてきた。かれらは自分たちがあらゆる偏見のない正義の基礎を危うくしていることを理解していなかったのである。

2　伝統的な制限に反対する学派

これらの政治的見解の優勢を大いに助けたのは、一九世紀の初期においてすでに起こっていたさまざまな理論的概念の影響の増大であった。それらの概念は多くの点で互いに強く対立していたけれども、共通して法の支配による権限の制約をすべて嫌い、ある社会正義の理想にしたがって目的意識的に社会関係を形成するさらに大きな権力を政府の組織された諸機関に与えたいという考えを共有していた。この方向に作用した四つの主要な動きは重要度の順に並べれば、法実証主義、歴史主義、「自由法（free law）」学派および「利益法学（jurisprudence of interest）」派である。第一の動きについては少し長く論じる必要があるため、まず簡潔に後の三つを考察することにし、それから第一に戻ることにしよう。

のちになって「利益法学」として知られるようになった伝統は、現代アメリカの「リーガル・リアリズム」といくぶん類似した社会学的アプローチの一形態であった。少なくともその比較的過激な形では、厳格な法の支配の適用によって紛争を解決しようとする際にともなう論理的な構成から脱却して、具体的係争事件において問題となっている特定の「利益」の直接的評価によっておきかえようとするものであった。[3]「自由法」学派は見方によっては、主として刑法に関する動きと並行して起こった。その目的は固定した規則の束縛から裁判官をできるかぎり自由にし、主として自分自身の「正義の感覚（sense of justice）」にもとづいて、個々の事件を判決できるようにすることであった。とくに後者が大いに全体主義国家の恣意性への道を用意するものであったことがしばしば指摘されている。[4]

歴史主義はそれに先立つ（法学や他の分野における）偉大な歴史学派とは明確に区別できるよう、正確に定義しなければならない。[5] それは歴史的発展の必然法則を認識し、そのような洞察から現在の情況に適する制度はいかなるものであるかを知ることができると主張する学派であった。この見方は極端な相対主義に行き着いた。この相対主義の主張によると、われわれは自らの時代の産物であって受け継いできた見方と思想によって強く拘束されているというのではなく、こうした限界を乗りこえて現在の見方が環境によってどのように決定されるかを明白に認識し、そしてこの知識をもちいて時代に適したやり方で制度をつくり変えることができるというのである。[6] このような見方は当然、特定の目的を達成するために合理的に正当化しえない規則、あるいは意識的に設計されたのではない規則をすべて廃止することになるであろう。この点で歴史主義はつぎに指摘するとおり法実証主義の主要な主張を支持する。[7]

3　法実証主義

法実証主義の教義は一つの伝統に真向から反対するものとして発展してきた。その伝統はこれまで明白には論じてこなかったが、二〇〇〇年にわたってわれわれの中心問題として論じられてきた議論の枠組を提供してきたのである。これは自然法の概念であって、それはいまなお多くの者に、もっとも重要な問題への答えを与えている。これまで意識的にわれわれの問題をこの概念と関連させて論じることを避けてきた。それはこの名称のもとに集まった多くの学派が実際には異なった理論をもっており、それらを分類するにはまた別の本を必要とするであろうといった理由からであった。[8] しかし、ここで少なくとも認識しておかなければならないことは、これらのさまざまな自然法学派が同一の問題に取りくんでいるというある共通点をもっていることである。自然法の擁護者と法実証主義者との大きな対立の根底にあるものは、前者があの問題の存在を認めているのにたいして、後者はその存在をまったく否定すること、あるいは少なくとも法学の領域のなかでそれが正当な場所をもつことを否定することである。

あらゆる自然法学派が認めていることは、ある法創造者が目的意識的に制定しない規則の存在である。すべての実定法がその有効性を引きだすのはこの意味で、人間によってつくられた規則からではなく「発見される」規則からであること、そしてこれらの規則は実定法の公正の基準とそれにたいする人間の服従の根拠の双方を提示する。ある者はその解答を神霊の導きに求める。別の者は人間の理性の固有の力に求めるか、またそれ自体人間の理性の一部ではないとしても人間の知性の働きを支配する非合理的な要素を構成する原則に求める。あるいはまた自然法を永遠不変のものと考えるか、それとも内容の変化するものと考える者たちもいる。こういった差異にもかかわらず、かれらはすべて実証主義が認めていない一つの問題に答えようと努めている。後者にとっては法は定義によって、もっぱらある人間の意思の意識的な命令だけから成る。

この理由により、法実証主義はまさにそのはじまりから、法の支配の理念あるいはその概念の本来的意味での法治国家の基礎をなす超法的原理にたいしてなんの共感もなければそれを必要ともしなかった。というのは、超法的原理は立法の権力にある制限を課すものだからである。この実証主義は、一九世紀後半におけるドイツにおいて、確固たる支配を勝ちえた。その結果、ドイツでは法の支配の理念がまっさきにその実質的内容を失った。法治国家の実体的概念は法の支配が一定の特性をもつことを要求するものであるが、純粋に形式的な概念におきかえられてしまい、単に国家のいっさいの行為は立法府によって権威を与えられねばならないことを要求するだけになったのである。要するに、「法」とはある当局のすることがなんであれ、それが適法であるかどうかを述べただけのものになった。こうして問題は単なる合法性の問題となった[9]。一九世紀から二〇世紀へと転換した頃までには、実体的な法治国家の「個人主義的」理念は過去のものとなり、「国家的および社会的観念の創造力によって打ち負かされた[10]」というのが一般的に受けいれられた教義となってしまったのである。あるいは、第一次大戦勃発の直前に、行政法のある権威者がその情況を述べたように、「われわれは、ふたたび文化国家（*Kulturstaat*）の理念を認める程度に、警察国家［！］の原則に回帰してしまった。両者の相違はただ手段だけである。近代国家は法律を根拠にして警察国家以上になにごともなしえる。その結果一九世紀のうちに、法治国家という用語には新しい意味が生まれた。いっさいの活動が法律にもとづきかつ法律の形式で実行される国家、とわれわれは理解している。国家の目的とその能力の限界に関しては、今日の意味での法治国家という用語は何も語らない[11]。」

　しかしながら、これらの教義がもっとも効果的な形態をおびて大きな影響力をもつようになり、ドイツの枠を超えてさらに広まったのは、第一次世界大戦が終わってからのことであった。この新しい定式化は、「純粋法学（pure theory of law）」として知られ、H・ケルゼン（H. Kelsen）[12]教授によって詳述されているが、それは明らかに制限された政府という伝統がはっきりと失墜したことを象徴したものである。かれの学説は、伝統的な制約を自らの野心にたいするいまいましい障害とみなし、多数の力にたいするすべての制約を一掃したいと望んでいたすべての改革者によって熱心に受けいれられた。ケルゼン自身は、「根本的に回復不可能な個人的自由がいかにしてしだいに背後に押しやられ、社会的集団の自由が舞台の前面を占めるようになるのか[13]」に早くから気づいていたし、また自由の概念におけるこの変化が、「自由主義からの民主主義の解放[14]」を意味することにも気づいていたし、かれは明らかにこれを歓迎していた。かれの体系の基本的考え方は国家と法秩序の同一視にある。こうして、法治国家とは、きわめて形式的概念となり、そしてあらゆる国家の属性[15]、専制国家の属性[16]とさえなる。立法者の権限にたいするいかなる制約もありようがなく[17]、また「いわゆる基本的自由[18]」は存在しない。そして恣意的専制政治にたいして、法秩序という性格を否定しようとするいかなる試みも、「自然法的思考の素朴さとうぬぼれ[19]」を示すにすぎない。あらゆる努力を尽くして、抽象的・一般的規則という実体的意味での真の法律と（立法府のあらゆる行為を含む）単なる形式的意味での法律との基本的差異を曖昧にしただけでなく、ある当局による命令をそれがどんなものであろうとすべて「規範（norm）[20]」という曖昧な用語に含めることによって、それらを真の法と区別できないようにしたのである。司法と行政との差異でさえ事実上抹殺された。つまり、法の支配の伝統的概念についての教義はいずれも形而上学的迷信として表明されたのである。

この論理的にもっとも首尾一貫した法実証主義の叙述は一九二〇年代までにドイツの思想を支配するようになり、そして世界の他の国々へ急速に広まっていった考えを明示するものである。二〇年代の末にはこの考えがドイツを完全に支配してしまったために、「自然法理論に執着しているという罪を犯していると判断されることは、一種の知的不名誉とされた[21]」ほどであった。このような世論の状態が無制限の独裁制をつくりだす可能性があることは、ヒットラーが権力を獲得しようとしていた当時にすでに鋭い観察者により見抜かれていた。一九三〇年にドイツのある法学者は、「社会主義国家、すなわち法治国家の反対のものを実現しようとする努力[22]」の結果に関する詳細な研究において、つぎのように指摘することができた。すなわち、これらの「教義上の発展が、法治国家の消滅にとって障害となるものをすでにいっさい取りのぞき、国家のファシスト的およびボルシェヴィキ的意思の勝利に門戸を開いた[23]。」ヒットラーが最終的に完成することになったこのような発展については、不安の念が増大しつつあったし、ドイツ憲法学者会議で一人以上の報告者がこれを表明した[24]。しかし、それは遅すぎた。反自由主義勢力は、国家が法によって束縛されてはならないとする実証主義的教義をすでにあまりにも十分に習得してしまっていた。ヒットラーのドイツおよびファシストのイタリアにおいて、あるいはロシアにおけるのと同じく、法の支配のもとでは国家は「不自由[25]」すなわち「法の捕虜[26]」であり、国家が「公正に」行動するためには抽象的規則の束縛から解放されねばならないと信じられるようになった。[27]「自由な」国家は思いどおりにその国民を扱うことのできるものでなければならなかった。

4　共産主義のもとにおける法の運命

個人の自由と法の支配とが分離しがたいものであることは、法の支配が理論のうえでさえ完全に否定されるならば、きわめて明白にわかることであって、現代の専制政治がもっとも徹底的におこなわれた国において、それが示されたのである。共産主義の初期の段階のロシアにおいては、社会主義の理想がなお真剣に考慮され、そのような体制における法の役割の問題が広範に議論されていたが、その当時の法理論の発達の歴史は大いに教訓的である。それらの討論のなかで提出された議論はそれが乱暴な論理において展開されているので、西側の社会主義者の立場よりも明らかに問題の本質を示している。西側の社会主義者は通例両方の世界から最善のものをとろうとするだけである。

ロシアの法理論家は、西欧ですでに長いあいだ確立されていたと自らが認める方向に意識的についていった。かれらのひとりが述べたように、法の概念自体が一般的に消滅しつつあった。そして、「重点は一般的規範を可決することから、行政府の活動を規制し補助しかつ調整する個々の決定および命令の実施へと徐々に移動しつつあった。[28]」あるいは同時に他のひとりが主張したように、「法と行政的規制とを区別することは不可能であるから、この対比はブルジョワ的理論と実践の単なる擬制にすぎない。[29]」これらの発展について、ある共産主義者ではないロシアの学者が最善の描写を与えている。かれは、「ソビエト体制を、あらゆる他の専制政治と区別するものは、……前者が法の支配の原理とは反対の原理（*principles*）に国家の基礎を置こうとする試みを代表しており、……［そして］支配者をあらゆる義務あるいは制約から解放する一つの理論を展開させてきたこと[30]」にあると指摘した。あるいはまたある共産主義者の理論家が表現したように、「われわれの立法および私法の基本的原理はブルジョワ理論家は決して承認しないであろうが、特別に許可されないものはすべて禁止されるということである。[31]」

最後には、共産主義者の攻撃は法の概念自体に向けられるようになった。一九二七年にソビエト最高裁判所長官は公式の私法解説書で、つぎのように説明している。「共産主義は社会主義者による法の勝利ではなく、あらゆる法にたいする社会主義の勝利を意味する。というのは、敵対的利害をもつ階級の廃止にともなって、法は完全に消滅するであろう。[32]」

どうしてこの段階にこのような法理論が発展したのかは、法学者E・パシュカーニス（E. Pashukanis）によって、きわめて明確に述べられた。かれの業績はある期間ロシアの内外において多くの注目を集めたが、のちにかれは汚名を受け姿を消してしまった。[33] かれはつぎのように書いている。「全般的な経済計画に従属せしめるために、行政的、技術的に決定される指令という方法が、生産および分配のためのプログラムという形態をとる直接的、技術的に決定される指令の方法に対応している。この傾向がしだいに勝利をおさめていったことは、法それ自体がしだいに死滅していくことを意味している。[34]」つまり、「社会主義的社会では自律的な私法関係の余地は存在せず、ただ共同社会の利益のための規制しかありえない。したがって法律はすべて行政に変換される。すなわち固定した規則はすべて自由裁量と有用性の考慮とに変換される。[35]」

5　イギリスの社会主義法曹界

イギリスでは法の支配から離れようとする傾向は早くからはじまっていたが、長いあいだ実務の領域にとどまっており理論的にはほとんど注意を惹かなかった。一九一五年までにダイシーは、「法の支配に対する古くからの尊敬が、イギリスでは過去三〇年のあいだにいちじるしく衰退した」[36]ことを指摘していたけれども、その原則がしだいに頻繁に侵害されていったことはほとんど注意を惹かなかった。一九二九年に『新しい専制主義（*The New Despotism*）』[37]という題名の本が出版され、そのなかでヒュワート裁判官（Lord Justice Hewart）は当時イギリスに発展していた情況がいかに法の支配と一致するところの少ないかを指摘した。しかし、その著書はその時だけ物議をかもしだすことには成功した（*succès de scandale*）が、イギリス人の自由はその伝統によって安全に守られているという自己満足の信念を変えるにはほとんど役立たなかった。この本は単なる反動的なパンフレットとして扱われた。そして二五年後の今日では、『エコノミスト（*The Economist*）[39]』のような自由主義的機関誌も社会主義的著述家[40]もともに同じ言葉でその危険について語るようになったために、それに向けられた憎悪[38]を理解するのはむずかしい。事実この本によって公式の「大臣の権限に関する委員会」が設置されることになった。しかし、その報告書[41]はダイシーの教義を控えめに再表明してはいるが、概して大臣権限のもつ危険性を軽視する傾きがあった。その主要な効果はそれが法の支配にたいする反対論を明瞭にさせ、社会主義者のほか多くの人びとによって以前から受けいれられるようになっていた法の支配にたいする反対論の教義を概説する広範な文献を生みだしたことである。

　この動向はハロルド・J・ラスキ（Harold J. Laski）教授のまわりに集まった社会主義的法学者および政治学者の一団[42]によって指導された。その攻撃は政治学者が基礎をおいた先の報告書（*Report*）と文書（*Documents*）の評論のなかで、ジェニングス博士（Dr. Jennings）（現在のイヴォー卿）によって開始された。[43]かれは新しく流行していた実証主義的教義をそのまま受けいれ、つぎのように主張した。「その報告書でもちいられた意味での法の支配、すなわち法の前の平等は、通常の裁判所がつかさどる国の正規の法という意味においてであれば……文字通りとるならば……まったく無意味である。[44]」この法の支配は、「あらゆる国家に共通しているか、あるいはまったく存在しないかのどちらかである[45]」とかれは主張した。かれは「法の不変性と確実性……が数世紀にわたるイギリスの伝統の一部であったこと」を認めざるを得なかったけれども、明らかにいらだちを感じながらこの伝統が「抵抗にあいながらも崩壊しつつある[46]」という事実に直面して、そう主張したのであった。「裁判官の機能と行政官の機能とのあいだには、明確な差異がある[47]」という信念、これは「委員会の大半の構成員と大多数の証人とが」もっていた信念であるが、これにたいしてジェニングス博士は軽蔑を与えただけであった。

かれは後に広くもちいられた教科書でこれらの見解を説明したが、そのなかで「法の支配と自由裁量的権力とは矛盾する[48]」こと、あるいは「『正式の法』と『行政府の権力』とのあいだには[49]」なんらかの対立があることを明白に否定した。ダイシーの意味での原理、すなわち政府当局は広範な自由裁量的権力をもつべきではないということは、「ホイッグ党にとっての行為の規則であり、他の党員によって無視されてもよい[50]」ものであった。ジェニングス博士は、「一八七〇年あるいは一八八〇年の憲法学者にとって、イギリスの憲法は基本的に個人主義的な法の支配に基礎をおいており、イギリス国家は個人主義的な政治理論と法理論とにもとづく法治国家であると考えられていた[51]」ということを認めたけれども、このことはかれにとっては単につぎのようなことしか意味しなかった。「憲法は『自由裁量』の権力を認めずにこれを嫌い退けた。ただし裁判官がそれを行使する場合は別とした。イギリス人は『法によって支配され、しかも法のみによって支配されている』とダイシーがいったとき、その意味は『イギリス人は裁判官によって支配され、しかも裁判官のみによって支配されている』ということであった。それは誇張であったであろうが、しかしよき個人主義であった。[52]」法の専門家だけが強制的行為を命令する資格を与えられるべきであり、他のいかなる専門家もまたとくに特殊な目的に関心をもついかなる行政官もそうした資格を与えられるべきではないということが、法のもとにおける自由の理念の必然的帰結であることにその著者は考え及ばなかったように思われる。

その後の経験によって、イヴォー卿は自らの見解をいちじるしく修正するにいたったように思われることを付け加えておかなければならない。かれは近時有名になった著書[53]のはじめと終りに法の支配を称賛する節をおき、そしてさらにイギリスにおいて法の支配が広く受けいれられている程度についていくぶん理想化した描写をしている。しかしこの変化はかれの攻撃がすでに広範な影響を与えてしまったのちに生じたのである。たとえば、うえで述べた著書のわずか一年前に、同じシリーズで出版されたよく知られた『政治学の語彙（*Vocabulary of Politics*）[54]』のなかにつぎのような議論がある。「それゆえ、法の支配（Rule of Law）が自動車や電話のように一部の人びとがもっており、他の人びとがもっていない物であるとする一般の考え方が存在するのは奇妙である。それでは法の支配がないというのはなにを意味するのか、それは法がまったくないということなのか。」この疑問がもっぱら実証主義者の教えの影響のもとで育った若い世代の大多数の立場を正しくあらわしていることに私は恐れを感じる。

同じように重要で影響力があったのは、同じ集団のもう一人のメンバーであるＷ・Ａ・ロブソン（W.A. Robson）教授による行政法に関する広く使用されている体系書での法の支配の扱い方である。かれの議論は行政活動にたいする統制の無秩序な状態を整頓しようという称賛すべき熱意と行政裁判所の業務に関するある解釈とを結びつけるものであるが、もしその解釈が適用されるならば行政裁判所は個人の自由を守る手段としてまったく有効性を失ってしまうことになるであろう。かれの目的は明らかに、「故Ａ・Ｖ・ダイシー教授がイギリスの憲法体系の本質的特徴とみなしたかの法の支配からの離脱[55]」を促進することにある。その主張は、「かの旧式でこわれやすい二輪馬車」すなわち「伝説上の権力分立[56]」にたいする攻撃からはじまる。法と政策との完全な区別は、かれにとって「まったくの偽り[57]」である。そして、裁判官が政府の目的にかかわることなく正義の執行に関心をもっているという考えは笑いぐさである。かれはさらに行政裁判所の主要な利点の一つとしてつぎのことを指摘している。「法の支配や先例に妨げられずに政策を執行できる……。行政法のあらゆる特徴のなかでもっとも優れたものは公益のために正しくもちいられさえすれば、ある特定の分野における社会的改良政策を進めるという公然の目的をもって裁判所にもちこまれる事件を裁決し、またその論争にたいする自らの態度をその政策の必要に合うように適応させることができる行政裁判所の権力である。[58]」

これらの問題についての他の議論を見ても、われわれの時代の「進歩的（progressive）」な考えの多くが、実はこれほど反動的であるかを明らかにしているものはないし、それゆえロブソン教授のような見解が保守的な人びとから急速に支持を受けるにいたり、『法の支配（*Rule of Law*）』と題する最近の保守党のパンフレットが行政裁判所を推称するに際して、「融通がきき法の支配あるいは判例によって縛られないので、政策の実行にあたって各大臣（minister）に大変な助けとなることができる[59]」という事実を取りあげて、ロブソンの言葉をそのまま繰り返していることはそれほど驚くにあたらない。保守主義者がこのように社会主義的教義を受けいれていることは、おそらくその発展のもっとも警戒すべき点である。それがどれほどまで進んでしまったかは、「現代国家における自由（*Liberty in the Modern State*）[60]」に関する保守主義者のシンポジウムにおけるつぎの文章で察せられる。「イギリス人は政府あるいはその公務員による抑圧の危険から裁判所によって守られているという考えから大きく逸れてしまったので、そのシンポジウムの寄稿者の誰ひとりとして、かの一九世紀の理想に戻ることが今日われわれにとって可能であるとは考えつかない[61]。」

こうした見解がどこまで進んでいくかはあの社会主義的法律学者の集団のうちであまりよく知られていない人たちの軽率な言説が示している。そのひとりは「計画国家と法の支配（*The Planned State and the Rule of Law*）」に関する小論文のはじめに、法の支配を「再定義」（redefining）している[62]。法の支配は、「最高の立法機関としての議会が可決するものはなんであれ法である」[63]という荒っぽい議論からはじまる。このことによって、その著者は「〔社会主義的著述家によって最初に示唆された！〕計画と法の支配との非両立性が、単に偏見あるいは無知によって支持されている神話にすぎないと確信をもって主張することが[64]」可能になる。同じ集団の他のメンバーはもしヒットラーが立憲的な方法で権力を獲得していたとするならば、ナチス・ドイツにおいてもなお法の支配が通用していたであろうかという質問に答えることさえできると考えたのである。「その答はイエスである。多数派は正しいであろう。すなわち、もし多数がかれが権力につくことに賛成の投票をするならば、法の支配は作用していることになる。多数は賢明でないかもしれない。かれらは邪悪であるかもしれない。しかし法の支配は作用している。なぜならば民主主義においては多数が決定したものが正しいからである。[65]」ここにわれわれはもっとも強硬な言葉で表現された現代のもっとも致命的な混乱を見る。

したがってこのような考え方の影響を受けて、過去二、三〇年のあいだにイギリスで市民の私的生活と財産にたいする行政機関の権力がきわめて不完全な抑制のままで急速に成長したことは驚くにあたらない[66]。新しい社会的・経済的立法はこれらの行政機関に絶えず増大する自由裁量権を与え、雑多な行政審判所というやり方でその時々のきわめて不完全な救済をおこなってきたにすぎない。極端な場合には、その法律は実際にどれほど収用権にあたるかに適用する「一般的原則」を決定する権限さえ行政機関に与え[67]、行政当局はいかなる確定した規則によっても拘束されることを拒否するほどにまでいたった[68]。最近ある高圧的な官僚的行為の苦々しい例がある富裕で公共心に富んだ人物の忍[69]耐強い努力によって大衆の注意にさらされ、その後ようやく何人かの事情に通じた観察者が以前から気づいていたこれらの発展にたいする不安がいっそう広い範囲にまで広がり、一つの反作用の最初の徴候を生みだした。それについてはのちに触れよう。

6　アメリカにおける発展

この方向への発展が多くの点でアメリカにおいても同様に進んできたことを思うと多少とも驚かざるを得ない。事実、法理論における現代の傾向と法学的訓練を受けたことのない「専門的行政官（expert administrator）」の概念は、ともにイギリスにおけるよりもアメリカにおいていっそう大きな影響を与えた。そしてこういうこともいえるかもしれない。われわれが考察してきたイギリスの社会主義法学者は、通常自国の法哲学者よりもアメリカの法哲学者のなかにより多く注目するものがあった、と。こうしたことをもたらした事情は、アメリカにおいてさえほとんど理解されていないのでもっとよく理解される必要がある。

事実、アメリカには独特のものがあるというのは早くもヨーロッパの改革運動から受けた刺激が、「行政管理運動（public administration movement）」としてよく知られるようになったものに具体化したのである。その運動はイギリスにおけるフェビアン運動[70]、あるいはドイツにおける「講壇社会主義者（socialists of the chair）」たちの運動の役割と多少似かよった役割を果たした。それは政府の効率化を標語として掲げながら、基本的に社会主義的な目的のために、企業社会の支持を受けようと巧妙に計画されたものである。その運動の仲間の人たちは一般に「進歩派（progressives）」の同情的な支持を得て、法の支配、憲法上の制約、司法審査および「基本法（fundamental law）」の概念というような個人的自由の伝統的護衛装置にたいしてもっとも激しい攻撃を向けた。これら「行政の専門家たち」の特徴は、法律と経済学の双方にたいして等しく敵対的であったことである（かつそれらについて共通しておおむね無知であった）[71]。行政の「科学（science）」を創始しようとするその努力において、かれらは「科学的（scientific）」手続きというやや素朴な概念によって導かれ、極端な合理主義者に特有の性向から伝統と原則をまったく軽蔑したのである。「自由のための自由は明らかに無意味な概念である。自由とはなにかをなし、なにかを享受する自由でなければならない。もし自動車を買い休暇をとれる人びとが増加するならば、自由はより増加する[72]」という考えを通俗的に広めるのにもっとも貢献したのはかれらであった。

かれらの努力のために、アメリカにはイギリスよりも早く行政権に関するヨーロッパ大陸の考え方が輸入された。たとえば一九二一年には、すでにもっとも著名なアメリカの法学者のひとりが「裁判所や法から離れる傾向、それから行政的ならびに立法的正義の復活という形で、法なき正義への回帰、そして恣意的な政府の権力の依存[73]」についてさえ述べるにいたったのである。それより数年後には、行政法に関する標準的なある書物はすでに一般に受けいれられた教義としてつぎのように述べたほどである。「すべての公務員は法律によって、それぞれにたいして明確化された一定の『管轄』領域」をもっている。「その領域の境界内で自らの判断にしたがって自由に行動することができ、裁判所はその行動を最終的なものとして尊重し正しさを問うことはしない。しかしもしかれがこれらの境界を踏みこえるならばその時は裁判所が介入するであろう。この形態において、公務員の行為についての司法審査のための法は単に権限踰越（*ultra vires*）の法理の一部門となる。裁判所にとっての唯一の問題は管轄権の問題となって、裁判所も行政の管轄権の範囲に属する裁量権の行使であればこれを統制することはできない[74]。」

行政の活動ばかりでなく立法行為にたいしても、裁判所が厳重な支配権をもつという伝統にたいする反動は事実上、第一次大戦の少し前にはじまっていた。実際の政治の問題としてそれが重要になったのは一九二四年のラ・フォレット上院議員（Senator La Follette）の大統領選挙運動のときであった。そのときは裁判所の権力の制限を自らの綱領の重要な部分として掲げた[75]。この上院議員がつくりだした伝統が主な原因となって、アメリカにおいては他のどの国よりも進歩派が行政機関の裁量権の拡張の主要な首唱者となった。一九三〇年代の終りまでにはアメリカの進歩派のこの特徴が非常に顕著になったため、ヨーロッパの社会主義者たちでさえ「行政法と行政上の自由裁量の問題に関するアメリカの自由主義派と、アメリカの保守派とのあいだの論争にはじめて直面したときには」、「行政上の自由裁量の増大にともなう危険にたいしてかれらに警告し、われわれ［すなわち、ヨーロッパの社会主義者］は、アメリカの保守派の立場の正しさを保証しうると、かれらに告げ[76]」ようという気になった。しかし進歩派のこの態度が、漸進的にしかも気づかないうちにアメリカの体制を社会主義へ動かすのをいかに大きく助けているかに気づいたとき、すぐに穏やかになっていった。

右に述べた対立はもちろんローズヴェルト（Roosevelt）時代に頂点に達した。しかし、それに先立つ一〇年間の知的趨勢によって、その時代の発展の方向への途はすでに準備されていたのである。一九二〇年代と一九三〇年代の初期には法の支配に反対する（antirule-of-law）文献があふれ、それらがその後の発展にかなりの影響を与えた。ここでは特徴的な例を二つだけ述べよう。「人間による政治ではなく、法による政治」というアメリカの伝統にたいして、正面から攻撃をおこなったもっとも活動的な人物の一人は、チャールズ・G・ヘインズ教授（Professor Charles G. Haines）であった。かれは伝統的理念を幻想であると断言したばかりでなく[77]、「アメリカ国民は公務に服する人びとへの信託の理論をもとに政府を樹立すべきである[78]」と熱心に説いた。このことがアメリカ憲法の基礎をなしている全体の考え方と完全に真向から対立するものであるかどうかを実際に知るには、トーマス・ジェファーソンのつぎの主張を思いおこすだけで十分である。「自由な政府は信頼ではなく警戒心によって樹立される。われわれがやむを得ず権力をゆだねる人びとを拘束するために制限された憲法を定めるのは、信頼ではなく警戒心によるのである……それゆえ憲法は、われわれの信頼の及ぶ限界、それ以上には進まない限界を定めている。そこで権力の問題においては人間への信頼にこれ以上頼らないようにし、憲法の鎖によって人間を拘束し危害を防ごう[79]。」

おそらくその当時の知的傾向をよりいっそう特徴づけるものは、故ジェローム・フランク判事（Justice Jerome Frank）の『法と現代精神（*Law and the Modern Mind*）』と題する著書である。その書物が一九三〇年にはじめてあらわれたとき、今日の読者にとってはまったく理解しがたいほどの成功をおさめた。その本は法の確実性の理念全体にたいする激しい攻撃を本質とするもので、その著者はその理念を「権威主義的父親をもとめる子供っぽい要求[80]」の産物として嘲笑する。精神分析理論に基礎をおくその著書は伝統的理念にたいする軽蔑を正当化するものであって、集合的行動にたいしていかなる限界をも受けいれたがらない世代が欲するような考えをまさに提供したのである。ニュー・ディール（New Deal）の父権主義的政策の即席の道具となったのは、このような考えのうえに育った青年たちであった。

一九三〇年代の終りにかけてこのような発展にたいする不安が増大し、そのために一つの調査委員会、すなわち行政手続きに関する合衆国司法長官委員会（U.S. Attorney-General's Committee on Administrative Procedure）が設置されることになった。その委員会の任務は一〇年前のイギリスの委員会の任務と類似のものであった。しかし、この委員会もまたイギリスの委員会以上にその多数派の報告書（Majority Report）[81]において、当時発生していたことを不可避的かつ無害なものと主張する傾向があった。その報告書の一般的性格はロスコー・パウンド（Roscoe Pound）のつぎの言葉にもっとも適切に述べられている。「たとえまったく意識的でなかったとしても、多数派は行政的絶対主義の方向へ動いており、それは世界中で起こりつつある絶対主義の一局面である。法の消滅すなわち法の存在しなくなる社会という考え、あるいは唯一の法律すなわち行政命令だけがあって法律はない社会という考え、権利のようなものはなにも存在せず法律とは国家の力を行使するという脅しにすぎず規則も原則も迷信と宗教的な願望に他ならないという教義、権力の分立は古くさくなった一八世紀の流行の思想であり、法の優越性に関するコモン・ローの教義はすでに老朽化している、とする説。そして公法は『二次的法（subordinating law）』であるべきだとする解釈、それは公務員の利益をさきにし個人の利益を公務員の利益に従属させ、係争のどちら側にせよ公益と一致する側を公務員に判断させ、それによってその一方により大きな価値を与え他方を無視することを認めるという解釈なのだが、そして最後に法律とはすべて公式に実行されることであり、それゆえ公になされることはすべて法であり、法律家の批判を超越したものであるとする理論――これが多数派の提案を検討しなければならない場合の背景である。[82]」

7　法の復活の徴候

幸いにも過去二世代にわたるこれらの発展にたいする反動の明白な徴候が多くの国々で見られる。それはおそらく全体主義的体制を経験し国家の権力にたいする制限をゆるめることの危険を学んだ国々においてもっとも顕著である。少し前には個人的自由の伝統的な保護制度にたいしてもっぱら嘲笑をあびせていた社会主義者のあいだでさえ、以前よりははるかに尊敬する態度が見られるようになった。社会主義的法哲学の名高い長老であった故グスターフ・ラートブルフ（Gustav Radbruch）ほど率直に見解のこの変化を表明した人物はほとんどいない。かれはその最後の著書の一つにおいてつぎのようにいった。「民主主義は、たしかに称賛に値する一つの価値であるけれども、法治国家は、毎日のパン、飲む水、呼吸する空気のようなものである。そして、民主主義のもっとも大きな功績は、それだけが、法治国家を維持するに適していることにある。[83]」民主主義が実際には必ずしもあるいはつねに法治国家を維持しうるとはかぎらないことは、残念ながらドイツでの発展についてのラートブルフの記述から明らかである。民主主義は法の支配を維持しないかぎり長くはつづかないであろうというほうが、おそらく真実に近いであろう。

ドイツにおける戦後の司法審査原理の前進と自然法理論への関心の復活は同じ傾向のもう一つの徴候である。(84)他の大陸諸国でも同様の動きがはじまっている。フランスでは、G・リペール（G. Ripert）が『法の衰退（*The Decline of Law*）』の研究によって重要な貢献をなした。そのなかで、かれは正しくもつぎのように結論をくだしている。「何ものにも増して、法律学者に責めを負わせなければならない。かれらこそ半世紀にわたって個人的権利の概念を危うくし、それによって自らこれらの権利を政治的国家の絶対的権力に引きわたしたことに気づかなかった。一部の者は自分たちが進歩的であることを示そうとしたが、他の一部の人びとは一九世紀の自由主義的個人主義が破棄してしまった伝統的教義を再発見したのだと信じていた。学者はときに一つのことだけをひたむきに考えてしまい、そのために他の人たちが偏向のない教義から実際的結論を引きだしているのを見そこなうものである。(85)」

イギリスにも同様の警告の声(86)はなかったわけではない。そして理解が高まったことの結果として、まず最近の立法において行政上の紛争における最終的権威として裁判所を復活させようとする新たな傾向が起こってきた。また通常裁判所以外の裁判所への訴えの手続きに関する、ある調査委員会の最近の報告書のなかにも有望な徴候が見られる。(87)その報告書のなかで、委員会は既存の制度がもつ多くの変則と欠陥とを取りのぞくための重要な提案をおこなっただけでなく、「司法上のことがらとその対立物たる行政上のことがら、また法の支配に従うということの観念とその対立物たる恣意的であるということの観念」との基本的区別を見事に再確認した。その報告書はつづけてつぎのように述べている。「法の支配は裁判がすでに知られている原則もしくは法によってなされるべきであるとする考えをあらわしている。一般にそのような裁判は予測可能であり、市民には自分がどこにいるかがわかっているであろう。(88)」しかし、イギリスにはなお「特殊の裁判も調査も用意されていない行政の分野がかなり」残っている(89)（この問題は委員会の討議事項のなかにはなかった）。そして、その分野での事態は依然として不満足なままであり、市民はなお恣意的な行政府の決定に左右されている。もし法の支配の侵蝕の進行を停止させるべきであるとするならば、いくつかのところから提案されてきたようにそのようなあらゆる場合に訴訟を受けいれるある独立の裁判所が緊急に必要であると思われる(90)。

最後に述べておきたいことは国際的規模での努力として、法学者の国際委員会（International Commission of Jurists）のある会議で一九五五年六月に採択された「アテネ決議（Act of Athens）」のことである。その会議では法の支配の重要性が強く再確認された(91)。

しかしながら、一つの古い伝統を復活させようとする願望が広く及んでいるからといって、それがどんな意味をもつかについての明白な認識をともなっているとはほとんどいえないし(92)、またこの伝統の原則がある望ましい目的にとってのもっとも直接的かつ明白な道筋にたいする障害となるときでさえ、人びとがこの伝統の原則を支持する用意があるとはいいがたい。この原則はしばらく前には二度と取りあげる価値のほとんどない当り前の説と思われ、おそらく今日でさえ現代の法学者よりも素人にとってより明白であるように思われるものであって、その歴史および性格についての詳しい説明が必要であるように思われるほどに忘れられていたのである。この基礎のうえに立ってはじめて、われわれは第三部で経済政策および社会政策のさまざまな現代的要望を、自由社会の枠組のなかで達成することができるかできないか、いろいろな方法をさらに詳しく検討することができるのである。

原注

〔繰り返し出てくる書名のうち長いものについては省略した形で記してある。そのしかたについては『自由の条件Ⅰ』の注の冒頭を参照のこと。〕

第二部

第二部の副題の下に引用されている文章は、R. Hooker, *The Laws of Ecclesiastical Polity* (1593) ("Everyman" ed.), I, p.192から取った。この文章はその中に示されている歴史的発展の合理主義的解釈にもかかわらず教訓的である。

第九章　強制と国家

本章冒頭のヘンリー・ブラクトンからの引用文は、M. Polanyi, *The Logic of Liberty* (London, 1951)〔長尾史郎訳『自由の論理』ハーベスト社〕, p.158から借りたものである。本章の主要な考えはまたF・W・メイトランド（F.W. Maitland）の "Historical Sketch of Liberty and Equality as Ideals" (1875) において適切に表現されている（*Collected Papers* [Cambridge: Cambridge University Press, 1911], I, p.80)。「予測できないやり方での権力の行使は最も大きな制約のいくつかをもたらす。というのは、制約は全然予測されないとき最も感じられ、したがってそれゆえ最も大きい。制約がいつでもどんな行為にも課されることを知っているときには少しも自由と感ずることはない。そうした制約を予測することはできない。……たとえよくないものであっても、既知の一般的規則は以前に知られていない規則に基づく決定よりも、自由に介入することは少ない。」

（1）F.H. Knight, "Conflict of Values: Freedom and Justice", in *Goals of Economic Life*, ed. A. Dudley Ward (New York, 1953), p.208参照。「強制は他人の条件あるいは選択肢の一つによる『恣意的』操作である。したがって、『正当化されない』介入と呼ぶべきである。」また、R.M. MacIver, *Society: A Textbook of Sociology* (New York, 1937), p.342参照。

（2）法諺「たとえ強迫されたものが望んだとしても（etsi coactus tamen voluit)」*Corpus juris civilis*, Digesta, L.IV, iiより。その重要性についての議論は、U. von Lübtow, *Der Ediktstitel "Quod metus causa gestum erit"* (Greifswald,

1932), pp.61-71 参照。

（3）　以下を参照。F. Wieser, *Das Gesetz der Macht* (Vienna, 1926), B. Russell, *Power: A New Social Analysis* (London, 1930)〔東宮隆訳『権力――その歴史と心理』バートランド・ラッセル著作集第５巻　みすず書房〕; G. Ferrero, *The Principles of Power* (London, 1942)〔伊手健一訳『権力論』竹内書店〕B. de Jouvenel, *Power: The Natural History of Its Growth* (London, 1948); G. Ritter, *Vom sittlichen Problem der Macht* (Bern, 1948) 及び同著者の *Machtstaat und Utopie* (Munich, 1940)〔西村貞二訳『権力思想史』みすず書房〕; Lord Radcliffe, *The Problem of Power* (London, 1952); Lord MacDermott, *Protection from Power under English Law* (London, 1957).

（4）　権力を最大の悪とする非難は政治思想とともに古い。ヘロドトス（Herodotus）はオタネス（Otanes）に、民主主義に関する有名な演説の中で次のように言わせている。「こういう［無責任な権力をもつ］地位に登った人物の中で、最善の者でさえ、最悪の者に変化せざるをえないであろう」(*Histories* iii, p.80〔松平千秋訳『歴史』岩波文庫〕)。ジョン・ミルトン（John Milton）もその可能性を考察する。「権力の座に長いこといれば最も誠実な人々でも堕落するかもしれない」(*The Ready and Easy Way* など、M.W. Wallace 編 *Milton's Prose* [“World's Classic” (London, 1925)]〔原田純訳編「自由共和国建設論」『イギリス革命の理念・ミルトン論文集』小学館〕p.459。モンテスキュー（Montesquieu）も次のように主張する。「経験が常にわれわれに示すところでは、権力の座についている者はすべて、それを濫用しがちである。そして、彼は彼の権威が及ぶかぎりつき進んでしまう」(*Spirit of the Laws*, I, p.150〔野田良之他訳『法の精神』岩波文庫〕)。I・カント（I. Kant）も次のようにいう。「権力の所有は、不可避的に、理性の自由な判断を低下させる」(*Zum ewigen Frieden*［1795］第二版の最後の節〔宇都宮芳明訳『永遠平和のために』岩波文庫〕)。エドマンド・バーク（Edmund Burke）は次のように主張する。「歴史上に名をとどめている最も偉大な暴君の多くは、彼らの支配を最も公正なやりかたで始めたのである。しかし真実のところは、この超自然的な権力が心と理解力を堕落させたのだ」(*Thoughts on The Causes of Our Present Discontents, in Works*, II, p.307)〔中野好之訳「現代の不満の原因を論ずる」『バーク政治経済論集』法政大学出版局〕。ジョン・アダムズ（John Adams）は次のように主張する。「権力は無限になり均衡を失したとき常に濫用される」し（*Works*, ed. C.F. Adams [Boston, 1851], VI, p.73）、「絶対的権力は暴君、君主、貴族や民主主義者、ジャコバン主義者や急進的革命家のように、中毒にかかるものだ（*ibid.*, p.477）。」またジェームズ・マディソン（James Madison）は次のように主張する。「人間の掌中にある権力はすべて、濫用される傾向がある」、また、「権力はそれが委ねられているところではどこでも多少濫用される傾向がある」（*The Complete Madison*, ed. S.K. Padover [New York, 1953], p.46）。ヤコブ・ブルクハルト（Jakob Burckhardt）は権力自体が悪であることを繰り返し主張して止まない（*Force and Freedom* [New York, 1953], e.g., p.102）。またもちろん、「権力は腐敗する傾向がある。また絶対的権力は絶対的に腐敗する」というアクトン卿（Lord Acton）の金言がある（*Hist. Essays*, p.504）。

（5）L. Trotsky, *The Revolution Betrayed* (New York, 1937)〔藤井一行他訳『裏切られた革命』岩波文庫〕p.76.

（6）執筆中、たまたま注意を惹いたこれについての特徴的な例は、*Industrial and Labor Relations Review*, XI (1957-58), p.273 の中の B.F. Willcox による書評のなかにある。労働組合による「平和的な経済競争」を正当化するために、著者は以下のように論ずる。「自由な選択に基づく平和的競争は強制を公平に帯びている。財やサービスの自由な売り手は自ら価格を設定することによって、買おうとする人を強制する——有無を言わせず、彼に支払いを強制する。財やサービスの自由な売り手は、Xから買う人からはだれも買わないような情況を作ることによって、買いたい人を強制する——有無を言わせず、Xから買うことを止めるよう強制する——また後者の例において、その売り手は同様にXを強制する」。「強制」という用語のこの濫用は主として、J.R. Commons（*Institutional Economics* [New York, 1934] 特に p.336。また、R.L. Hale, "Coercion and Distribution in a Supposedly Non-coercive State," *Political Science Quarterly*, Vol. XXX VIII [1923] をも参照）からきている。

（7）本章注1に引用されているF・H・ナイトの文章を参照。

（8）サー・ヘンリー・メイン（本章注10を見よ）によって使われた「特定財産（several property）」という表現の方が多くの場合、それよりもっと親しまれている「私有財産（private property）」よりもより適切である。したがって、以下しばしば、私有財産というところでもこの用語を使うであろう。

（9） Acton, *Hist. of Freedom*, p.297.

（10） Sir Henry Maine, *Village Communities* (New York, 1880), p.230.

（11） B. Malinowski, *Freedom and Civilization* (London, 1944), pp.132-33.

（12） わたくしはこれが望ましい生存状態であると示唆しているのではない。しかしながら、ジャーナリストや評論家のような世論に多大な影響を与えている人びとの大部分はしばしば最小の個人的財産に甘んじているが、これは疑いもなく彼らの考え方に影響を与えている。このことはかなり重要なことだ。ある人びとは物理的所有を、彼らが必要なものを買うための所得をもっているかぎり、助けというより障害とみなすようにさえなってきたと思われる。

（13） I. Kant, *Critique of Practical Reason*, ed. L.W. Beck (Chicago: University of Chicago Press, 1949)〔坂部恵他訳『実践理性批判』カント全集第7巻 岩波書店〕p.87.「汝は、汝の人格およびあらゆる他人の人格における人間性を、常に同時に目的として使い、決して単に手段として使わないように行為せよ。」これが他の人びとの目的にのみ資するものをいかなる人もなしてはいけないということを意味するかぎり、それは強制は回避されるべきである、ということの別の表現である。もしその格率が、他の人びとと協力し合うときにおいて、自らの目的ばかりでなく他の人びとの目的によっても導かれねばならないことを意味すると解釈されるならば、彼らの目的に同意しないかぎり彼らの自由と対立する。こうした解釈の例は、John M. Clark, *The Ethical Basis of Economic Freedom* (Kazanijan Foundation Lecture [Westport, Conn., 1955]), p.26 を参照。また、その著作の中で論じられているドイツ語の文献は次の注に引用されている。

（14） L. von Mises, *Socialism* (new ed.; New Haven: Yale University Press, 1951), p.193 及び pp.430-41 参照。

（15） 古代ギリシャには個人的自由はなかったとしばしばいわれているが、次のことは注目に値する。すなわち、西暦前五世紀のアテネでは個人の家庭の神聖な義務が完全に認識されていたので、三十潜主の支配下でさえ「自分の生命は家庭に止まっておれば助かる」ということである（J.W. Jones, *The Law and Legal Theory of the Greeks* [Oxford, 1956], p.91 参照。デモステーネスについては、xxiv, p.52)。

(16) J.S. Mill, *On Liberty*, ed. R.B. McCallum (Oxford, 1946)〔前掲邦訳『自由論』〕chap. iv.

(17) *Ibid*., p.84 参照。「個人は、多くの場合、正当な目的を追求することによって、必然的に——したがって、合法的に——他人に苦痛や損害を与えたり、また他人が理性にかなった理由から獲得したいと望んでいる利益を途中で奪取することがある。」一七八九年のフランスの人権宣言の誤った公式化すなわち、「自由は、他人を害しないすべてをなし得ることに存する」から、一七九三年の権利宣言の第六条にみられる正しい公式化すなわち、「自由は、他人の権利を害しないすべてをなし得る人の権利である」〔高木、末延他編『人権宣言集』岩波文庫、p.131 & p.141〕へ変わったことの意義を考えよ。

(18) われわれの社会におけるこのことのもっとも顕著な例は同性愛の取り扱いの場合である。バートランド・ラッセルが述べているように（"John Stuart Mill", *Proceedings of the British Academy*, XLI〔1955〕, p.55)、「かつてと同様このような行為が許されるならば社会はソドムやゴモラの運命に曝されることになるであろうと、もしまだ信じられるならば、社会として干渉する権利をもつ。」しかしこのような信条が普及していないところでは、多数者にとってそれがいかに忌わしいものであっても、大人たちの私的行為は最小の強制力をもつことを目的とする国家による強制的行為の適切な対象ではない。

(19) C.A.R. Crosland, *The Future of Socialism* (London, 1956)〔関嘉彦監訳『福祉国家の将来』論争社〕p.206.

(20) 引用文はイグナチオ・シローネ（Ignazio Silone）に帰されてきた。また Jakob Burckhardt, *op. cit*., p.105 参照。「ただ社会のみがなしうるまたなしてよいものを、国家が道徳的目的を直接充足させようと試みることは、まさに一つの堕落であり哲学的かつ官僚的不遜である。」また H. Stearns, *Liberalism in America* (New York, 1919), p.69 参照。「道義のための強制も悪徳のための強制と同じく嫌悪感をもよおす。もしアメリカのリベラルたちが禁酒修正条項に関して、単に彼らがその国が禁酒に賛成しているかいないかに個人的にそれほど関心がないという理由で強制原理と戦おうとしないならば、彼らが現在関心をもっている事例における強制と戦おうとするやいなや信頼を失うことになる。」これらの問題に関して、典型的な社会主義者の態度は Robert L. Hall, *The Economic System in a Socialist State* (London, 1937), p.202 にもっとも明瞭に述べられている。そこでは（国の資本を増加させる義務について）次のように論じられている。「『道徳的責任』とか『義務』といった言葉を使う必要があるという事実は正確な計算の問題は存在しないということを示しているし、また、その社会全体によってなされる方がよいかもしれないばかりでなくなされなくてはならない決定、つまり政治的決定を扱っているということも示している。」道徳的原理を強要する政治的権力の使用を擁護する保守的な考えについては W. Berns, *Freedom, Virtue, and the First Amendment* (Baton Rouge: Louisiana State University Press, 1957) を参照。

（21）　Mill, *op. cit.*〔前掲邦訳『自由論』〕chap, iii.

第一〇章　法、命令および秩序

本書冒頭の引用文は J. Ortega y Gasset, *Mirabeau o el politico* (1927), in *Obras completas* (Madrid, 1947), III, p.603 から取った。原文は以下のとおり。“Orden no es una presión que desde fuera se ejerce sobra la sociedad, sin un equilibrio que se suscita en su interior.” また J.C. Carter, “The Ideal and the Actual in the Law,” *Report of the Thirteenth Annual Meeting of the American Bar Association* (1890), p.235 と比較参照。「法とは外側から社会に課せられる命令群ではない。それが個人的主権者や優越者によってであれ、社会自体の代表者によって構成されている主権機関によるものであれである。法はつねに習慣と慣習から直接生まれてくる社会要素の一つとして存在する。したがって、法は社会の無意識的創造物、換言すれば一つの成長物である。」このように、法を国家――法を制定し施行するための組織的努力――に先行することを強調するのは、少なくともＤ・ヒュームまでさかのぼる（Hume, *Treatise*, Book III, Part II〔大槻春彦訳『人性論』岩波文庫〕)。

（１）　F.C. von Savigny, *System des heutigen römischen Rechts* (Berlin, 1840)〔小橋一郎訳『現代ローマ法体系』成文堂〕I, pp.331-32. 引用された英訳の一節は二つの文章を凝縮したもので、その文脈の中で引用に値する。「人間は、外的世界のただ中に存する。そして、人間にとって環境の中でもっとも重要な要因は、性格や本分が人間にふさわしいものとの関係である。そのような関係の中で、自由な存在が、互いに促進的で、妨害し合わず、うまくやっていくべきであれば、これはただ、目に見えない限界を認めることによってのみ可能である。その内部で、各個人の存在や活動は、確実で自由な領域をえるのである。その規則が――それによって、あの限界とこの自由な領域が規定される――法である。したがって同時に、法と道徳の間には親近性と差異性がある。法は道徳に役立つ。それは、法が道徳の命令を実行するからではなく、各人の意思に内在する力の自由な発展を確実にするからである。その存在は独立したものであるから、したがって、現実に存在する法の不道徳的行使の可能性が主張されるときも、それは矛盾するものではない。」

（2）Charles Beudant, *Le Droit individuel et l'état* (Paris, 1891), p.5.「法は、言葉のより一般的な意味において、自由の科学である。」

（3）C. Menger, *Untersuchungen*, Appendix VIII〔戸田武雄訳『社会科学の方法に関する研究』日本評論社〕参照。

（4）「抽象」は言語的言明の形だけで現われるのではない。それはまたある種の事象――多くの場合、他ときわめて異なったものであるかもしれない――のいずれにも同様に反応する仕方の中でもあらわれる。また抽象はそうした事象によって提起されたり、われわれの行為を導いたりする感情――たとえば正義感や道徳感、あるいは美的是認や美的拒否――のなかであらわれる。また、公式化はできないが、われわれの思考を導いている精神を支配しているより一般的な原理が常に存在する。つまりそれは精神構造についての法則であって、それがあまりにも一般的なのでその構造の内部では公式化できないのである。われわれは決定を導く抽象的規則について語るときでさえも、言葉で表現された規則を必要とせず、そのように定式化できる規則だけが必要なのだ。これらのすべての問題については、わたくしの著書 *The Sensory Order* (London and Chicago, 1952)〔『感覚秩序』ハイエク全集第4巻〕と比較参照せよ。

（5）E. Sapir, *Selected Writings*, ed. D.G. Mandelbaum (Berkeley: University of California Press, 1949)〔平林幹郎訳『言語・文化・パーソナリティ』北星堂〕p.548.「たとえば、オーストラリアの原住民にとって、kinship という用語でなにをいい、また、特定の個人とそのような関係をとるかどうか、についていうことは容易である。しかし、彼が、そうした特殊な行為例が例証であるような一般的規則を与えることは、ひどく難しい。もっとも、その間ずっと、彼はあたかもその規則が彼に完全に十分知られているように行動するけれども。ある意味で、それは十分彼に知られている。しかし、この知識は、象徴という言葉で意識的に操作することはできない。むしろそれは、微妙な関係についてのきわめて敏感なニュアンスをもつ感情、経験を積み、同時に可能性をもった感情、である。」

（6）　法を一種の命令とする考え（トーマス・ホッブズ〔Thomas Hobbes〕とジョン・オースティン〔John Austin〕に由来する）は起源的には、たとえば、事実の言明とは違ったこれら二種類の文章の論理的類似性を強調することが意図されていた。しかし、その本質的な相違をしばしばなされたように曖昧にすべきではない。K. Olivecrona, *Law as Fact* (Copenhagen and London, 1939)〔碧海純一他訳『事実としての法』勁草書房〕p.43 参照。そこで法は、「命令的性格の言語形式はもつけれども、誰の命令でもない」「独立的至上命令」として記述されている。また R. Wollheim, "The Nature of Law," *Political Studies*, Vol. II (1954) をも参照。

（7）　この説明を J. Ortega y Gasset, *Del imperio romano* (1940)〔西沢龍生訳「ローマ帝国をめぐって」『反文明的考察』東海大学出版会、文明研究シリーズ〕(*Obras completas*, VI [Madrid, 1947], p.76 に再録) から借りた。彼はそれをたぶんある人類学者からえたのであろう。

（8）　もしこれらの用語の他の意味との混同の危険がないならば、「形式的 (formal)」という用語が論理的議論に使われると同じ意味で、「抽象的」法というより、「形式的」法という方が好ましいかもしれない (K.R. Popper, *Logik der Forschung* [Vienna, 1935]〔大内義一他訳『科学的発見の論理』恒星社厚生閣〕p.85 及び pp.29-32 参照)。しかし不幸なことに、また「形式的」という用語は立法府によって制定されたすべてにたいして使われている。だが一方このような法制定が抽象的規則という形を取る場合のみ、形式的意味におけるこうした法は、また実体的あるいは実質的意味における法なのである。たとえば、Max Weber, *Law in Economy and Society*, ed. M. Rheinstein (Cambridge: Harvard University Press, 1954)〔世良晃志郎訳『支配の諸類型』創文社〕pp.226-29 で、彼が「形式的正義」について語るとき意味しているのは、形式的意味でのみならず実質的意味での法によって規定されている正義である。ドイツとフランスの憲法におけるこの相違については、第一四章注10参照。

(9) G.C. Lewis, *An Essay on the Government of Dependencies* (London, 1841), p.16, n. 参照。「もし人が以前に従うという意図を表明した規則や格率にしたがって自己の行為を自発的に規制するとき、彼はその個人的行為において、恣意、気まま、専断、あるいは勝手、から免れていると考えられる。したがって、政府が個々の場合、以前から存在する法や、単独に作られた行為規則にしたがわず活動するならば、その政府活動は、恣意的といえる。」また、*ibid.*, p.24.「すべての政府は、たとえ君主的であれ、貴族的であれ、民主的であれ、恣意的に、また、一般的規則にしたがわず、行動するかもしれない。政府という形態の中には、その臣民に、主権の不当で恣意的行使に対する法的保護を与えるようなものは、なにもないし、また、ありえない。この保護は、世論の影響、また、至上の政府の善意に主要な相違を作る他の道徳的制限、の中に見出されるべきである。」

(10) Sir Henry Maine, *Ancient Law* (London, 1861)〔安西文夫訳『古代法』史学社〕p.151. また、R.H. Graveson, "The Movement from Status to Contract," *Modern Law Review*, Vol. IV (1940-41) 参照。

(11) 上の注8、またそこに示されている後の議論参照。

(12) Chief Justice John Marshall in *Osborn* v. *Bank of United States*, 22 U.S. (9 Wheaton) 736, 866 (1824).

(13) O.W. Holmes, Jr., *Lochner* v. *New York*, 198 U.S. 45, 76 (1905).

(14) F. Neumann, "The Concept of Political Freedom," *Columbia Law Review*, LIII (1953), p.910――これは同著者の *The Democratic and the Authoritarian State* (Glencoe, Ill., 1957)〔内山秀夫他訳『民主主義と権威主義国家』河出書房新社〕pp.160-200 に再録されている。

(15) Smith, *W.o.N.*〔水田洋監訳　杉山忠平訳『国富論』岩波文庫〕I, p.421 参照。「自分の資本をどんな種類の国内産業に使用するがよいか、またそのうちのどの生産物の価値が最大になりそうか、ということについては、各個人は、自分のことは自分でよく知っているので、どんな政治家でも立法者でも彼らが各個人のために判断するよりは、はるかによい判断をする、このことは明らかである。」(傍点引用者)

(16) Lionel Robbins, *The Theory of Economic Policy* (London, 1952)〔市川泰治郎訳『古典経済学の経済政策理論』東洋経済新報社〕p.193. 古典的自由主義者は「いわば分業を提案する。すなわち国家は、諸個人がたがいに迷惑をかけまいとするならば、なしてはならないことを規定すべきであり、他方、市民は、そういった禁止されていないことはなにをなしてもよいことにすべきである。国家には形式的規則を制定する任務が、市民には特定の行為の実質に対する責任が、割り当てられる。」

(17) D. Hume, *Treatise*〔前掲邦訳『人性論』〕Part II, sec. 6 (*Works*, II, p.293). また、John Walter Jones, *Historical Introduction to the Theory of Law* (Oxford, 1940), p.114 参照。「フランス法典を調べあげ、そしてその家族法を考察から除くと、デュギーが見出したのは三つの基本規則だけでそれ以上のものはなかった。すなわちその三つとは、契約の自由、所有の不可侵性、それと、ある人の過失による損失にたいして他の人を補償する義務がそれである。他の残りはすべてある国家機関あるいは他の機関の補助的方向に解消される。」

(18) *Treatise*〔前掲邦訳『人性論』〕Book III, Part II, sec.2-6 参照。そこでは、ここで考察されている問題のもっとも満足すべき議論が含まれている。特に、II, p.269.「正義の単独の行為は、しばしば、公共的利益と対立する。他言すれば、他の行為が随伴しないで単独にあれば、それ自身には、社会にとって、きわめて有害であるかもしれない。……正義の一つ一つの単独の行為は、すべて別々に考えられれば、公共的利益より私的利益に有効であるともいえない。……しかし、正義の単独の行為が、公共的利益もしくは私的利益に反対であるとしても、それにもかかわらず、その全体の計画あるいは予定が、社会の支持と、各個人の厚生の両者に対し、きわめて有効である、あるいは実際、絶対に必須であることは確かである。禍と福を分離することは不可能である。所有は安定しなければならない。そして、それは一般的規則によって固定されねばならない。たとえ一つの事例においては、一般国民は受難者であっても、この一時的な禍は、規則の不変の遂行によって、また、規則が社会に確立する平和と秩序とによって、十分に補償される。」また、*Enquiry*, in *Essays*, II, p.273.「〔正義と誠実の社会的美点より〕生じる利益は、個人の各単独の行為の結果ではない。そうではなくて、それは社会全体、あるいは大多数の人々が賛成している全体的計画あるいは体系から生じるのである。……ここにおいて、個々の行為の結果は、多くの場合、諸行為の全体系の結果とまさしく正反対なのである。すなわち、前者はきわめて有害かもしれないが、後者は最高度に有益かもしれない。両親から受け継いだ富も、悪人の手にあっては害悪をもたらす道具である。相続権もある場合には有害になるかもしれない。その利益は、一般的規則の遵守からのみ生まれる。そして、その利益によって、特殊な性格や情況から生じる災いや不都合のすべてに対し、補償がなされるならば、それで十分なのである。」また、*ibid*, p.274.「所有権を守るすべての自然法はすべての民法と同じく、一般的性格をもつものであり、事例の本質的な事情だけを考えに入れるだけで、本人の性格、境遇、また、関係、あるいは特殊な場合に、これらの法律の決定から生じるかもしれないいかなる特殊な結果も考慮に入れないのである。これらの法律は何のためらいもなく、慈悲深い人からすべての所有を奪いとる。もしそれが正当な権利によらず、誤認によって取得されたものであれば。そしてそれをすでに莫大な富を蓄えている利己的な吝嗇家に与えるのである。公益は所有が一般的で不変的な規則によって規制されるべきことを要求する。そしてこのような規則が同じ公益の目的にもっとも有用なものとして採用されるけれども、これらの規則がすべての特殊な不法行為、あるいはすべての個々の事例から、有益な結果を生み出させるなどということは、不可能である。もし全体の計画や企画が、市民社会の支持に必要であり、また公益の秤の方が、その場合、主として、弊害の秤よりはるかに重くなるならば、それで十分なのである。」筆者はこの点に関して、サー・アーノルド・プラントに感謝したい。彼はもうずいぶん前になるがこの問題についてのヒュームの議論の重要性にはじめて筆者の注意を向けさせてくれた。

(19)　J.S. Mill, *On Liberty*, ed. R.B. McCallum (Oxford, 1946)〔前掲邦訳『自由論』〕p.68 参照。

(20)　以下のものを参照せよ。J. Rawls, “Two Concepts of Rules,” *Philosophical Review*, Vol. LXIV (1955)〔田中成明編訳「二つのルール概念」『公正としての正義』木鐸社〕; J.J.C. Smart, “Extreme and Restricted Utilitarianism,” *Philosophical Quarterly*, Vol. VI (1956); H.J. McCloskey, “An Examination of Restricted Utilitarianism,” *Philosophical Review*, Vol. LXVI (1957); J.O. Urmson, “The Interpretation of the Moral Philosophy of J.S. Mill,” *Philosophical Quarterly*, Vol. III (1953); J.D. Mabbott, “Interpretations of Mill's Utilitarianism,” *Philosophical Quarterly*, Vol. VI

(1956); S.E. Toulmin, *An Examination of the Place of Reason in Ethics* (Cambridge: Cambridge University Press, 1950) とくに p.168.

(21)　ジョン・セルデン（John Selden）はその著書 *Table Talk* ([Oxford, 1892], p.131) の中で次のような考察をしている。「この世界の中で人民の安寧は最高の法たれ（*salus populi suprema lex esto*）という文章ほど、濫用されているものはない。」さらに以下を参照。C.H. McIlwain, *Constitutionalism: Ancient and Modern* (rev. ed.; Ithaca N.Y.: Cornell University Press, 1947)〔森岡敬一郎訳『立憲主義―その成立過程』慶応通信〕p.149. またこの一般的問題については F. Meinecke, *Die Idee der Staatsräson* (Munich, 1924)〔菊盛英夫他訳『国家理性の理念』みすず書房〕(これは現在 *Machiavellism* として翻訳されている [London, 1957])。また、L. von Mises, *Socialism* (New Haven: Yale University Press, 1951), p.400.

(22)　たとえば、ジェームズ一世の考え、それは F.D. Wormuth, *The Origins of Modern Constitutionalism* (New York, 1949), p.51 に引用されている。「秩序は命令と服従の関係に依存する。すべての組織は優越と従属から生じた。」

(23)　筆者はここに引用した言葉の著者におわびする。筆者はその著者の名前を忘れてしまった。かれの一節を、E.E. Evans-Pritchard, *Social Anthropology* (London, 1951)〔難波紋吉訳『社会人類学』同文館〕p.19 を見よとメモしている。しかし、そこには同じ考えが表現されているが引用文の中にはない。

(24)　H. Jahrreiss, *Mensch und Staat* (Cologne, 1957), p.22.「社会的―秩序は、社会的―計算可能性である。」

(25)　M. Polanyi, *The Logic of Liberty* (London, 1951)〔前掲邦訳『自由の論理』〕, p.159.

(26)　Max Weber, *Theory of Social and Economic Organization* (London, 1947)〔世良晃志郎訳『法社会学』創文社〕, p.386. ヴェーバーは「計算可能性と法秩序の機能への信頼性」に対する必要性を、「資本主義」あるいは社会の「ブルジョア的段階」として扱う傾向がある。それはもしこうした用語が分業にもとづく自由社会の記述とみなされる場合のみ正しい。

(27)　E. Brunner, *Justice and the Social Order* (New York, 1945)〔酒枝義旗訳『正義―社会秩序の基本原理に就いて』三

一書房〕, p.22 参照。「法は予見による秩序である。人間についていえば、それが与えるサービスであり、また、負担であり危険である。すなわち、法は人を恣意から保護し、信頼と安全の感情を与え、将来から気味の悪い暗さを取り除く。」

第一一章　法の支配の起源

本章冒頭の引用文は、John Locke, *Second Treatise*〔鵜飼信成訳『市民政府論』岩波文庫〕sec.57, p.29 から取った。本章および第一三章以下第一六章までの諸章の基本的考えは、National Bank of Egypt のためにおこなった、そしてそこから出た、*The Political Ideal of the Rule of Law* (Cairo, 1955) というわたくしの講演の中で述べられている。

(1)　これらの思想の成長について学ぶほど、わたくしはオランダ共和国の例が果たした重要な役割についてますます確信するようになった。しかしこの影響は一七世紀後半および一八世紀前半にはかなり明瞭であるが、それより早い影響はまだ考察を必要とする。その間のことについては以下参照。Sir George Clark, "The Birth of the Dutch Republic," *Proceedings of the British Academy*, Vol. XXXII (1946) および、P. Geyl, "Liberty in Dutch History," *Delta*, Vol.I (1958). また、わたくしの無知のため、重要な議論――ルネッサンスのイタリア、とりわけフィレンツェにおける同様の思想の発展についてはここでは述べない（短い参考文献については、第二〇章の注への序を見よ）。また次のような興味ある事実を自信をもって述べることもできない。それは一つの偉大な非ヨーロッパ文明、すなわち中国文明は、ギリシャとほぼ同じ時期にヨーロッパ文明の法概念と驚くほど類似したものを発展させていたようだという事実である。馮友蘭の『中国哲学史』（*A History of Chinese Philosophy*, Peiping, 1937）〔柿村峻他訳『中国哲学史』冨山房〕p.312 によると次のとおりである。［紀元前七世紀から三世紀の間の］時代の大きな政治傾向は封建支配から絶対的権力をもっている支配者による統治への動きであった。すなわち、慣習的道徳（礼 *li*）および個人による統治から法による統治への動きであった。」同著者は管仲（紀元前約七一五年―六四五年）の著作『管子』からその証拠を引いている（p.321）。しかし、その著作はたぶん紀元前三世紀に成ったものであろう。「国家が法律によって支配されるときには、物事は簡単に定まった進路にしたがってなされるであろう。……もし法律が一定していなければ、国家の維持者にとって不幸となるだろう。……支配者と大臣、優位者と下位者、貴人と卑人、すべての者が法律に従うとき、偉大なよき政府を持っていると呼ばれる。」しかし、同著者は、「一つの理想であって、まだ中国では実際達成されたことはない」とつけ加えている。

（2） Montesquieu, *The Spirit of the Laws*〔野田良之訳『法の精神』岩波文庫〕(I, p.151) における見解参照。「世界には、全く政治的自由をその政体の直接の目的としている国民も存在する。」また、R. Henne, *Der englische Freiheitsbegriff* (diss, Zurich; Aarau, 1927). 大陸の国民によるイギリス的自由の発見およびそのイギリスのモデルの大陸への影響についての注意深い研究がまだ必要である。重要な初期の研究書としては以下を参照せよ。Guy Miege, *L'État présent de la Grande-Bretagne* (Amsterdam, 1708) および、その増補ドイツ語版 *Geistlicher und weltlicher Stand von Grossbritannien und Irland* (Leipzig, 1718); P. de Rapin-Thoyras, *Dissertation sur les Whigs et les Torys, or an Historical Dissertation upon Whig and Tory*, trans. M. Ozell (London, 1717); A.Hennings, *Philosophische und statistische Geschichte des Ursprungs und des Fortgangs der Freyheit in England* (Copenhagen, 1783).

（3） 以下参照。特に、F. Pollock and F.W. Maitland, *History of English Law* (Cambridge: Cambridge University Press, 1911); R. Keller, *Freiheitsgarantien für Person und Eigentum im Mittelalter* (Heidelberg, 1933); H. Planitz, "Zur Ideengeschichte der Grundrechte," in *Die Grundrechte und Grundpflichten der Reichsverfassung*, ed. H.C. Nipperdey (Berlin, 1930), Vol.III; O. von Gierke, *Johannes Althusius und die Entwicklung der naturrechtlichen Staatstheorien* (2d ed.; Breslau, 1902).

（4） C.H. McIlwain, "The English Common Law Barrier against Absolutism," *American Historical Review*, XLIX (1934), p.27 を見よ。マグナ・カルタの中でもっとも有名でかつ後世にもっとも強い影響力をもった条項でさえ、その時代に共通の考えを表現した程度は、一〇三七年五月二八日に出された神聖ローマ皇帝コンラート二世の布告によって示される (W. Stubbs, *Germany in the Early Middle Ages, 476-1250*, ed. A. Hassall [London, 1908], p.147)。そこで

は次のように述べられている。「何人も領地を奪われることはないが、……帝国の法また貴族の判決で奪われるかもしれない。」

われわれはここで中世以来のその哲学伝統を詳しく検討することはできない。しかし、いくつかの面でアクトン卿がトマス・アクィナスを最初のホイッグ主義者と記したとき、同卿は決して逆説的ではなかった（*Hist. of Freedom*, p.37. さらに、J.N. Figgis, *Studies of Political Thought from Gerson to Grotius* [Cambridge: Cambridge University Press, 1907], p.7 参照）。トマス・アクィナスについては、T. Gilby, *Principality and Polity* (London, 1958) 参照。またT・アクィナスが初期のイギリス政治理論、特にリチャード・フッカーに与えた影響については、S.S. Wolin, "Richard Hooker and English Conservatism," *Western Political Quarterly*, Vol. VI (1953) 参照。より完全な理解のためには、一三世紀のニコラウス・クザーヌス、および一四世紀のバルトーロに、特に注意すべきであろう。両者は上の伝統の継承者である。これについては以下参照。F.A. von Scharpff, *Der Cardinal und Bischof Nicolaus von Cusa* (Tübingen, 1871)、特に、p.22; J.N. Figgis, "Bartolus and the Development of European Political Ideas," *Transactions of the Royal Historical Society*, N.S., Vol. XIX (London, 1905)、また C.N.S. Woolf, *Bartolus of Sassoferato* (Cambridge, 1913)、また、同時代の政治理論一般については、R.W. and A.J. Carlyle, *A History of Mediaeval Political Theory* (Edinburgh and London, 1903 and later).

（5）　以下参照。O. Vossler, "Studien zur Erklärung der Menschenrechte," *Historische Zeitschrift*, CXLII (1930), 512; F. Kern, *Kingship and Law in the Middle Ages*, trans. S.B. Chrimes (Oxford, 1939)〔世良晃志郎訳『中世の法と国制』創文社〕; E. Jenks, *Law and Politics in the Middle Ages* (London, 1898), pp.24-25; C.H. McIlwain, *The High Court of Parliament and Its Supremacy* (New Haven: Yale University Press, 1910); J.N. Figgis, *The Divine Right of Kings* (2d ed.; Cambridge, 1914); C.V. Langlois, *Le Règne de Philippe III, le Hardi* (Paris, 1887), p.285. また中世後期の情況に関する修正については、T.F.T. Plucknett, *Statutes and Their Interpretation in the First Half of the Fourteenth Century* (Cambridge, 1922)、また同著者の *Legislation of Edward I* (Oxford, 1949)。この問題全体については、J.W.

Gough, *Fundamental Law in English Constitutional History* (Oxford, 1955).

(6)　B. Rehfeldt, *Die Wurzeln des Rechtes* (Berlin, 1951), p.67 参照。「立法という現象が出現したことは、人類史においては、法や法律を作るという技術の発明を意味する。それまでは人間は実際法律は制定しうるものではなく、昔からあった何かとしてのみ適用できるものと信じてきた。このように考えると、立法の発明はたぶんかつてなされたものの中で最も重大な事件である。——火器や火薬の発明よりもより重大である——なぜなら、すべての中でもっとも強力に立法の発明は人間の運命を自らの手に委ねたからである。」

一九五八年の一二月、シカゴ大学の東洋研究所がおこなったシンポジウム「社会の拡大（The Expansion of Society）」に寄せた未公表論文の中で、マックス・ラインシュタインは同様に次のように述べている。「人間行為に関する確かな規範は立法という方法で確立されるかもしれないという考えはギリシャ・ローマ史の後期に特徴的なものであった。西欧においては、そうした考えはローマ法の再発見と絶対君主制の興隆まで支配的だった。すべての法は主権者の命令であるという命題は、すべての法は正当に選挙された人民の代表者に発せられねばならないというフランス革命の民主主義イデオロギーによって生まれた公準である。しかしながら、それは現実の正しい記述ではない、とりわけアングロ・サクソン的コモン・ロー諸国においては。」

法は見出されるものであって作られるものではない、という伝統的な考えが、一八世紀後半のイギリスの世論にいかに深い影響を与えたかについては、エドマンド・バークの *Tracts Relative to the Laws against Popery in Ireland* (in *Works*, IX, p.350) の中の彼の言明によって示されている。「人間の機関は、人間が好む法を作る権利をもっている、法の権威は単にその制度に由来し、法はその主題の性質に依存するものではない、といった考えより、すべての秩序と美、すべての平和と幸福、人間社会についてもっと真に破壊的な誤りはない、と指摘することは難しい。政策や国家の存在理由、あるいは憲法の維持に関するいかなる議論も、そうした実践をするためといって抗弁されえない。……すべての人間の法は適切にいえばただ確認的なものにすぎない。すなわち、法はその形式や適用は変えるかもしれないが最初の正義の実体に対する支配力はもたない。」他の説明については、E.S. Corwin, *The* "Higher Law" *Background of*

American Constitutional Law ("Great Seal Books" [Ithaca, N.Y.: Cornell University Press, 1955]), p.6. n.11.

（7） Dicey, *Constitution*〔前掲邦訳『憲法序説』〕p.370 参照。「圧倒的に法律的観点からものごとを考える法律家は、次のように主張する傾向がある。一方におけるベーコンやウェントウォースと他方におけるコークあるいはエリオットなどの政治家の間の論争における現実の問題は、大陸型の強力な行政を、イギリスに永遠に確立すべきか否かにあったと。」

（8） こういう理由でヘンリー・ブラクトンはマグナ・カルタを *De legibus* の p.186*b* 以下で論じたのである。マグナ・カルタについての一七世紀の誤まった解釈が実際どういう結果をもたらしたかについては、W.S. McKechnie, *Magna Carta* (2d ed.; Glasgow, 1914), p.133〔禿氏好文訳『マグナ・カルタ』ミネルヴァ書房〕参照。「もし、コークの曖昧で不適切な言葉が［マグナ・カルタの］多くの章の意義を不明確にし、そしてイギリス法の発展について誤った考えを普及させてきたのであれば、これらのまさに誤謬が憲政の発達の大目的に対して果たした貢献は測り知れないものがある。」それ以来こうした考えは、何度も表明されてきた（とりわけ H. Butterfield, *The Englishman and His History* [Cambridge: Cambridge University Press, 1944]. p.7）

（9） 以下参照。トーマス・ホッブズの次のような記述、「その［同時代に対する反乱を企てる精神］中で、最も多い原因の一つは古代ギリシャ人やローマ人の政治の書物や歴史を読むことであり」、したがってそうした理由から、「これらの西の国々が、ギリシャ語やラテン語を学ぶことに払ったほど高価なものは、かつてなかった」（*Leviathan*, ed. M. Oakeshott [Oxford, 1946], p.214 & p.141,〔水田洋訳『リヴァイアサン』岩波文庫〕。またオブリーの以下のような指摘、すなわちミルトンが「人類の自由に大変熱心だった」源泉は、彼がリヴィやローマの著作家たちに非常に精通していたこと、またローマ共和国のなした偉大さを彼が知っていたところにあった」（*Aubrey's Brief Lives*, ed. O.L. Dick [Ann Arbor: University of Michigan Press, 1957], p.203）〔橋口稔他訳『名士小伝』冨山房〕。ミルトン、ハリントン、そしてシドニーの思想の古典的源泉については、Z.S. Fink, *The Classical Republicans* ("Northwestern University Studies in Humanities," No. 9 [Evanston, Ill., 1945]) 参照。

(10)　Thucydides, *Peloponnesian War*, Crawley trans., ii. p.37〔久保正彰訳『戦史』岩波文庫〕。最も説得力ある証拠は、おそらくアテネの自由主義的民主主義の敵たちのそれだろう。アリストテレス（*Politics*, vi.2. p.1317*b*）〔山本光雄訳『政治学』アリストテレス全集15巻、岩波書店〕が、「このような民主政体においては、各人は、自ら好むように生きる」と記したように、彼らの不平は多くのことを示した。つまり、ギリシャ人は個人的自由と政治的自由を混同した最初の人だったかもしれない。しかしこのことはギリシャ人が個人的自由を知らなかったとか、それを尊重しなかった、ということを意味するものではない。ストア学派の哲学者たちはともかくその最初の意味を保持していたし、そしてそれを後世に伝えた。事実、ゼノンは自由を「独立して行動する能力であり、他方奴隷はその能力が奪われているもの」と定義している（Diogenes Laertius, *Lives of Eminent Philosophers*, iii. p.121［"Loeb Classical Library" (London, 1925), II, p.227)］〔加来彰俊訳『ギリシャ哲学者列伝』岩波文庫〕。アレクサンドリアのフィロは、*Quod omnis probus liber sit* 452. p.45 ("Loeb Classical Library," [London, 1941] IX, p.36) の中で、法の下における自由について完全に近代的な概念を与えている。すなわち「すべて法に従って生きる人々が自由なのである（*hosoi de meta nomou zōsin, eleutheroi*）」。また E.A. Havelock, *The Liberal Temper in Greek Politics* (New Haven: Yale University Press, 1957) 参照。またアテネの経済制度が奴隷に「基づいて」いたと主張することによって、古代ギリシャに自由がなかったということはもはやできない。というのは、次に上げるように最近の研究が明瞭に示すところはそれが比較的重要でなかったということだからである。W.L. Westermann, "Athenaeus and the Slaves of Athens," *Athenian Studies Presented to William Scott Ferguson* (London, 1940), また、A.H.M. Jones, "The Economic Basis of Athenian Democracy," *Past and Present*, Vol. I (1952)（同著者の *Athenian Democracy*［Oxford, 1957］に再録）。

(11)　トゥキュディデス、前掲書、vii. p.69〔前掲邦訳『戦史』〕。ギリシャの自由に対する誤解はトーマス・ホッブズまでたどれるが、それが広く伝播するようになったのはＢ・コンスタンとＮ・Ｄ・フュステル・ド・クーランジュを通してであった。B. Constant, *De la liberté des anciens comparée à celle des modernes*〔毛織大順訳「現代人の自由と古代人の自由」『福岡大学法学論叢』23巻１号〕(*Cours de politique constitutionnelle*, II [Paris, 1861] に再録)、及び N.D.

Fustel de Coulanges, *La Cité antique* (Paris, 1864). この議論全体については、G. Jellinek, *Allgemeine Staatslehre* (2d ed.: Berlin, 1905)〔芦部信喜他訳『一般国家学』学陽書房〕pp.288ff. 一九三三年末にH・J・ラスキがペリクレス時代に明確に言及して、「このような有機的な社会において、個人的自由の概念はほとんど知られていなかった」と、なぜまだ議論しえたのか理解に苦しむ。

(12) J. Huizinga, *Wenn die Waffen schweigen* (Basel, 1945), p.95 参照。「実際、次のことは悲しむべきことである。それは古代ギリシャを基礎に作られた文化が、民主主義という言葉に代りに『イソノミア (Isonomia)』、すなわち法の平等という言葉を継承しなかったということである。この言葉はギリシャにおいては歴史発展に基づき独特の注意を喚起し、さらにあるよい統治形態というこの本質的な考えをことに純粋に表現するようになった。しかもこの言葉はある不滅の響きを持っていた。……『デモクラティア (Demokratia)』よりも、『イソノミア』という言葉の方から、自由の理念ははるかに明瞭にまた直接的に響いてくる。またこれに関して、『イソノミア』に含まれている命題は『デモクラティア』がそうであるように満たしえないものはない。法治国家の基本的原理はこの言葉の中に、的確に表現されており、また明瞭に描写されている。」

(13) ジョン・フローリオのイタリア語辞典 *World of Wordes* (London, 1598)。

(14) Titus Livius, *Romane Historie*, trans. Philemon Holland (London, 1600), p.114, p.134, p.1016.

(15) *The Oxford English Dictionary* の「Isonomy」という項目で、一六五九年と一六八四年の使用例があるが、いずれもこの用語がかなり一般に使われていたことを示している。

(16) 「isonomia」という言葉の最も早い使用例はおよそ紀元前五百年にアルクマイオンが使ったものであろう (H. Diels, *Die Fragmente der Vorsokratiker* [4th ed.; Berlin, 1922], Vol. I, p.136, Alkmaion, Frag. 4)〔内山勝利他訳『ソクラテス以前哲学者断片集』岩波書店〕。isonomy を肉体的健康の状態と記しているのでその使用は隠喩的だが、それはその用語がそのときまでには十分確立されていたことを示している。

(17) E. Diehl, *Anthologia lyrica Graeca* (3d ed.; Leipzig, 1949), Frag. 24 および以下を参照せよ。E. Wolf, "Mass und

Gerechtigkeit bei Solon," *Gegenwartsprobleme des internationalen Rechtes und der Rechtsphilosophie: Festschrift für Rudolf Laun* (Hamburg, 1953); K. Freeman, *The Work and Life of Solon* (London, 1926); W.J. Woodhouse, *Solon, the Liberator* (Oxford, 1938); K. Hönn, *Solon, Staatsman und Weiser* (Vienna, 1948).

(18)　Ernest Barker, *Greek Political Theory* (Oxford, 1925), p.44 さらに Lord Acton, *Hist. of Freedom*, p.7 および、P. Vinogradoff, *Collected Papers* (Oxford, 1928), II, p.41 を参照。

(19)　以下参照。G. Busolt, *Griechische Staatskunde* (Munich, 1920), I, p.417; J.A.O. Larsen, "Cleisthenes and the Development of the Theory of Democracy at Athens," *Essays in Political Theory Presented to George H. Sabine* (Ithaca, N.Y.: Cornell University Press, 1948); V. Ehrenberg, "Isonomia," in *Pauly's Real-Encyclopaedie der classischen Altertumswissenschaft*, Suppl. VII (1940) また同著者の論文 "Origins of Democracy," *Historia*, I (1950), 特に p.535。さらに、"Das Harmodioslied," *Festschrift Albin Lesky* ("Wiener Studien," Vol. LXIX) とくに pp.67-69; G. Vlastos, "Isonomia," *American Journal of Philology*, Vol. LXXIV (1953); また、J.W. Jones, *The Law and Legal Theory of the Greeks* (Oxford: Oxford University Press, 1956), chap. vi.

同テキストの中に述べられているギリシャ語の *skolion* という言葉は、ディールの前掲書においては二つの意味が見られる。(Vol. II, *skolia* 10[9]と13[12])。一八世紀後半のイギリスのホイッグ党への *isonomia* を称賛する歌の魅力に対する注目すべき説明は、サー・ウィリアム・ジョーンズによる "Ode in Imitation of Callistratus" である（ジョーンズについてはすでにホイッグ党の政治論と言語学における進化論的伝統の間を結びつけた人である、とわれわれは述べておいた。ジョーンズの *Works* [London, 1807] X, p.391 参照)。その歌はまず *skolion* というギリシャ語が冠せられ、ハルモディウスとアリストギィトン〔アテネの愛国者。二人で協力しアテネの暴君を殺し、自分たちも殺された（514B.C.)〕を称える二〇行の後、次のように続く。

「それから、アテネにおいては、すべてが平和で、
法は平等、そして、自由である。

もろもろな芸術の乳母、そしてギリシアの凝視。
人々は雄々しく、毅然としており、そして自由だ。
汝ウェントワース、の行動は栄光に満ちており、
美徳の大義にしっかり根を張っている。
汝、レノックスは、平等な法の友であり、
汝の報酬は、光輝いている。
自由の神殿に高くそびえて、
微笑しているフィッツ・モーリスが立っているのを見よ。
なぜなら、集ったもろもろの美徳は称賛されるから。
英知の声、そして勇気の手
汝らのまぶたは、閉じられることはないだろう。
汝ら花さく園で、祝福される。
ハルモディウスと共に、安らかに眠り、
アリストギィトンと共に、横たわるだろう。」

　また同 p.389, “Ode in Imitation of Alcaeus” 参照。そこでジョーンズは “Empress Sovereign Law” に言及して次のようにいう。

「彼女の神聖な渋面に強く打たれ、
悪魔、思慮分別《ディスクレション》は、蒸気のごとく、沈む」

(20) Herodotus, *Histories*〔松平千秋訳『歴史』岩波文庫〕iii. 80. また142、それにv. 37参照。

(21) Busolt, *op. cit.*, p.417. また、Ehrenberg, in Pauly, *op. cit.*, p.299.

(22) Thucydides, *op. cit.* iii. 62. 3-4. またその道理にかなった意味において、そのような用語の使い方と、彼がそのもっ

ともらしい使い方（*ibid*, iii. 82. 8）といっているものとを対照せよ。また、Isokrates, *Areopagiticus* vii. 20〔小池澄夫訳「アイキレス・パゴス会演説」『弁論集2』京都大学学術出版会〕や *Panathe-naicus* vii. 178〔小池澄夫訳「パンアテナイア祭演説」『弁論集2』京都大学学術出版会〕参照。

（23）Plato, *Republic*〔藤沢令夫訳『国家』プラトン全集11巻、岩波書店〕viii. 557bc, 559d, 56le.

（24）Hyperides, *In Defence of Euxenippus*, xxi. 5 (*Minor Attic Orators*, ed. J.O. Burtt [“Loeb Classical Library,”] II, p.468):「いかに民主制において、法が権威者になるのか（*hópōs én dēmokratía kyrioi hoi nómoi ésontai*）」法が王である（*nomós basileùs*）ことについての文章はすでにはるか以前にあった。

（25）Aristotle, *Politics*〔山本光雄訳『政治学』アリストテレス全集13巻、岩波書店〕1287a. B・ジョウェットのよく親しまれている訳文より、現在使われているのは“Everyman”版のW・エリスの翻訳である。

（26）*Ibid.*, 1292a.

（27）これらの概念がアテネの人々にとっていかに基本的なものであったかは、デモステネスが彼の演説の一つの中で言及した法によって示される（*Against Aristocrates*, xxiii. 86、また、xxiv. 59〔木曽明子他訳「アリストクラテス弾劾」『弁論集4』京都大学学術出版会〕参照）。彼は法を「かつて法がそうであったように善いもの」といっている。そのような考えを導入したアテネ人は次のような意見をもっていた。すべての市民が市民権に平等にかかわっているのと同じように、すべての人は法に平等にかかわらねばならない、と。そしてしたがって、彼は次のように提案した。「もし、同じ法がすべてのアテネ人に適用されないならば、個人に影響を与える法を提案することは、法に適ったことではない」と。これがアテネの法となった。このことがいつ起こったかわれわれは知らない――デモステネスはそれが紀元前三五二年だといっているが。しかしそのときまでに、民主主義がすでにそれよりも古い法の前に平等という概念にとって代る重要な概念にどうしてなったかを見ることは興味深い。デモステネスはもはや“isonomia”という用語は使っていないが、彼が法について述べていることは法の古い理念のパラフレーズと同じである。法に関するこの問題については以下を参照。J.H. Lipsius, *Attisches Recht und Rechtsverfahren* (Leipzig, 1905), I, p.388. さらに、E. Weiss,

Griechisches Privatrecht (Leipzig, 1923), I, p.96, n. 186a. また、A.H.M. Jones, "The Athenian Democracy and Its Critics," *Cambridge Historical Journal*, Vol. IX (1953), 同論文は同著者の *Athenian Democracy* に再録されている。その p.52 には次のようにある。「民会の単なる法令によって法を変更することは、［アテネにおいては］いつも合法的とはみなされなかった。こうした法令の発議者は有名な『違法手続に対する起訴』を受けがちである。もしそれが法廷によって認められると同発議者は重罰に科せられる。」

(28) Aristotle, *Rhetoric*〔山本光雄訳『弁論術』アリストテレス全集16巻、岩波書店〕1354ab, trans. W. Rhys Roberts in *The Works of Aristotle*, ed. W.D. Ross, Vol, XI (Oxford, 1924).『政治学』(*Politics*, 1317b) の中でアリストテレスは自由の条件を次のように述べている。「いかなる行政官にも、若干の場合を除いて、また、人びとの活動にとって重要でないような、自由の裁量権は与えられるべきではない」と。わたくしは本文ではそこから引用していない。なぜならそこはアリストテレス自身が自分の意思を述べたところではなく、他の人の考えを引用しているところだからである。司法上の自由裁量についての彼の考えの重要な言明は、*Nicomachean Ethics*〔加藤信郎訳『ニコマコス倫理学』アリストテレス全集13巻、岩波書店〕v. 1137b に見出される。そこでアリストテレスは次のように論じている。裁判官は法における欠陥を次のようにして補わねばならない。すなわち、「立法者がそこにいたとすれば、自らそう規定したように、また、彼が以前からそういうことが起こることを知っていたならば、そのように法律を制定したであろうように」である。これはまさに、スイス民法の有名な条項を予示するものである。

(29) T. Hobbes, *Leviathan*〔前掲邦訳『リヴァイアサン』〕ed. M. Oakeshott (Oxford, 1946), p.448.

(30) J. Harrington, *Oceana* (1656)〔田中浩訳『オシアナ』世界大思想全集 社会・宗教・科学思想篇2、河出書房新社〕の冒頭。この文句はすぐその後一六五九年の *The Leveller* のある文章の中に出てくる (Gough, *op. cit*., p.137 に引用されている)。

(31) *The Civil Law*, ed. S.P. Scott (Cincinnati, 1932), p.73 参照。本章全体については、T・モムゼンの諸著作以外に、以下参照。C. Wirszubski, *Libertas as a Political Idea at Rome* (Cambridge: Cambridge University Press, 1950), また、

U. von Lübtow, *Blüte und Verfall der römischen Freiheit* (Berlin, 1953)——これは、本文ができた後はじめて知った。

（32） W.W. Buckland and A.D. McNair, *Roman Law and Common Law* (Cambridge: Cambridge University Press, 1936)参照。

（33） Titus Livius, *Ab urbe condita*, ii, 1. 1.「人間の支配にまさる法律の支配」（imperia legum potentiora quam hominum）。このラテン語の文句は（不正確にだがアルジャーノン・シドニー（*Works* [London, 1772], p.10）とジョン・アダムズ（*Works* [Boston, 1851], IV, p.403）によって引用されている。上の注14に引用されているように、一六〇〇年のリヴィウスのホーランドの訳ではこれらの言葉は次のように訳されている（p.44）。「法の権威と法の支配の方が人間によるよりもはるかに力強く強大である。」上にわたくしがイタリック体にしている言葉は最も早い用例を提供している。そこでは「支配（rule）」は“government”あるいは、“dominion”の意味で使われている。

（34） 以下参照。W. Rüegg, *Cicero und der Humanismus* (Zurich, 1946). また Marcus Tullius Cicero, *On the Commonwealth* (Columbus, Ohio, 1929)〔岡道男訳『国家について』キケロー選集第８巻　岩波書店〕に対する、G・H・セイバインとS・B・スミスによる序文。またキケロのデヴィッド・ヒュームへの影響については、とくにヒュームの「自叙伝」（“My Own Life,” *Essays*, I, p.2）〔福鎌他訳『奇蹟論・迷信論・自殺論』所収、法政大学出版局〕参照。

（35） M. Tullius Cicero, *De Legibus*〔岡道男訳『法律について』キケロー選集第８巻　岩波書店〕ii. 7, 18. これらの「より高度の法」はローマ人によって認識された。ローマ人はその法規の中にそれらの法の意図は神聖なものあるいは正しいものを放棄することにあるのではないと述べている条項を記した（Corwin, *op. cit.*, pp.12-18 また、そこに引用されている文献を参照）。

（36） M. Tullius Cicero, *Pro Cluentio*〔上村健二訳『クルエンティウス弁護』キケロー選集第１巻　岩波書店〕, 53:「われわれは自由であることができるためにすべて法律に従う（omnes legum servi sumus ut liberi esse possumus）。」また、以下参照。Montesquieu, *Spirit of the Laws* (II, p.76)〔前掲邦訳『法の精神』〕「自由は主として法を課していないことをするよう強制されないことからなっている。すなわち国民はこの国では市民法によってのみ支配されるだけである。そして国民はその市民法の下で生きるがゆえに自由なのである。」Voltaire, *Pensées sur le gouvernement* (*Œuvres complètes*, ed. Garnier, XXIII, p.526)「自由は法以外には依存しないことからなっている。」また、J.J. Rousseau, *Lettres écrites de la Montagne*, Letter VIII (in *The Political Writings of Jean Jacques Rousseau*, ed. C.E. Vaughan [Cambridge, 1915], II, p.235)「法がないところには、自由はない。また、誰かが法の上にあるところにも自由はない。すなわち自然の状態においてさえ、人間が自由であるのは、ただすべての人々に課する自然法があるからだ。」

(37) M. Tullius Cicero, *De legibus*〔前掲邦訳『法律について』〕iii. 122,「政務官はものをいう法律である（Magistratum legem esse loquentem)」、カルヴィン事件におけるサー・エドワード・コークの言葉、「裁判官はものをいう法律である」(Judex est lex loquens) また一八世紀の法諺、「国王はまさに行為する法律である」(Rex nihil alius est quam lex agens) を参照。また、Montesquieu, *Spirit of the Laws*〔前掲邦訳『法の精神』〕、XI, p.6 (I, p.159)「国民の裁判官は法のことばを述べる口以上のものではない。その力や激しさを和らげることのできない無生物ですらある」をも参照。この文言はまたアメリカにおいて、最高裁長官ジョン・マーシャルによっても繰り返された（*Osborn* v. *Bank of United States*, 22 U.S. [9, Wheaton] 738, 866)。彼は裁判官を「単なる法のマウスピース」であり、また「なにもしようとすることのできないもの」と語った。

(38) M. Rostovtzeff, *Gesellschaft und Wirtschaft im römischen Kaiserreich* (Leipzig, 1931), I, p.49〔坂口明訳『ローマ帝国社会経済史』東洋経済新報社〕また p.140 参照。

(39) 以下参照。F. Oertel, "The Economic Life of the Empire," in *Cambridge Ancient History*, XII (Cambridge, 1939) とくに pp.270ff. また同著者が R. Pöhlmann, *Geschichte der sozialen Frage und des Sozialismus in der antiken Welt* (3d ed.; Munich, 1925) に寄稿している付録（Appendix)。また、von Lübtow, *op. cit.*, pp.87-109; M. Rostovtzeff, "The Decay of the Ancient World and Its Economic Explanation," *Economic History Review*, Vol. II (1930); Tenney Frank, *Economic Survey of Ancient Rome* (Baltimore: Johns Hopkins Press, 1940), Epilogue; H.J. Haskell, *The New Deal in Old Rome* (New York, 1939); L. Einaudi, "Greatness and Decline of Planned Economy in the

Hellenistic World," *Kyklos*, Vol. II (1948).

（40） F. Pringsheim, "*Jus aequum* und *jus strictum*," *Zeitschrift der Savigny-Stiftung für Rechtsgeschichte, Romanistische Abteilung*, XLII (1921), p.668. また、同著者の *Höhe und Ende der Jurisprudenz* (Freiburg, 1933) も参照。

（41） A. Esmein, "La Maxime *Princeps legibus solutus est* dans l'ancien droit public français," *Essays in Legal History*, ed. P. Vinogradoff (Oxford, 1913) 参照。

（42） J.U. Nef, *Industry and Government in France and England; 1540-1640* (Philadelphia, 1940), p.114 参照。いかに後に、「出版の自由がイギリスにおいてこうして、商業的独占の排除に向った」かについての興味深い説明が M. Cranston, *John Locke* (London, 1957) においてなされている。

（43） 一六〇三年に判決された「ダーシー対アレイン事件（*Darcy v. Allein*）」。この原理は、「デヴナント対ハーディス事件（*Davenant v. Hurdis*」より四年前にはじめて述べられたように思われる。後者の事件のときは次のように述べられた。「このような性格を規定したり、ただ一つの貿易あるいは輸送を一つの会社あるいは一個人に委ね、他のすべてを排除することは法に違反する。」以下参照。W.L. Letwin, "The English Common Law concerning Monopolies," *University of Chicago Law Review*, Vol. XXI (1953-54). また、D.O. Wagner の次の二つの論文 "Coke and the Rise of Economic Liberalism," *Economic History Review*, Vol. VI (1935-36), "The Common Law and Free Enterprise: An Early Case of Monopoly," *ibid*., Vol. VII (1936-37).

（44） Great Britain, Public Record Office, *Calendar of State Papers, Domestic Series*, July 7, 1610.

（45） Edward Coke, *The Second Part of the Institutes of the Laws of England* (1642), (London, 1809), p.47.

（46） *Ibid*., p.51. また *Fourth Part*, p.41 と比較せよ。

（47） 以下を参照。Sir William Clarke, *The Clarke Papers*, ed. C.H. Firth (London: Camden Society, 1891-1901); G.P. Gooch, *English Democratic Ideas in the Seventeenth Century* (Cambridge: Cambridge University Press, 1893); T.C. Pease, *The Leveller Movement* (Washington, D.C., 1916); *Tracts on Liberty in the Puritan Revolution*, 1638-1647, ed. W. Haller (New York: Columbia University Press, 1934); A.S.P. Woodhouse (ed.), *Puritanism and Liberty* (London, 1938); *The Leveller Tracts*, ed. W. Haller and G. Davies (New York, 1944); D.M. Wolfe, *Leveller Manifestoes* (New York and London, 1944); W. Haller, *Liberty and Reformation in the Puritan Revolution* (New York: Columbia University Press, 1955); P. Zagorin, *A History of Political Thought in the English Revolution* (London, 1954).

(48)　F.W. Maitland, *The Constitutional History of England* (Cambridge: Cambridge University Press, 1909)〔小山貞夫訳『イングランド憲法史』創文社〕p.263.

(49)　C.H. McIlwain, "The Tenure of English Judges," in his *Constitutionalism and the Changing World* (Cambridge: Cambridge University Press, 1939)〔森岡敬一郎訳『立憲主義――その成立過程』慶応通信〕p.300 参照。

(50)　Gough, *op. cit.*, pp.76ff. および p.159 を見よ。

(51)　これは Army Debates の記録された部分における主要な論点のひとつである（Woodhouse, *op. cit.*, p.336, p.345, p.352, p.355, p.472 を見よ)。

(52)　この繰り返し出てくる文言は明らかに、エドワード・コークの前掲書からきている。その p.292 には次のようにある。"Nova constitutio futuris formam imponere debet, non præteritis."

(53)　Woodhouse, *op. cit.*, pp.154ff. および pp.353ff 参照。

(54)　[Samuel Rutherford], *Lex, Rex: The Law and the Prince*, etc. (London, 1644).　引用文はウッドハウスの上掲書 pp.199-212 にある。その表題の文句は古代ギリシャ語の「法は王」(nómos basileùs) までさかのぼる。法対恣意の問題は議会党員たちによってのみ使われたのでなく、またしばしば王党員の議論の中にもでてくる。そしてチャールズ一世も、*Specch Made upon the Scaffold* (London, 1649) の中で次のように主張することができた。「かれらの自由と解放の要求は、生命と財が大部分自分自身のものであるようにする法を統治の中にもつことからなっていて、統治の中に占有権をもつための主張ではない。」

（55）　S.R. Gardiner, *The Constitutional Documents of the Puritan Revolution, 1625-1660* (3d ed.; Oxford, 1906). その実にもっともよい簡単な説明は次の中に見出される。F.D. Wormuth, *The Origins of Modern Constitutionalism* (New York, 1949). また、以下参照。W. Rothschild, *Der Gedanke der geschriebenen Verfassung in der englischen Revolution* (Tübingen, 1903); M.A. Judson, *The Crisis of the Constitution* (New Brunswick, N.J.: Rutgers University Press, 1949). また上の注（50）に引用されている J.W. Gough の著作。また Oliver Cromwell, *Letters and Speeches*, ed. T. Carlyle (2d ed.; London, 1846), III, p.67. そこには「すべての統治にはマグナ・カルタのような何か基本的なもの、すなわち永久的で不変的なものがなくてはならない」と述べられている。

（56）　権力分立の考えは一六四五年に、ジョン・リルバーンのパンフレットの中ではじめて現われたように思う。そしてその後しばしば現われるようになった。たとえばジョン・ミルトンの *Eikonoklastes* (1649) (*Prose Works*, ed. Bohn [London, 1884], I, p.363]) に次のようにある。「すべての賢明な国家においては、立法権力とその権力の司法的遂行は通常ほとんどの場合、別個のものでありいくつかのものの支配におかれていた、しかしまだ前者が至上で後者が従属の関係にある。」またジョン・サドラーの *Rights of the Kingdom* (1649) の中にも見られる。それはワームスの前掲書 p.61 に引用されている。「立法権、司法権と行政権が、自然法によって別々の領域に分けられるべきであるということについては多く議論されてよいかもしれない。」この考えを十分精緻化したのが G. Lawson, *An Examination of the Political Part of Mr. Hobbes, His Leviathan* (London, 1657) (A.H. Maclean, "George Lawson and John Locke," *Cambridge Historical Journal*, vol. IX [1947] を参照）である。それ以外の文献はワームスの前掲書 pp.59-72、その後の展開については、pp.191-206 を参照。

（57）　Wormuth, *op. cit.*, p.71.

（58）　*Ibid.*, p.72.

（59）　より完全な説明のために主として考慮しなくてはならないであろう主要な二人の著作者は、アルジャーノン・シドニーとギルバート・バーネットである。シドニーの *Discourses concerning Government*（初版一六九八年）におけるわれわれに関係のある主要な点は以下の四点である。「自由はただ、他人の意志に依存しないことからなる。」そしてその考えは、「人間の支配よりも法の支配がまさっている」(potentiora erant legum quam hominum imperia)という法諺と結びついている(chap. i, sec. V, *Works of Algernon Sydney* [London, 1772], p.10)。「公共善を目的とする法は、人間を差別しない」(*ibid*., p.150)。「国民は恣意ではなく規則によって支配されるであろうから」(*ibid*, p.338)法が作られるのである。法は「永続性を目ざすものでなければならない」(*ibid*., p.492)。ギルバート・バーネットの尨大な著作の中で特に参照されたいのは匿名で発刊された *Enquiry into the Measures of Submission to the Supreme Authority* etc.(1688)である。それは *Harleian Miscellany* (London, 1808), I の再版から引用されている。特にその p.442 には次のようにある。「自由の主張はもしそれがいかなる特定の議論によっても放棄されたり、あるいは制限されたりしないならばいつも有効性を実証する。……この市民社会を管理するにはその行動を規制するために法律を制定する権力とそうした法を実施する権力、との間に大きな区別がなされねばならない。最高権威は立法権が与えられている人びとに委ねられるべきだとまだ仮定されねばならない。しかし行政権のみをもつ人びとには委ねられてはならない。行政権は立法権が分離されて明らかに信頼されるのである。」また p.447 には次のようにある。「権力の手段、したがって遵守の手段は国家あるいは人びとの集団の明示された法律、また彼らが誓う宣誓から取らねばならない。昔からの掟や長い間の所有――両者とも資格を与えるもので――によって、また時間の長い経過の中で悪いものは良くなる。掟も一人の記憶を通り、他の競争相手から議論を挑まれないとき、すべての人びとの共通の合意によって、正当なそして善い資格が与えられるからである。だからその全問題についていえば、すべての市民的権威の程度は明示された法律、昔からの慣習、あるいは臣民が国王に誓った特定の宣誓のいずれかからこなければならない。このことを一つの原則として定立すべきであるならば、権力と自由との間のすべての議論においては権力は常に証明されねばならないが、自由は自らを証明していくのである。権力は実定法によって基礎づけられるが、自由は自然法によって基礎づけられる。」また p.446 には、「われわれの全ての法の主要な設計、また政体のすべての個々の規則は、自由を保障し維持させるためのものである。」たとえば、G・ミージュ(本章注2参照)のような現代の大陸におけるイギリス的自由の発見者が、彼の著作の中で主として言及しているのはここの文章であった。ミージュは次のように論じた。「世界のいかなる臣民も、イギリスの国民ほど、多くの基本的なそして継承可能な自由を享受したことはなかった。」また、「イギリスの国家は、それゆえもっとも幸福であり、すべてのヨーロッパの臣民の国家よりも望ましい」(*op. cit*., pp.512-13)。

(60)『市民政府論』が、一六八八年革命以前に起草されたものであることが現在明らかになっているが、にもかかわらず、このことはまだこういってもよいかもしれない。

(61) J.W. Gough, *John Locke's Political Philosophy* (Oxford, 1950)〔宮下輝雄訳『ジョン・ロックの政治哲学』人間の科学社〕参照。ここで議論されている論点についてのロックの扱い方は当時の法律家たちによって長い間表現されていた考えを単に要約したものだが、しかしそれでもなお研究に値する。この関係で特に重要なのは、サー・マシュー・ヘイルである。彼はホッブズへの手書きの返書——だいたい一六七三年ごろ書かれたもので、ロックも知っていたはずである（クランストンの上掲書、p.152 に引用されている、ロック宛のオーブレイの手紙を参照）——の中で、次のように論じている。「特定の人による特定の場合への理性の適用におけるあの不確実性を避けることが、また、人びとがどんな規則や手段によって生活し、所有しているかを理解し、特定の人間の未知で恣意的で不確実な理性の下にいないようにすることが、世界の賢明な人びとがいかなる時代においてもある一定の法律や規則そして共通の正義の管理方法に同意し、そしてそれらを十分考えうる詳細で確実なものとみなしてきた主な理由であった」(“Sir Mathew Hale's Criticisms on Hobbes's Dialogue of the Common Laws” このことは W.S. Holdsworth, *A History of English Law* [London, 1924], V, p.503 に付録として再録されている)。

(62) J. Locke, *The Second Treatise of Civil Government*, ed. J.W. Gough (Oxford, 1946)〔鵜飼信成訳『市民政府論』岩波文庫〕sec.22, p.13.

(63) *Ibid*., sec.127, p.63.

(64) *Ibid*., sec.131, p.64.

(65) *Ibid*., sec.137, p.69.

(66)　*Ibid*., sec.136, p.68.

(67)　*Ibid*., sec.151, p.75.

(68)　以下を参照。J.N. Figgis, *The Divine Rights of Kings*, p.242; W.S. Holdsworth, *Some Lessons from Our Legal History* (New York, 1928), p.134; C.E. Vaughan, *Studies in the History of Political Philosophy before and after Rousseau* (Manchester: Manchester University Press, 1939), I, p.134.

(69)　Locke, *Second Treatise*〔前掲邦訳『市民政府論』〕, chap. xiii. 注56と比較せよ。

(70)　*Ibid*., sec. 159, p.80.

(71)　*Ibid*., sec. 22, p.107.

(72)　G.M. Trevelyan, *English Social History* (London, 1942)〔藤原浩他訳『イギリス社会史』みすず書房〕p.245 & pp.350ff. とくに p.351 には次のようにある。「初期ハノーヴァー朝の特別の功績は、法の支配の確立であった。そしてその法は、全く大きな欠点があるにもかかわらず、自由の法であった。そのしっかりした基礎の上に、われわれの今後の改革のすべては建設されたのである。」

(73)　この事件の重要性についてはとくに、W.S. Holdsworth, *A History of English Law*, X (London, 1938) 参照。とりわけ同著 p.647 には次のようにある。「裁判所の独立が与えたすべての影響の結果として、法の支配あるいは法の優越性という教義が、その近代的な形で確立されそしておそらくイギリス憲法のすべての特徴の中でもっとも独特で、また明らかにもっとも有益なものとなった。」

(74)　その影響は一九世紀にそのエピソードに与えられた劇的な説明によって生き返った。それは T.B. Macaulay, *History of England*〔中村経一訳『英国史』(抄訳) 旺世社〕chap. XXII ("Everyman" ed., IV, pp.272-92) に見られる。

(75)　Daniel Defoe, *The History of the Kentish Petition* (London, 1701) また、同年に出た同著者のいわゆる *Legion's Memorial* 参照。後者は最後に次のように主張している。「イギリス人は、国王に対してと同じように、議会に対しても奴隷であるべきでない」(*The Works of Daniel Defoe* [London, 1843], III, p.5)。これに関しては C.H. McIlwain, *Con-*

stitutionalism: Ancient and Modern (Ithaca, N.Y.: Cornell University Press, 1947)〔前掲邦訳『立憲主義』〕, p.150を見よ。

(76)　たとえば、Sir Alfred Denning, *Freedom under the Law* (London, 1949)〔山田幸男訳『法と自由』有斐閣〕参照。そこで彼は大陸の学説 "Nullum crimen, nulla poena sine lege" について次のように述べている。「しかしながら、この国においては、コモン・ローは、そのようには自らを制限してこなかった。それは法典の中ではなく、裁判官の胸の中に含まれている。裁判官はこれから起こってくる新しい情況に対処するために必要な原則を表明し、そして発展させるのだ。」また、S. Glaser, "Nullum crimen sine lege," *Journal of Comparative Legislation and International Law*, 3d ser., Vol. XXIV (1942) 参照。上に引用したような表現でのそのラテン語の格言は、一八世紀末からしか出てこない（以下の第十三章、注22を参照）が、一八世紀のイギリスでは同じような表現、「法がなければ違反がない（Ubi non est lex ibi non est transgressio）」はよく使われていた。

(77)　*The Works of Samuel Johnson* (London, 1787), XIII, p.22. そこでは一七四〇年一一月二六日の下院での穀物法論争におけるキャンベル議員の演説を報告している。また E.L. McAdam, *Dr. Johnson and the English Law* (Syracuse, N.Y.: Syracuse University Press, 1951), p.17参照。

(78)　このようにキャムデン卿の見解がしばしば引用される。わたくしが見出した同意見を彼が内容をもたせて表現している唯一の言明は、「エンテック対キャリントン事件（*Entick* v. *Carrington*, 1765）」に出ている（T.B. Howell's *State Trials*, XIX, 1073）。すなわち「国家の必要性、あるいは国家の罪と他のものとの間に向けられている区別についての議論に関して、コモン・ローは、そうした種類の推測を理解していないし、われわれの書物も、そうした区別に注意を向けていない。」

(79)　最終的にこの結合をトーリーの教義として受け入れることに決定したのは、たぶん、Henry Saint-John Bolingbroke, *A Dissertation upon Parties* (1734) であって、その著作は「憲法による統治」と「意志による統治」の対照が受け入れられている（Letter X [5th ed.; London, 1739], p.111）。

(80) W.S. Holdsworth, *A History of English Law*, X, p.713 参照。「もし一九世紀の法律家や政治家や政治哲学者たちが、自分の考えではイギリス憲法のもっとも顕著な特徴はなにであるかと問われれば、彼はそのもっとも顕著な特徴はさまざまな統治機関への権力の分割であると答えるであろう。」しかしモンテスキューが大陸においてその考えを通俗化させたときでさえ、イギリスにおいてそれが事実としてそういえるのもかなりかぎられていた。

(81) 後に本文に引用されている文章に加えて、特にD・ヒュームの以下の文章参照。*Essays*, I, "Of the Origin of Government," p.117; "Of Civil Liberty," p.161, またとりわけ、"Of the Rise and Progress of the Arts and Sciences," p.178. この最後の文章の中でヒュームは次のように議論している。「すべての一般的法は特定の事件に適用されるとき、不都合を伴う。それは多くの洞察と経験を要請する。それはこうした不都合が、すべての支配者による完全な自由裁量権によってもたらされるものよりは小さいということを認識するために、また一般的法が全体としていえば、最小の不都合しか伴わないということを知るためにである。これは非常に難しいことであるから、人びとが試行的なまた注意深い観察によってのみ改善を方向づけることのできる国内法におけるいかなる大なる精練に達する前に、人々は作詩と修辞という崇高な芸術においてさえ、天賦の才と想像力がその発達を助けるので進歩するのである。」また、同著者の *Enquiry concerning the Principles of Morals*, *Essays* II, pp.179-96, p.256, pp.272-78 参照。ヒュームはしばしばトーリー党員だといわれているが、彼自身が次のようにいっているのは注目に値する。「わたくしの物の見方は、ホイッグ党の原則により類似しており、わたくしの人間観はトーリー党の先入観により類似している」(この文章は、E.C. Mossner, *Life of David Hume* [London, 1954], p.311 に引用されている。また *Ibid*., p.179 参照。そこではヒュームは「教条的色彩はないが『革命的ホイッグ党員』」と記されている)。

(82) F.Meinecke, *Die Entstehung des Historismus* (Berlin, 1936)〔菊盛英夫他訳『歴史主義の成立』筑摩書房〕I. p.234.

(83) D. Hume, *History of England*, V (London, 1762), p.280.

(84) アダム・スミスが権力の分割を受け入れ、そしてその正当化を当然のこととしたことについては、*W.o.N.*〔前掲邦訳『国富論』〕Book V, chap. i, Part II (II, pp.213-14) 参照。これらの問題に対するこれより前の付随的な言及の中で (*ibid*.,

p.201)、スミスは手短かに次のように説明している。イギリスにおいては「公共の安全からいって、主権者に自由裁量権が委ねられることが要求されない」、それは「もっとも粗暴で、もっとも根拠のない、そしてもっとも常識はずれの抗議」を抑圧するためにすらである。というのは、彼は「規律正しい常備軍によって安全を保障されている」からである。しかし、そのようなスミスの言及がもっとも鋭敏な外国のイギリス憲法研究家によるこのユニークな情況についての重要な議論に機会を与えたのであった。すなわち、Ｊ・Ｓ・ド・ロルム（J.S. de Lolme）は彼の *Constitution of England* (1784) (new ed., London, 1800), pp.436-41 の中で次のように述べている。イギリスにおいてすべての個々人の行動はそれを別の違ったものにする法が指摘されるまでは合法だと仮定されているが、これはイギリス政治におけるもっとも特有の環境であり、真の自由はその枠組の結果だということに対して与えうるもっとも明白な証拠である」とロルムはいう。さらに彼は次のようにもいう。「あの法の原則あるいは教義の基礎、それが政府権力の行使を、現在の法によって明示されているケースにのみ限定する」のであり、それはマグナ・カルタまでさかのぼるもので、星室庁裁判所の廃止によってのみ実効をもつようになったが、その結果「われわれが言う政府当局やその行使に対する非常に厳しい制限は物ごとに固有のまた政体の強さが耐えうる以上のものでなくなるのは、その事件によって現われたのである。」（この文章が、本文に引用されているヒュームの説明によって、いかに明らかに影響を受けているか、このことに注意されたい。）

この時代から多くの類似の言明を引用することはできるが、以下の二つのとくに特徴をもつ言明で十分であろう。一つは John Wilkes, *The North Briton*, Vol. LXIV (September 3, 1768, これは C.K. Allen, *Law and Orders* [London, 1945] p.5 に引用されている）である。「自由な政治においては、これらの三つの権力はかつて分割されてきたし、少なくともされるべきであった。なぜならばこれらの三つの権力、あるいはその中の二つの権力が同一人間に結合されるならば国民の自由は破壊されるであろう。たとえば、もし立法権と行政権が同じ支配者あるいは支配者からなる同じ機関に結合されるならば、自由のようなものはありえないであろう。同じ君主や議員が専制的な法律を制定し、専制的なやり方でそれを行使せぬかと恐れると同じように。また司法権が行政権あるいは立法権と一体になっても、自由のようなものがありえないのも明らかである。前者の場合には、臣民の生命と自由はもっとも急迫した危険に必然的に晒されることになろう。なぜならその場合には、同一人物が裁判官と同時に立法者になるからである。後者の場合には、臣民の状態は少なからずみじめなものとなろう。なぜならまさに同じ人間が残酷な判決をいいわたすかもしれないからだ。おそらくそれをまだはるかに大なる残酷さでもって行使するためにである。」

第二の言明は、*Letters of Junius* (1772), Letter 47, dated May 25, 1771, ed. C.W. Everett (London, 1927), p.208 にある。「イギリスの統治は法による統治である。われわれが臣民の生命、自由あるいは財産に対する自由裁量権をそれは濫用されないだろうという仮定に基づいているとはいえ、人間あるいは人間集団に委ねるときはいつでも、われわれ自らを欺き、法の精神を否認することになり、そしてイギリス法の全体系を揺り倒すことになる。」

(85) Sir William Blackstone, *Commentaries on the Laws of England* (London, 1765)〔石川彝訳『大英律』（抄訳）勝島万助刊（一八八六―八八年）〕I, p.269.「公的な自由の一つの主要な予防法は実際任命されるが、しかし勝手に解任されない人びとからなる特定の機関に、司法権が別に独自に存在することからなる。もし公的正義の管理が立法権と行政権の双方からある程度分立していないならば、公的な自由はいかなる国においても長く存続しえない。もし司法権が立法権と結びつくならば、臣民の生命、自由、それに財産は恣意的な裁判官の手中に左右されることになろう。恣意的な裁判官の判決は、彼ら自身の意見によって規制されるのみで、法の基本的原則によっては規制されない。立法者はその原則から離れるかもしれないが、裁判官はまだそれを遵守しなければならないのだ」

(86) *Ibid.*, p.44.

(87) 特に Edmund Burke, *Speech on the Motion Made in the House of Commons, the 7th of February*, 1771, *Relative to the Middlesex Elections*, in *Works*, *passim*.

(88) E. Barker, *Traditions of Civility* (Cambridge: Cambridge University Press, 1948), p.216. また、A・V・ダイシーのペイリーに対する称賛についての興味深い説明、*ibid.*, p.245, p.248 に注意。

(89) W. Paley, *The Principles of Moral and Political Philosophy* (1785) (London, 1824), pp.348ff.

（90）マコーレーが過去の立憲上の争いの成果を、再びすべての教養あるイギリス人のその生きた所有物にした功績については今ではほとんど忘れられている。しかし、*Times Literary Supplement*, January 16, 1953, p.40 を見よ。「マコーレーは、リヴィがローマ史のためになしたことをわれわれの歴史におこなった。しかもよりうまく。」また次のようなアクトン卿の指摘にも注意されたし（Lord Acton, *Hist. Essays*, p.482）。すなわち、マコーレーは「自由主義の信条の普及のために、世界のいかなる著作家よりも多くのものをなした。彼は当時［一八五六］のもっとも偉大なイギリス人であるばかりでなく、もっとも代表的なイギリス人であった。」

（91）いくつかの点では、ベンサム主義者たちですら彼らが強力に破壊しようとした旧い伝統に頼り、それを改善することしかしえなかった。このことは真の一般的「法」と「その時々のあるいは特定の命令」との間を鋭く区別しようとしたジョン・オースティンの努力にも確かにあてはまる（*Lectures on Jurisprudence* [5th ed.: London, 1885], I, p.92 参照）。

（92）Richard Price, *Two Tracts on Civil Liberty* etc. (London, 1778), p.7.

（93）Richard Price, *Observations on the Importance of the American Revolution, ... to Which Is Added a Letter from M. Turgot* (dated March 22, 1778) (London, 1785), p.111.

（94）W.S. Holdsworth, *A History of English Law*, X, p.23.

第一二章　アメリカの貢献＝立憲制

本章冒頭の引用文は、Lord Acton, *Hist. of Freedom*, p.55 から取った。

（1）E. Mims, Jr., *The Majority of the People* (New York, 1941), p.71.

（2）E. Burke, "Speech on Conciliation with America" (1775), in *Works*〔中野好之訳「植民地との和解決議の提案に関する演説」エドマンド・バーク全集1巻、みすず書房〕III, p.49. アメリカ独立革命にたいしてイギリス人の理念が圧倒的な影響力を発揮したことについては、現代のアメリカの歴史家よりもヨーロッパの学者の方がはるかに強い印象をもっているようにさえ思える。とくに、次を参照せよ。O. Vossler, *Die Amerikanischen Revolutionsideale in ihrem*

Verhältnis zu den europäischen (Beiheft 17 to the *Historische Zeitschrift*) (Munich, 1929). しかしまた次を見よ。C.H. McIlwain, *The American Revolution* (New York, 1923) 特に pp.156-60 と pp.183-91.

（3）たとえば一七六九年のバーナード知事に対するマサチューセッツ議会の回答（A.C. McLaughlin, *A Constitutional History of the United States* [New York, 1935], p.67 に引用されている。出典 *Massachusetts State Papers*, pp.172-73）を参照。そこで、次のような議論がされている。「イギリス憲法に由来する諸権利を保護することにおいて、また閣下が本質的なものでないと認めようとも、われわれがイギリス憲法の防波堤だと尊重する諸点を力説することにおいてほど、時間が有効に使われることはない。他のあらゆる楽しみに一つの味わいを添えるあの古くて真正なイギリスの自由を獲得することにおいてほど、宝が最善に費されることはない。」

（4）以下参照。[Arthur Lee], *The Political Detection ..., Letters signed Junius Americanus* (London, 1770), p.73.「原則上は、この論争はわが国の人民とチャールズ一世との間で前世紀おこなわれた論争と本質的には同じである……。王と下院は名義的には異なるかも知れぬが、無制限の権力は一人におけるよりも多数においてより際限なく恐れられるという点を除いては両者を実際には同じものにする。」また、E. Burke, *An Appeal from the New to the Old Whigs* (1791), in *Works*, VI, p.123〔中野好之訳「新ウィッグから旧ウィッグへの手紙」『バーク政治経済論集』法政大学出版局〕. ここでバークは独立革命当時のアメリカ人が「一六八八年にイギリスが王ジェームズ二世に対したのと同じ関係でイギリスに」対していたことを述べている。その問題全体についてはG.H. Guttridge, *English Whiggism and the American Revolution* (Berkeley: University of California Press, 1942) を参照。

（5）Lord Acton, *Lectures on Modern History* (London, 1906), p.218.

（6）C.Rossiter, *Seedtime of the Republic* (New York, 1953), p.360 を参照。そこで彼は一七六六年五月一九日付の *Newport Mercury* から、「マサチューセッツ州ブリストル郡での自由の子」の乾杯を引用している。「特にわれわれの乾杯――はマグナ・カルタ、イギリス憲法に対してであり――ピットと自由よ永遠に。」

（7）Acton, *Hist. of Freedom*, p.578.

（8）　こうした考えの影響について簡明に要約したものが、R.A. Humphreys, "The Rule of Law and the American Revolution," *Law Quarterly Review*, Vol. LIII (1937) である。また以下を参照。J. Walter Jones, "Acquired and Guaranteed Rights," in *Cambridge Legal Essays* (Cambridge: Cambridge University Press, 1926); C.F. Mullett, *Fundamental Law and the American Revolution*, 1760-1776 (Columbia University thesis; New York, 1933); A.M. Baldwin, *The New England Clergy and the American Revolution* (Durham, N.C.: Duke University Press, 1928). またアクトン卿が *Hist. of Freedom*, p.56 で次のような見解を示しているのを参照せよ。アメリカ人は「より多くのことをした。というのはすべての市民的権威を人民の意志に従属させ、彼らはイギリスの立法府が耐えられないような制限を人民の意志にまきつけたからである。」

（9）　「固定憲法（fixed constitution）」という表現はジェームズ・オティス（James Otis）とサミュエル・アダムズ（Samuel Adams）によって絶えず使われているが、これは E. de Vattel, *Law of Nations* (London, 1797), Book I, chap. 3, sec. 34 から出典していることは明らかである。文書の中でこの概念が論じられたことを示しているのが、"Massachusetts Circular Letter of February 11, 1768" (W. MacDonald, *Documentary Source Book of American History* [New York, 1929], pp.146-50 に引用されている）であり、その最も重要な一節は次のようになっている。「イギリス下院は自分たちの感情を内閣に対しへりくだって次のように表現している。閣下の上院は全帝国を支配する立法府である。自由な諸国ではすべて憲法は固定されている。最高の立法府はその権力と権威を憲法に依っているので自らの根拠を台無しにすることなしに、その境界を飛び越すことはできない。憲法は主権と忠誠の双方を確約するとともに制限するので、閣下の臣民たるアメリカ人は自らが忠誠という絆によって拘束されていることを認めているので、イギリス憲法の基本的規則の十分な享受を公平に要求する権利をもっている。本質的にそのことは基本法としてそして領土内の臣民によって神聖であり、改正は不可能だとされ続けられてきたイギリス憲法に植えつけられた基本的かつ不変の権利である。人間が正直に獲得したものは絶対的に自己自身のものであり、それを自由に他人に与えることはできるが、その人間の同意なしには奪いとることのできないものである。だからアメリカの臣民は特権についての考慮はすべて排除し、自由な人間であり臣民であるという特質に照して、それ相応の決意でこの自然で立憲的な権利を主張するものである。」

(10) 最も一般的に使われる言い方は、「制限憲法（limited constitution）」で、この形態の中に、政府権力を制限する憲法という考えが集約されていた。特に *Federalist* No. LXXVIII, ed. M. Beloff (Oxford, 1948)〔斉藤敏訳『フェデラリスト』理想社〕p.397 を参照。そこでアレグザンダー・ハミルトンは次のような定義をおこなっている。「制限憲法ということで、私は立法権にある特定の例外を認めるような憲法を考える。その例外とは、たとえば私権喪失法案とか、遡及効力の法などを立法化しないことである。この種の制限は裁判所が仲介に入るだけでも実際には保持できる。ここで裁判所の義務は憲法の明白な趣旨に反する法律はすべて無効だと宣言することでなければならない。これがなければ、特定の権利や特権の制限がすべて無に帰してしまう。」

(11) 次を参照。J. Walter Jones, *op. cit.*, pp.229f.「よってイギリス本国との論争のときまでには、植民地住民はイギリスの法思想の一般的傾向にはいくぶんなりとも馴染みの薄い二つの考えに精通していた。人間の権利という主義と、成文憲法によって立法権を制限することの可能性、または必要性（当時、住民は議会と争っている最中だったから）、という二つの考えがそれである。」

以下のすべての議論については、C・H・マッキルウェインとE・S・コーウィンの二人のアメリカ人の著者に負うところが大きい。細かな引用を多くする代わりに、彼らの主な著作を以下に挙げる。

C.H. McIlwain, *The High Court of Parliament and Its Supremacy* (New Haven: Yale University Press, 1910); *The American Revolution* (New York, 1923); “The English Common Law Barrier against Absolutism,” *American Historical Review*, Vol. XLIX (1943-44); *Constitutionalism and the Changing World* (Cambridge: Cambridge University Press, 1939); *Constitutionalism, Ancient and Modern* (rev. ed.; Ithaca, N.Y.: Cornell University Press, 1947)〔森岡敬一郎訳『立憲主義―その成立過程』慶応通信〕.

E.S. Corwin, *The Doctrine of Judicial Review* (Princeton: Princeton University Press, 1914); *The Constitution and*

What It Means Today (Princeton: Princeton University Press [1920]; 11th ed., 1954)〔京都大学憲法研究会編『アメリカ合衆国憲法―憲法とその現代的意味』有信堂〕; "The Progress of Constitutional Theory between the Declaration of Independence and the Meeting of the Philadelphia Convention," *American Historical Review*, Vol. XXX (1924-25); "Judicial Review in Action," *University of Pennsylvania Law Review*, Vol. LXXIV (1925-26); "The 'Higher Law' Background of American Constitutional Law," *Harvard Law Review*, Vol. XLII (1929) (reprinted in the "Great Seal Books" [Ithaca, N.Y.: Cornell University Press, 1955]; *Liberty against Government* (Baton Rouge: Louisiana State University Press, 1948); さらに、彼が編纂をした *The Constitution of the United States of America: Analysis and Interpretation* (Washington: Government Printing Office, 1953). 前述の論文数本と以下引用される論文は *Selected Essays on Constitutional Law*, ed. by a Committee of the Association of American Law Schools, Vol. 1 (Chicago, 1938) に収められていて便利である。

(12) Humphreys, *op. cit.*, p.90:「自由の真の定義は、恣意的な規則からの自由である。」

(13) 憲法制定過程での代議制議会全体の権力の派生的性格については、とくに、マクローリンの前掲書 p.109 を参照。

(14) 第四章第八節、第七章第六節参照。またこの主題全体については、D. Hume, *Treatise* (II, pp.300-304)〔前掲邦訳『人性論』〕参照。

(15) ジョン・リルバーンの一六四九年の *Legal Fundamental Liberties*（部分的には *Puritanism and Liberty*, ed. A.S.P. Woodhouse [Chicago: University of Chicago Press, 1951], p.344）を参照。そこでは憲法制定会議と呼ばれるものを推進するにあたり、次のような明確な規定をおこなった。「こうした人びとは立法権を行使するのではなく、正当な政府の基礎を確立することのみをすべきである。そしてそれをあらゆる地方の見識ある人々に提示し合意をえるようにすべきだ。この合意は法律以上のものになるべきである。したがって、人民の代表である立法府議員の範囲、制約それに程度は合意の中で取り決められているが、正式な約定として形を整え共通の署名が得られるようにす〔べきであ〕る。」これらの関連で重要なのは、一七七六年一〇月二一日のマサチューセッツのコンコードでのタウン・ミーティングでの決議である（S.E. Morison, *Sources and Documents Illustrating the American Revolution*〔Oxford: Oxford University Press, 1923〕, p.177 に再録）。それは、立法府は憲法を制定するのに最適の機関ではないと宣言した。「第一に憲法はその本来の考えからして、統治当局の侵害に対して、臣民の権利と特権の所有と享受を保障するために、一つの体系としての原則を確立することを意図している、とわれわれは認識しているからである。第二に憲法を制定する機関は結果として、憲法を改正する権限をもっているからである。第三に高等立法府によって改正可能な憲法は統治当局による権利や特権の一部または全体の侵害に対して臣民に何の保障にもならないからである。」アメリカ憲法の創始者たちを全員一致で、古代ギリシャに存在していたような直接民主主義を排除するようにしむけたのはもちろんその技術的実行可能性がないことよりも、最高権力が細かなことに関係するようになることから防ごうとする願望が主であった。

(16) D. Hume, *Treatise*〔前掲邦訳『人性論』〕II, p.300. また、*ibid.*, p.303 参照。

(17) 本書第一一章、とくに注4、注6参照。

(18) 合法性については、G. Ferrero, *The Principles of Power* (London, 1942)〔伊手健一訳『権力論』竹内書店〕参照。

(19) これはジャン・ボーダンによって導入されたような最初の主権概念にはあてはまらない。C.H. McIlwain, *Constitutionalism and the Changing World*, chap. ii 参照。

(20) D・ヒュームやF・ヴィーザー（F. Wieser）に至る一連の理論家たちによって強調されてきたようにである。ヴィーザーは *Das Gesetz der Macht* (Vienna, 1926) の中でこの考えを十分精緻化している。

(21) Roscoe Pound, *The Development of Constitutional Guarantees of Liberty* (New Haven: Yale University Press, 1957)〔恒藤武二他訳『自由権の歴史』ミネルヴァ書房〕参照。権利の章典の起源についてドイツの重要な文献がいくつかある。そのうち、次のようなものをここに挙げておくことにしよう。G. Jellinek, *Die Erklärung der Menschen- und Bürgerrechte* (3d. ed.: Munich, 1919), ed. W. Jellinek〔初宿正典編訳『人権宣言論争』みすず書房〕（この中には一九八五年にこの著作の初版が出てからのさまざまな議論についてのサーベイが収められている）; J. Hashagen, "Zur Entstehungsgeschichte der nordamerikanischen Erklärungen der Menschenrechte," *Zeitschrift für die gesamte*

Staatswissenschaft, Vol. LXXVIII (1924); G.A. Salander, *Vom Werden der Menschenrechte* (Leipzig, 1926); and O. Vossler, "Studien zur Erklärung der Menschenrechte," *Historische Zeitschrift*, Vol. CXLII (1930).

(22) W.C. Webster, "A Comparative Study of the State Constitutions of the American Revolution," *Annals of the American Academy of Political and Social Science*, IX (1897), p.415.

(23) *Ibid.*, p.418.

(24) マサチューセッツ憲法（一七八〇年）第一部第三十条。この条項はジョン・アダムズよる原案には現われていないが全くアダムズの思想の精神に沿っている。

(25) この関係の議論については、右の注21に挙がっている著作を参照。

(26) Webster, *op. cit.*, p.386参照。「これらの文章はそれぞれ、どんな人でも法律や同輩たちの判断による以外では自らの自由を奪わるべきではない、と宣言した。また、すべての人は起訴されたときには自分に対して向けられた告発の写しをえる資格ばかりでなく、弁護士や証拠を手に入れる権利をもつべきであり、どんな人でも自分に不利な証拠を提出するよう強要されるべきではない、と宣言した。それらはすべて陪審員による裁判の権利を注意深く保護し、出版や自由な選挙を保障し、一般逮捕状や平和時の常備軍を禁止し、貴族の称号や世襲叙勲や独占的特権を禁止した。ヴァージニアのメリーランドの憲法を除いたすべての憲法は集会、請願、代議士による教育の権利を保障した。ペンシルヴェニアとヴァーモントの憲法を除いたあらゆる憲法は過度の保釈金の要求、過度の罰金の賦課、異常な刑罰の行使、立法府以外の他の権力による法の執行停止、代表のいないところでの課税を禁止した。」

(27) ノースカロナイナ憲法第二三条。メリーランド憲法「権利の宣言」第四一条参照。「独占は憎むべきものであり、自由な政府の精神や通商の原則に反するものであり、それによって苦しめられるべきではない。」

(28) 特にマサチューセッツ憲法第一部「権利の宣言」第三〇条参照。「この邦の政治においては、立法府は行政府と司法府の権限の両方、または一方を行使してはならない。行政府は立法府と司法府の権限の両方、または一方を行使してはならない。……最後まで法による統治であり、人間による統治であってはならない。」

（29）　マサチューセッツ憲法第二四条。

（30）　ジョージ・メイソン（George Mason）による一七七六年五月のヴァージニア権利宣言の原案の中に、この語句ははじめてあらわれる（K.M. Rowland, *The Life of George Mason* [New York, 1892], pp.435ff.）、そしてその宣言の第十五項として採用された。ニューハンプシャー憲法第三八条、ヴァージニア憲法第一八条も参照。（一七八七年時点では、施行されている邦憲法集も存在していなかったように思われるので *The Constitutions of All the United States* [Lexington, Ky., 1817] を利用している。これは草案が印刷されたすべてにわたって示しているわけではない。その結果、この注やその前のいくつかの注で出ている参照資料のあるものは、連邦憲法以降の修正条項に言及していることになる。）この条項の起源については、G・ストーズ（G. Stourzh）の近刊 *The Pursuit of Greatness* を参照。

（31）　Webster, *op. cit.*, p.398.

（32）　*Federalist*, No. XLVIII の最後のJ・マディソンの考えを参照。「いくつかの政府の憲法上の制限についての文書上の単なる境界設定は政府のあらゆる権力を同じ手中に専制的に集中させてしまう侵害に対しては十分な防御ではない。」

（33）　ジョン・ジェイは（M. Oakeshott, "Rationalism in Politics," *Cambridge Journal*, I [1947].〔嶋津格他訳『政治における合理主義』所収　勁草書房〕p.151 に）一七七七年に次のように述べたと引用されている。「アメリカ人は彼らが住むときの基礎になる政府の形態について議論し選択するという恩恵を天が最初に与えた人民である。他の憲法はすべて暴力か偶然の巡り合わせから生まれている。よってそれらは完全さからはほど遠いことであろう。」しかし、ジョン・ディキンソンのフィラデルフィア会議での熱烈な言明と比較せよ（M. Farrand [ed.], *The Records of the Federal Convention of 1787* [rev. ed.: New Haven: Yale University Press, 1937], II, p.278 所収、八月一三日付）。「経験がわれわれの唯一の指針でなければならない。理性はわれわれを導き誤るかもしれない。イギリス憲法という類まれな素晴しい仕組を発明したのは理性ではない。あの奇妙で理性によって統治される人びとの目からするとバカげた陪審員による裁判の形態を発見したのは理性ではない。偶然がこうした発見をもたらしたのであろう。そして経験はその発見に一つの承認を与えてきている。したがってそれがわれわれの指針である。」

（34）ジェームズ・マディソンは、フィラデルフィア会議で、中央政府の主要な目標を次のように述べた。「私的権利の保障と正義の確固たる実効をより効果的に準備することが必要である。これらのことに対する干渉がこの会議を何にもまして必要にした悪であった」（*Records of the Federal Constitution*, I, p.133）。またマディソンが、*Federalist*〔前掲邦訳『フェデラリスト』〕No. XLVIII, p.254 の中でトマス・ジェファーソンの *Notes on the State of Virginia* から引用した有名な一節も参照。「立法、行政、司法の政治の全権力は立法府に帰着する。これらの権力を同じ手中に集中してしまうことが、まさしく専制政治の定義となる。これらの権力が単一の人間によってでなく複数の人間によって行使されるということになっても、何ら緩和されることはないであろう。一七三人の専制君主は一人の専制君主と同じくらいの圧制をおこなうであろうことは確かだ。このことを疑う人々には彼らの目をヴェニス共和国に向けさせればよい。選挙による専制政治（*elective despotism*）はわれわれが戦って求めた政治ではない。われわれが求めたのは自由の原理に基づいているばかりでなく、政治権力がいくつかの部門に分割され、そうして均衡が保持されその結果何人も法の境界を乗り越えることができなくなり、もし乗り越えたときには他の人びとによって効果的に阻止され制約されるような政治である。……〔立法府以外の府〕はしたがって、多くの場合決められた権力を持ち、それは司法的論争に委ねるべきものであった。そして行政府の全任期中の指導は、次第に習慣的なもの、ありふれたものになる。」――したがって、R・A・ハンフリーズの結論（*op. cit.*, p.98）は、近年の教条主義的民主主義者のアイドルであるジェファーソンについてもあてはまる。「こうしたものが、連邦憲法の起草者たちが創設しようとした共和国であった。彼らはアメリカを民主主義に対して安全にすることではなく、民主主義をアメリカに対して安全にすることに関心があった。主席判事コーク卿から合衆国最高裁判所への道は長い道程ではあるが明瞭な道である。一七世紀に国王や英国議会よりも上におかれた法による統治規則は、ピューリタンたちが市民や教会の問題で賞讃し、哲学者たちが宇宙の統治規則だとみなし、植民地人たちが英国議会の絶対主義に反対して懇願したものであり、これはいまや連邦制度の基本原則となった。」

（35）E.S. Corwin, *American Historical Review*, XXX（1925）, p.536. そこでは次のように文章が続いている。「憲法制定会議はマディソンの主な考えを受け入れたが、その考えを司法審査という機関を通して適用するということは、憲法制定会議の決定に委ねられた。この決定はこの会議において司法審査という教義への理解が増大したことによって助けられたのは疑いない。」

(36) Lord Acton, *Hist. of Freedom*, p.98.

(37) 拙論 "The Economic Conditions of Inter-State Federalism," *New Commonwealth Quarterly*, Vol. V (1939) 及び *Individualism and Economic Order* (London and Chicago, 1948)〔『個人主義と経済的秩序』ハイエク全集第三巻〕参照。

(38) *Federalist*, No. LXXXIV, ed. Beloff, pp.439ff.

(39) 草案の中で引用されているハミルトンの文章よりもいっそう明確にこの見解を論述しているのが、ペンシルヴェニア会議での憲法に関するジェームズ・ウィルソン (James Wilson) の討論である (*The Debates in the Several State Conventions, on the Adoption of the Federal Constitution*, ed. J. Elliot [Philadelphia and Washington, 1863], II, p.436)。ウィルソンは権利の章典を「高度に不謹慎なもの」と述べている。というのは「あらゆる社会においては、特別に列挙できない数多くの権力や権利があるからである。憲法に付加された権利の章典は、留保された『権力の列挙』である。もしわれわれが列挙を試みると、列挙されないものすべては所与のものと仮定されることになる。」しかし、ジェームズ・ウィルソンは最終的には支配的となった見解をはじめから持っていたようだ。一七八八年十月十七日付のジェファーソン宛の重要な手紙 (ここでは *The Complete Madison* ed. S.K. Padover [New York, 1953] p.253 から引用されている) ――この手紙はここですべて再掲載するにはあまりに長すぎるが――の中で、彼は次のように書いている。「わたし自身の意見は常に権利の章典に好意的であった。権利の章典が列挙権限の中に含まれないものとしての権利を意味しないように枠付けがされるかぎりにおいてである。……個人の権利の侵害は**特に**民衆の感覚に反する政治行動によってではなく、次のような行動、すなわち政府は大多数の民衆の単なる手段にすぎないものとしての行動によって憂慮されねばならない。これは非常に重要な真理だがまだ十分に注意が向けられていない。……権利の章典は民衆の政府の中でどのような役割を果たすのだろうか、という質問がなされるであろう……第一、その厳粛な方法で宣言された政治上の真理は次第に自由な政府の基本的な指針の性格を獲得し、その真理が国家の感覚と結びついたときには利益とか熱情というような衝動に対して反抗することになる。」

(40)　*Fletcher* v. *Peck*, 10 U.S. (6, Cranch), 48 (1810) でのジョン・マーシャル。

(41)　Joseph Story, *Commentaries on the Constitution* (Boston, 1833), III, pp.718-20.

(42)　L.W. Dunbar, "James Madison and the Ninth Amendment," *Virginia Law Review*, Vol. XLII (1956) 参照。アメリカ合衆国憲法の第一級の権威者でも、有名な論文（E.S. Corwin, "The 'Higher Law' Background etc." [1955 reprint], p.5）の中で、憲法修正第九章の原文を誤って引用し、二十五年後になってもこの引用間違いを再版していることは重大なことだ。これは明らかに本物の原文では十一語からなる句の代わりに六語から成る句が使われていることに誰も気がつかなかったからである！

(43)　こうした賞讃はW・E・グラッドストン（W.E. Gladstone）などのような一九世紀のリベラルたちによっても広くおこなわれた。グラッドストンはかつてアメリカ合衆国憲法を、「人間の頭脳と目的によって、ある時期に打ち出された最もすばらしい作品だ」と述べた。

(44)　C.H. McIlwain, *Constitutionalism and the Changing World*, p.278, E.S. Corwin, "The Basic Doctrine of American Constitutional Law" (1914), *Selected Essays on Constitutional Law* に再録、I, p.105.「司法審査の歴史は別な言葉でいえば憲法上の諸制限の歴史である。」また G. Dietze, "America and Europe-Decline and Emergence of Judicial Review," *Virginia Law Review*, Vol. XLIV (1958) も参照。

(45)　この否定を支持するすべての議論は最近 W.W. Crosskey, *Politics and the Constitution in the History of the United States* (Chicago: University of Chicago Press, 1953) の中で詳細にわたり整理されている。

(46)　*Federalist*（前掲邦訳『フェデラリスト』）No. LXXVIII, p.399 の中のアレグザンダー・ハミルトンを主に参照。「ある法令が憲法に違反するときは常に後者を固守し、前者を無視することが裁判所の義務である。」また James Madison, *Debates and Proceedings in the Congress*, I (Washington, 1834), p.439 参照。そこで彼は次のように述べている。裁判所は「自らを独特の論法でこれらの権利の擁護者とみなすであろう。それは立法府や行政府によるあらゆる権利の強奪に対する防波堤となるであろう。権利の宣言によって憲法の中で明確に規定された権利に対するあらゆる侵害に抵抗するように、裁判所は自然に導かれていくことになろう」と。また後に一八二五年六月三十日付のジョージ・トンプソン宛の手紙（*The Complete Madison*, ed. S.K. Padover, p.344 に引用されている）の中で次のように述べている。「立法府を憲法の制約から除外する教義はどんなものでも健全にはなりえません。後者（憲法）が前者（立法府）に対し法的に支配するのである。これはまさに前者の法が個人に対するのと同様である。後者は制定した人民によって、常に変更されがちですが、他のどんな権威によっても変更されません。人民によって憲法の施行のために選ばれた人びとによっても変更されないのは確実でしょう。このことは非常に重要な原則でありわれわれの人民による政府の正当な威信であったので、憲法の否定はたぶん長続きはしえないし広まりえないでしょう。」さらに McLaughlin, *op. cit.*, p.291 に引用されている一八〇一年の裁判法の撤回に関する議会でのメイソン上院議員とモリス知事の発言、および一七九二年にペンシルヴェニア大学の学生に対しておこなったジェームズ・ウィルソンの講義（*Works*, ed J.D. Andrews [Chicago, 1896], I, pp.416-17）を参照。この講義の中でウィルソンは司法審査を「憲法が立法府と司法府との間で権力を分散したことの必然の結果である」と提起している。

(47)　Crosskey, *op. cit.*, II, p.943 による最近の最も批判的な調査でさえも、以下のように述べ総括している。「司法審査の基本概念が、植民地時代のアメリカである程度受け入れられたことを示す証拠が発見されている。」

(48)　*Marbury v. Madison*, 5 U.S. (I Cranch), 137 (1803). 有名なこの判決から、わずかな文章しか引用できないが以下のように述べている。「合衆国政府は法によって統治するのであって人間によって統治するのではない、と強調して呼ばれてきた。もし法が既得の法的権利の違反に対して何の救済もなしえないとすれば、憲法はこの崇高な名称に値しなくなることは確かだろう。……憲法と矛盾する一つの法律が国の法律になるかどうかの問題は合衆国にとって特に興味深い問題だが、幸運にもその興味と比例する複雑さをもった問題ではない。長期にわたってうまく確立されたと仮定されてきたある種の原則を認めることのみが必要に思われる。それを決めるためには……。立法者の権力は定義され制限されている。そしてこれらの制限は誤解されたり忘れ去られてはならない。そのために憲法は書かれているのである。もしこうした制限がいつでも制限されるよう意図された人びとによって乗り越えられるとしたら、何の目的のためにその制限が成文化されるのであろうか。もし制限が加えられているのにその人びとを制限できないとしたら、廃止された法律と効力のある法律が同等の義務を課すとしたら、制限された権力をもつ政府と無制限の権力をもつ政府との間の区別は消滅する。……法律とはなにかを言明するのが特に司法府の領域であり義務である。法律を特定の事例に適用する人びとは、その規則を説明し解釈する必要がある。もし二つの法律が互いに矛盾するとすれば、裁判所はおのおのの運用について判断を下さなければならない。」

(49)　R.H. Jackson, *The Struggle for Judicial Supremacy* (New York, 1941), pp.36-7 参照。そこで彼は次のような示唆を与えている。「これは単に司法の節度の結果ではなく、保守派の考えを害するような議会の立法が少なくともなかったという事実の結果であろう。自由放任（*Laissez faire*）はある程度まで、司法府の哲学と同じように立法府の哲学であった。マーベリー対マディソン裁判（*Marbury* v. *Madison*）の可能性やドレッド・スコット裁判（*Dred Scott*）の可能性さえも曖昧にしたのは部分的にはこの事実である」と。

(50)　この時期のアメリカ政治への法思想の影響力の大きさについては、特に Tocqueville, *Democracy*, I, chap. xvi, pp.272-80〔前掲邦訳『アメリカの民主政治』〕を参照されたい。ダニエル・ウェブスターのような人間の評判の低下ほど、雰囲気の変化を示す事実はない。かつては古典的なものとみなされたウェブスターの憲法理論に関する目ざましい論述は今ではほとんど忘れられている。とりわけ、ダートマス訴訟やルーサー対ボーデン事件（*Luther* v. *Borden*）や *Writings and Speeches of Daniel Webster* (National ed., Vols. X and XI [Boston, 1903]) 特に X, p.219 における彼の論述を見よ。「国の法ということによって最も明確に意図したものは、一般的法である。有罪を宣告する前に被告の申し立てを聞き、尋問によってことが進み、審理の後にやっと判決を下すような法である。それが意味することは、すべての市民は社会を統治する一般的規則の保護の下に、生活、自由、財産、もろもろの免除をもてる、ということである。したがって、立法という形で通るものすべてが国の法とみなされるわけではない。」また *ibid.*, X, p.232 参照。そこでウェブスターは人民は「大変賢明にも、権力の行使に対する一定の制限や、権力の濫用に対する永久的保障を存在させるために、権力の欠如からくる時折の不便さ、という危険を冒すことを選択してきた。」また、*ibid.*, XI, p.224 を参照。「人民が連邦や州の政府を制限することはアメリカ体制の一原則である、とわたしは述べてきた。人民は実際にそのようにしているが、人民がしばしば自らを制限するということは別の原則であり、同じようにまさしく確かであって、わたしの物事の判断からすると同じように重要なことである。人民は自分自身の権力に制限をもうけた。人民は単純な多数派の衝動に抗するために設立した機関を安全なものにすることを選択してきた。われわれの諸機関はすべてこうした事例で満ちている。人民が単純多数決による急激な変化に抗して設立したものを確保しようとすることは政府の形態を形づくる際の人民の偉大な保守的原則であった。」

(51) ボールマン単独裁判 *Ex parte Bollman*, 8 U.S. (4 Cranch) 75, 46 (1807).

(52) E.S. Corwin, "The Basic Doctrine, etc.," p.111. 上の注45に引用されている。

(53) *Ibid.*, p.112 参照。

(54) アーカンソー憲法第五条第二五節、ジョージア憲法第一条第四節第一項、カンザス憲法第二条第一七節、ミシガン憲法第六条第三〇節、およびオハイオ憲法第二条第二五節を参照。この特徴についての議論は、H. von Mangoldt, *Rechtsstaatsgedanke und Regierungsformen in den Vereinigten Staaten von Amerika* (Essen, 1938), pp.315-18 を参照。

(55) カルダー対ブル事件 (*Calder* v. *Bull*), 3 U.S. (3 Dall) 386, 388 (1798). これは Corwin, "The Basic Doctrine, etc.," p.102-11 を参照。

(56) T.M. Cooley, *A Treatise on the Constitutional Limitations*, etc. (1st ed.; Boston, 1868), p.173 参照。

(57) R.H. Jackson, *The Supreme Court in the American System of Government* (Cambridge: Harvard University Press, 1955)〔久保田きぬ子訳『アメリカの最高裁判所』、有斐閣〕p.74 参照。

(58) 「スローター・ハウス訴訟」83 U.S. (16 Wallace) 36 (1873). E.S. Corwin, *Liberty against Government*, p.122 参照。

(59) E・S・コーウィン注釈の合衆国憲法普及版では一二三七ページのうち二一五ページが、憲法修正第一四条についての裁判権に費やされている。それにたいして、「通商条項」には一三六ページ費されている。

(60) E. Freund, *Standards of American Legislation* (Chicago: University of Chicago Press, 1917), p.208 の解説を参照。

「提案されている唯一の基準は合理性の基準である。法律学の見地からするとより不満足度の高いものを認識することは難しい。」

(61) W. Bagehot, “The Metaphysical Basis of Toleration” (1875), in *Works*, VI, p.232.

(62) 以下のものに引用されている。Dorothy Thompson, *Essentials of Democracy*, I（この題の下で出版された三つの“Town Hall Pamphlets” [New York, 1938] の最初のもの）p.21.

(63) *Reorganization of the Federal Judiciary: Adverse Report from the* [*Senate*] *Committee on the Judiciary Submitted to Accompany S. 1392* (75th Cong., 1st sess., Senate Rept. No. 711, June 7, 1937), p.8, 15, and 20. また、p.19 参照。

「裁判所は完全ではない。裁判官も同様である。議会は完全ではない。上院議員も下院議員も同様である。行政府は完全ではない。これら政治の各府とその下にある官庁は、すべての人民に最大限の正義と自由を達成させようと意図された制度の威信と理想にしたがって生きる大部分の人間に満ちている。われわれがこの制度をその運用にあたる人間の不完全な水準にまで落としてしまうとき、この制度を破壊することになろう。忍耐と自制によって制度が考えられたときの高尚な段階で維持するとき、制度とわれわれ自身を強化し、すべての人間に対して正義と自由をより確かなものにするであろう。」

「立法化における不便さや遅れさえも、制度に対して払うべき大きな代償ではない。立憲民主主義は速さよりむしろ確実さとともに前進する。文明の漸進的進歩は現在のある特定の法案の立法化よりも、われわれや後世の人々にとってはるかに重要である。合衆国憲法は人民が現在および将来の福祉にとって基本的なものとみなす改革や変革をもたらすための人民の意志の表現に十分な機会を提供している。合衆国憲法は人民を統治する人びとに与えられた人民の権力免許状である。」

(64) ローズヴェルトの突然の死をラジオで聞いたとき、わたくしはフィラデルフィアでタクシーに乗っていたが、そのタクシーの運転手がこの感情をいかにして表現したかを容易には忘れないであろう。彼が以下のような言葉で同大統領に対し深甚な賛辞を終えたとき、彼は大多数の国民を代弁したものと、わたくしは信じている。「だが大統領は最高裁判所に干渉すべきではなかった。大統領はそんなことをすべきでは決してなかった。」衝撃は明らかに非常に深いところまで達していた。

（65） C.H. McIlwain, *Constitutionalism and the Changing World* (New York, 1939), p.286 また、F.L. Neumann, *The Democratic and the Authoritarian State* (Glencoe, Ill., 1957)〔前掲邦訳『民主主義と権威主義国家』〕p.31.

（66） M. Lerner, "Minority Rule and the Constitutional Tradition," in *The Constitution Reconsidered*, ed. Conyers Read (New York: Columbia University Press, 1938), pp.199ff.

第一三章　自由主義と行政府＝法治国家

本章冒頭の引用文は、G.H. von Berg, *Handbuch des teutschen Policeyrechtes* (Hannover, 1799-1804), II, p.3. ドイツ語の原文は次のとおり。"Wo bleibt eine bestimmte Grenze der höchsten Gewalt, wenn eine unbestimmte, ihrem eigenen Urtheile überlassene allgemeine Glückseligkeit ihr Ziel sein soll? Sollen die Fürsten Väter des Volks seyn, so gross auch die Gefahr ist, dass sie seine Dcspoten seyn werden?" 一世紀半経てもこの問題がほとんど変化していないことは、これと、A von Martin, *Ordnung und Freiheit* (Frankfort, 1956), p.177 の考察と比較するとき明らかになる。マルティンは次のようにいう。「なぜなら――あらゆる革命的民主的イデオロギーの場合もそうだが――権力が道徳的なものを口実にどの政治的恣意性にも自由の道を開く、（その時々の『主潮』に曲げられた）公益という曲芸的概念と全く結びつくときほど、権力に対するより広範な免許状はありえぬからである。」

本章以下に続く三つの章の内容の最初の稿については、第一一章の冒頭の注を参照。

（1） J.J. Rousseau, *Lettre à Mirabeau*, in (*Œuvres*) (Paris, 1826), p.1620. また、第一一章注36に引用されている、彼の *Lettres écrites de la montagne*, No. VIII と Hans Nef, "Jean-Jacques Rousseau und die Idee des Rechtsstaates,"

Schweizer Beiträge zur allgemeinen Geschichte, Vol. V (1947) における議論を参照。

（２）J.J. Rousseau, *Du contrat social*, Book II〔桑原武夫他訳『社会契約論』岩波文庫〕chap. vi.

（３）J. Michelet, *Histoire de la Révolution française* (Paris, 1847)〔桑原武夫他訳『フランス革命史』『世界の名著』37巻、中央公論社〕I, xxiii. また、F. Mignet, *Histoire de la Révolution française* (Paris, 1824) の冒頭参照。

（４）A.V. Dicey, *Constitution* (1st ed.; London, 1884)〔前掲邦訳『憲法序説』〕p.177.

（５）一七八九年八月二十六日の『人権宣言』第一六条参照。「権利の保障が確保されず、権力の分立が規定されないすべての社会は憲法をもつものではない。」

（６）とくにA・N・コンドルセの著作やさまざまな憲法草案は、一般的規則の意味での真の法と単なる命令との間の区別のような問題の核心に迫る基本的な区別を関心事としている。とくに次を見よ。"Projet girondin" in *Archives parlementaires*, 1st ser., Vol. LVIII. Title VII, sec. ii, arts. i-vii (p.617) や Œuvres de Condorcet, ed. A.C. O'Connor and M.F. Arago (2d ed.; Paris, 1847-49), XII, pp.356-58, p.367。J. Barthélemy, *Le Rôle du pouvoir exécutif dans les républiques modernes* (Paris, 1906), p. 489 に注を付さず引用されている文章。また、A. Stern, "Condorcet und der girondistische Verfassungsentwurf von 1793," *Historische Zeitschrift*, Vol. CXLI (1930) 参照。

（７）以下参照。J. Ray, "La Révolution française et la pensée juridique: l'idée du règne de la loi," *Revue philosophique*, Vol. CXXVIII (1939) また、J. Belin, *La Logique d'une idée-force—l'ideé d'utilité sociale et la Révolution française* (Paris, 1939).

（８）Ray, *op. cit.*, p.372 参照。自由についてのイギリス的概念をもっとも明確に述べたものが、フランス革命中の「自由」という言葉の悪用に抗議してジャン＝ジョゼフ・ムーニエがジュネーブで出版した著作の中に見られるということはやや興味深いことである。その著作は *Recherches sur les causes qui ont empêché les François de devenir libres*〔『フランス人が自由になれない諸原因の研究』〕という意味ありげなタイトルを持ち、"Quels sont les caractères de la liberté?"（「自由の本質は何か」）と題するその第一章は次のように始まる。「市民は公共の利益のために確立され、身分と能力にかかわりなく特定の人間の専制権力によって確立されたのではない既存の法に従う場合を例外として、その行動あるいは財産と職業の享受が抑圧あるいは妨害されないときに自由である。」「人びとが自由を享受するためには、最高権力のより本質的な行為である法は特定の利益の動機を通してではなく、一般的目的を通して規定されなければならない。それは遡及効力を持つべきでなく、特定の人間にかかわるべきものであってはならない。」ムーニエは自分の擁護しているものが自由のイギリス的概念であることを十分知っており、次のページで以下のように明白に述べている。『安全、所有権』、それは自由な市民あるいは個人の特徴を描き出したいときにイギリス人が用いる言葉である。この定義はまさしく正確である。すなわち、自由が与えるすべての利益はこの二つの言葉の中に表現されているのである。」ムーニエについて、そして一般的にフランス革命の経過の中でイギリス的な事例の最初の影響やその後の影響力が漸減したことについては、G. Bonno, *La Constitution britannique devant l'opinion française* (Paris, 1932). 特に第六章参照。

(9) 一七九六年の五百人協議会へのフランス市民法典の第三章草案の提案に際したときのJ・ポルタリ（J. Portalis）の演説。これは P.A. Fenet, *Recueil complet des travaux préparatoires du code civil* (Paris, 1827), pp.464-67 に引用されている。

(10) フランスがどうしてアメリカ的意味での真の憲法を制定し損ったのか、そしてこのことがいかにして法の支配の衰退へと導いて行ったのかの説明については、L. Rougier, *La France à la recherche d'une constitution* (Paris, 1952) を見よ。

(11) A. de Tocqueville, *L'ancien régime* (1856)〔井伊玄太郎訳『アンシアン・レジームと革命』講談社学術文庫〕M.W. Patterson による同著の英訳（Oxford, 1952）特に第二章と第四章に加えて、とりわけその *Recollections* (London, 1896)〔喜安朗訳『フランス二月革命の日々』岩波文庫〕, p.238 を参照。「したがって、人びとがなにも革命から安全ではないと主張するとき、わたくしはそれは間違いであるといいたい。集権化はそうしたものの一つである。フランスにはわれわれが創設できないものがたった一つある。それは自由な政府である。そして、われわれが破壊できない機構がたった一つある。それは集権化である。どうすればそれは一体消滅するのであろうか。政府の敵対者たちはそれを愛し、統治する人びとはそれを大切にする。後者の人びとは集権化は彼らを突発的でいやしえない災害にさらす、と時々考えている。それは正しいことである。しかし、これは彼らを不快にはしない。すべての人に干渉し、すべてのことを自分の掌中におさめるという喜びを、集権化は彼らに与える。それが彼らに対して集権化の危険性を償うことになる。」

(12)　ルイ・フィリップ王自身は、近衛団に対する演説（一八三一年五月二三日の *L'Avenir* で最初に出版されたH・ド・ラムネ（H. de Lamennais）の論文の中で引用されている。これは、*Troisièmes mélanges* [Paris, 1835], p.266 再録）の中で次のように述べたと伝えられる。「自由は法の支配から成り立っている。各人は法が彼に要求すること以上のことをする必要はないし、また法が禁止していないものはすべてなすことができる、それが自由である。他のものを願望することはそれを破壊する願望である。」

この時期のフランスの発展を十分に説明するためには、当時の指導的政治思想家や政治家などの複数の人たちに、かなりのスペースを割かなくてはならないであろう。たとえば、保障の理論や、国家の侵害に対する個人の権利の保護を意図した抑止体系を発展させたバンジャマン・コンスタン（Benjamin Constant）やギゾー（Guizot）や「純理論家（doctrinaires）」集団などである。彼らについては、以下参照。G. de Ruggiero, *The History of European Liberalism* (Oxford: Oxford University Press, 1927) また、L. Diez del Corral, *El Liberalismo doctrinario* (Madrid, 1945). この時期のフランス行政法と、裁判権の教義の発展については、とくに (Achille) Duc be Broglie, "De la jurisdiction administratif" (1829), in *Écrits et discours*, Vol. I (Paris, 1863) また、L.M. de La Haye de Cormenin, *Questions de droit administratif* (Paris, 1822) と比較せよ。

(13)　以下参照。B. Schwartz, *French Administrative Law and the Common Law World* (New York: New York University Press, 1954): C.J. Hamson, *Executive Discretion and Judicial Control* (London, 1954): M.A. Sieghart, *Government by Decree* (London, 1950).

(14)　ドイツの理論的発展の重要性については以下参照。F. Alexéef, "L'État—le droit—et le pouvoir discrétionnaire des autorités publiques," *Revue internationale de la théorie du droit*, III (1928-29), p.216; C.H. McIlwain,

Constitutionalism and the Changing World (Cambridge: Cambridge University Press, 1939), p.270; Leon Duguit, *Manuel de droit constitutionnel* (3d ed.; Paris, 1918). 後者のデュギーのものはアングロ・サクソンの世界でのきわめて広範に知られている憲法についての大陸側の一つの論文がフランスの先駆者と同じくらいにドイツの先駆者からどのようにして議論を引きだしているかを示す良い例となっている。

（15）　A.L. Lowell, *Governments and Parties in Continental Europe* (New York, 1896), II, p.86 における鋭敏な考察を参照。「プロシアでは、個人の権利のよりよい保護と法のより堅実な維持を備えるくらいに官僚制が秩序だっていた。しかし、これは一八四八年以降にフランスの考え方が広まるにつれて崩壊した。この年には国家に対する敵対的関心から、議会制度を利用して行政権が誤用され真の政党専制が導入された。」

（16）　一八世紀のプロシアで支配的となった法の力についての概念は、すべてのドイツの子供たちに知られていた逸話によって明らかにされている。フリードリッヒ二世はサン＝スーシにある彼の宮殿近くに立っている古い風車に悩まされていたといわれている。その風車は景観を損っていた。所有者から風車を買おうといろいろ試みたが失敗し、その後フリードリッヒ二世は立ちのき命令で所有者をおどしたが、製粉業者はそれにたいして次のように答えたといわれる。「プロシアにはまだ法廷がある（Es gibt noch eine Kammergericht in Berlin）」（「ベルリンにはまだ法廷がある」というのが普通引用される文である）。事実について、むしろその伝説の基礎事実が欠如していることについては、R. Koser, *Geschichte Friedrich des Grossen*, III [4th ed.; Stuttgart, 1913], pp.413ff.) 参照。この物語は王権に対する制限を示している。この制限は大陸の他の国では存在しておらず、今月の民主国の首長に適用できるか否かは判然としない。民主国の都市計画者へのわずかの助言は、直ちに目ざわりなものの強制撤去に結びつくことであろう。これはもちろん、公共の利益のためで、いかなる人の気まぐれも喜ばすためにではないが。

（17）　カントの法哲学については、特にカントの*Die Metaphysik der Sitten*〔樽井正義他訳『人倫の形而上学』カント全集11巻、岩波書店〕Vol. I: *Der Rechtslehre*, Part II, "Das Staatsrecht," secs.46-49. また以下の二つの論稿参照。"Über den Gemeinspruch: Das mag in der Theorie richtig sein, taugt aber nicht für die Praxis"〔篠田英雄訳「理論と実践」

『啓蒙とは何か』所収、岩波文庫〕“Zum ewigen Frieden”〔宇都宮芳明訳『永遠平和のために』岩波文庫〕。また、以下参照。W. Haensel, *Kants Lehre vom Widerstandsrecht* (“Kant-Studien,” No. 60 [Berlin, 1926]); F. Darmstädter, *Die Grenzen der Wirksamkeit des Rechtsstaates* (Heiderberg, 1930).

(18) I. Kant, *Fundamental Principles of Morals*〔平田俊博訳『人倫の形而上学の基礎づけ』カント全集7巻 岩波書店〕trans. A.D. Lindsay, p.421. カントにとって、法のみに依拠する自由の概念が「全く道徳法以外のあらゆるものから独立」するときは、法の支配の概念が道徳の分野に移行することと一致している（*Kritik der praktischen Vernunft* Akademieausgabe〔坂部恵他訳『実践理性批判』カント全集7巻 岩波書店〕p.93)。

(19) Karl Menger, *Moral, Wille und Weltgestaltung* (Vienna, 1934), pp.14-16.

(20) より十分な説明には、哲学者であるＪ・Ｇ・フィヒテ（J.G. Fichte）の初期の著作、とりわけ *Grundlage des Naturrechts nach Principien der Wissenschaftslehre* (1796)〔藤澤賢一郎他訳『自然法論』フィヒテ全集第6巻 晢書房〕, in *Werke* (Berlin 1845), Vol. III. また、詩人のフリードリッヒ・シラー（Friedrich Schiller）の著作も参照。シラーはドイツに自由主義思想を広めるのに、おそらくもっとも貢献をなした人物であろう。これらのものや他のドイツの古典については、以下参照。G. Falter, *Staatsideale unserer Klassiker* (Leipzig, 1911). また、W. Metzger, *Gesellschaft, Recht und Staat in der Ethik des deutschen Idealismus* (Heidelberg, 1917).

(21) W. von Humboldt, *Ideen zu einem Versuch die Gränzen der Wirksamkeit des Staats zu bestimmen* (Breslau, 1851). この著作の一部だけは一七九二年に書き上げられてまもなく出版された。そして、その全貌が姿をあらわしたのは、まったくここに引用した死後の版であった。まもなく英訳が出て、ジョン・スチュアート・ミルばかりでなく、フランスのエドゥアール・ラブーレー（Édouard Laboulaye）にも大きな影響を与えた。後者の *LÉtat et ses Limites* (Paris, 1863) を見よ。

(22) これは一七三四年のスウェーデン法典やそれよりももっと前のデンマーク法典に先行された。

(23) その原則はこの形では、P.J.A. Feuerbach, *Lehrbuch des gemeinen in Deutschland gültigen peinlichen Rechts*

(Giessen, 1801) によってはじめて記述されたように思われる。しかし第一一章注76も参照。

(24)「第八条、法律の厳密且つ明白に必要なる刑罰でなければこれを設定することはできないのであって、何人も犯罪の以前に制定公布され且つ適用された法律に依らなければこれを処罰することができない。」〔前掲邦訳『人権宣言集』〕

(25) E. Löning, *Gerichte und Verwaltungsbehörden in Brandenburg-Preussen* (Halle, 1914), またとくにこの著作についての広範な書評、O. Hintze, "Preussens Entwicklung zum Rechtsstaat"（これは、同著者の *Geist und Epochen der preussischen Geschichte*）〔Leipzig, 1943〕に再録されている）を参照。

(26) われわれはここではドイツにおけるこの概念の初期の歴史や、とくにこの概念がどの程度「行政府」というジャン・ボーダン（Jean Bodin）の概念からきているのかという興味深い問題をさらに検討することはできない。より特殊なドイツの資料については、O. Gierke, *Johannes Althusius* (Breslau, 1880) を参照。法治国家（Rechtsstaat）という言葉は K.T. Welcker, *Die letzten Gründe von Recht, Staat, und Strafe* (Giessen, 1813) が初出のようであるが、同語の後の意味はまだほとんど含んでいない。そこでは専制政治、神政政治、立憲政治という三つの型の政治が区別されている。その概念の歴史については、R. Asanger, *Beiträge zur Lehre vom Rechtsstaat im 19. Jahrhundert* (diss., University of Münster, 1938) を参照。ドイツの自由主義運動の中で、その理念が果たした役割についてのもっともよい説明は、F. Schnabel, *Deutsche Geschichte im neunzehnten Jahrhundert,* II (Freiburg, 1933) とくに pp.99-109. さらに Thomas Ellwein, *Das Erbe der Monarchie in der deutschen Staatskrise: Zur Geschichte des Verfassungsstaates in Deutschland* (Munich, 1954) も参照。

法治国家という理念の発展へと導いた理論運動のはじまりがハノーヴァーから出たというのは、たぶん偶然ではないであろう。ハノーヴァーはその代々の国王を通して、ドイツの他の地域よりもイギリスとの接触が盛んであった。一八世紀後半にはイギリスのホイッグ党の伝統に基礎をおいた一群の著名な政治理論家たちがここで活躍した。その中には E・ブランデス(E. Brandes)や A・W・レーベルク(A.W. Rehberg)やすこし遅れて F・C・ダールマン(F.C. Dahlmann)などがいて、彼らはドイツにイギリス的立憲思想を普及させるのにもっとも重要な人物であった。これらの人物については H. Christern, *Deutscher Ständestaat und englicher Parlamentarismus am Ende des 18. Jahrhunderts* (Munich, 1939) を参照。しかしわれわれの現在の目的からすると、この集団のもっとも重要な人物はベルク (G.H. von Berg) であり、彼の著作は本章冒頭に引用した（特に、Handbuch, I, pp.158-60 と II, pp.1-4 また pp.12-17)。彼の著作の影響に関しては、G. Marchet, *Studien über die Entwickelung der Verwaltungslehre in Deutschland* (Munich, 1885), pp.421-34) に述べられている。

後に、法治国家の理論を普及させるのにもっとも貢献した学者であるロベルト・フォン・モール (Robert von Mohl) は、アメリカ憲法の熱心な研究家であった。彼の *Das Bundesstaatsrecht der Vereinigten Staaten von Nordamerika* (Stuttgart, 1824) を参照。この著作は合衆国において彼の名声をかなり高めたようであり、*American Jurist*, Vol. XIV (1835) の中でストーリー判事の *Commentaries* の批評をするように依頼するようになった。モールが法治国家なる理論を詳述している主要著作は以下のとおりである。*Staatsrecht des Königreiches Württemberg* (Tübingen, 1829-31); *Die Polizei-Wissenschaft nach den Grundsätzen des Rechtstaates*(Tübingen, 1832); *Geschichte und Literatur der Staatswissenschaften* (Erlangen, 1855-58)。最終的なものとしての法治国家なる概念を作り上げたもっとも有名な著作は当時の保守的理論家の一人であるF・J・シュタール (F.J. Stahl) によるものである。彼はその *Die Philosophie des Rechts*, Vol. II: *Rechts-und Staatslehre*, Part II (1837) (5th ed.; Tübingen and Leipzig, 1878) の中で、法治国家を次のように定義している (p. 352).「国家は法の国家たるべきである。これは合い言葉であり、実際に近年の傾向でもある。国家はその活動の方向と限界および市民の自由を、正確にそして変更不可能なように定義し保証すべきである。そして、法の領域を越えていかなる道徳的思考をもそれ自体のために直接的に強要すべきではない。これが法治国家の概念であるが、国家は自らを法の管理に限定し行政権は追求せず、ただ個人の権利の保護のみをすべきだというわけではない。この概念は国家の内容や目標についてはなにも述べていないが、それらを達成する方法と手段のみを定義しているのである。」(最後の文章はたとえば、W・フォン・フンボルト (W. von Humboldt) によって代表される極端な立場に目標を定めて書かれている。)

(27)　たとえば以下参照。P.A. Pfizer, "Liberal, Liberalismus," *Staatslexicon oder Enzyklopaedie der sämmtlichen Staatswissenschaften* ed., C. von Rotteck and C.T. Welcker (new ed.; Altona, 1847), VIII, p.534.「なおしかし、自由主義が人類発展の一定の段階における自然国家から法治国家への必然的移行以外の何ものでもないと認めるとき、自由主義はより強力で無敵のものとしてあらわれるに違いない。」

(28)　L. Minnigerode, *Beitrag zu der Frage: Was ist Justiz-und was ist Administrativ-Sache?* (Darmstadt, 1835).

(29)　フランスの影響が支配的となった南ドイツと、ドイツの古い伝統と自然法の理論家の影響やイギリスの規範の影響の混合が強かったと思われる北ドイツとでは、重大な意見の相違があったことは注目に値する。とくに上の注27で引用した政治百科辞典の中で解るように、自由主義運動のもっとも影響力のある案内書を提供した南ドイツの法律家集団は他のいかなる資料よりも、B・コンスタンやF・P・G・ギゾーなどのフランス人からはっきりとした影響を受けた。*Staatslexikon* の重要性については、H. Zehner. *Das Staatslexikon von Rotteck und Welcker* ("List Studien," No. 3 [Jena, 1924]) 参照。また、南ドイツの自由主義に対するフランスのきわめて大きな影響力については、A. Fickert, *Montesquieus und Rousseaus Einfluss auf den vormärzlichen Liberalismus Badens* ("Leipziger historische Abhandlungen," Vol. XXXVII [Leipzig, 1914]) 参照。また、Theodor Wilhelm, *Die englische Verfassung und der vormärzliche deutsche Liberalismus* (Stuttgart, 1928) と比較参照。伝統上における相違は次のような事実の中で明確になった。プロシアでは司法審査は少なくとも原則の上では行政機関が自由裁量権をもっている問題にまで拡大されたのに対し、南ドイツではそのような問題は司法審査からは明確に除外された。

(30)　G. Anschütz, "Verwaltungsrecht," *Systematische Rechtswissenschaft* (*Die Kultur der Gegenwart*, Vol. II, No. vii [Leipzig, 1906], p.352.

(31)　次の文献参照。E. Lasker, "Polizeigewalt und Rechtsschutz in Preussen," *Deutsche Jahrbücher für Politik und Literatur*, Vol. I (1861), ――*Zur Verfassungsgeschichte Preussens* (Leipzig, 1874) に再録。この論文はイギリスの例がどの程度まで北ドイツの発展に貢献したかを示している点でも重要である。

（32）　この見解を述べている著作は、O. Bähr, *Der Rechtsstaat: Eine publicistische Skizze* (Cassel, 1864).

（33）　Rudolf (von) Gneist, *Der Rechtsstaat* (Berlin, 1872). さらに、同著第二版で増補版の *Der Rechtsstaat und die Verwaltungsgerichte in Deutschland* (Berlin, 1879). 当時のグナイストの著作に帰せられた意義は同時期の筆者不明のパンフレット *Herr Professor Gneist oder der Retter der Gesellschaft durch den Rechtsstaat* (Berlin, 1873) の題名からも推量されるであろう。

（34）　たとえば以下参照。G. Radbruch, *Einführung in die Rechtswissenschaft* (2d ed.; Leipzig, 1913)〔碧海純一訳『法学入門』ラートブルフ著作集第3巻、東京大学出版会〕p.108; F. Fleiner, *Institutionen des deutschen Verwatungsrechts* (8th ed.; Tübingen, 1928); E. Forsthoff, *Lehrbuch des Verwaltungsrechts*, I (Munich, 1950), p.394.

（35）　F・L・ノイマン (F.L. Neumann)（"The Concept of Political Freedom," *Columbia Law Review*, LIII [1953], p.910――同著者の *The Democratic and the Authoritarian State* [Glencoe Ill., 1957]〔前掲邦訳『民主主義と権威主義国家』〕p.169 の再版に収録。および後者の著作の p.22 の中の矛盾する記述も参照のこと）が主張したように、ドイツのこの発展の初期の段階について、「イギリスの法の支配とドイツの法治国家の教義に共通なものはなにもない」と主張することは明らかに正確ではない。このことは一九世紀末に広まった単なる「形式的」法治国家という去勢された概念にはあてはまっても、一九世紀前半の自由主義運動を惹き起こしたさまざまな理念やプロシアの行政裁判権の改革を導いた理論概念にはあてはまらないであろう。とりわけ、R・グナイストはかなり慎重にもイギリスの立場を自らのモデルにした（彼は偶然にもイギリスの「行政法」についての重要な論文の著者であった。この事実はもしA・V・ダイシーがこれを知っていたら、大陸についての同用語の使用をあれほど全く誤解することを防いだはずである）。「法の支配（rule of law）」のドイツ語訳 *Herrschaft des Gesetzes* が実際には *Rechtsstaat* の代わりによく使われた。

（36）　Lowell, *op. cit.*, I, p.44.

（37）　Dicey, *Constitution*〔前掲邦訳『憲法序説』〕。本来は一八八四年に講義として発表された。

（38）　ダイシーは後に自分の間違いに少なくとも部分的には気づいた。彼の論文"*Droit Administratif* in Modern French

Law," *Law Quarterly, Review* Vol. XVII (1901)〔猪股弘貴訳「近代フランス法における行政法」『ダイシーと行政』成文堂〕を参照。

(39) Sieghart, *op. cit.*, p.221.

(40) C.K. Allen, *Law and Orders* (London, 1945), p.28.

第一四章　個人的自由の保障

本書冒頭の引用文は、ジョン・セルデンの話から取られている。彼のその話は "Proceedings in Parliament Relating to the Liberty of the Subject, 1627-1628," in T.B. Howell, *A Complete Collection of State Trials* (London, 1816), III, p.170に出ている。

(1) 法の支配の意味に関する最近の議論は厖大であり、ここでは重要だと思われるもののほんのいくつかしか挙げることができない。C.K. Allen, *Law and Orders* (London, 1945); Ernest Barker, "The 'Rule of Law,'" *Political Ouarterly*, Vol. I (1914)(同著者の *Church, State, and Study* [London, 1930] に再録); H.H.L. Bellot, "The Rule of Law," *Quarterly Review*, Vol. CCXLVI (1926); R.G. Collingwood, *The New Leviathan* (Oxford; Oxford University Press, 1942), chap. 39; John Dickinson, *Administrative Justice and the Supremacy of Law in the United states* (Cambridge: Harvard University Press, 1927); C.J. Friedrich, *Constitutional Government and Democracy* (Boston, 1941); Frank J. Goodnow, *Politics and Administration* (New York, 1900); A.N. Holcombe, *The Foundations of the Modern Commonwealth* (New York, 1923), chap. 11; Harry W. Jones, "The Rule of Law and the Welfare State," *Columbia Law Review*, Vol. LVIII (1958); Walter Lippmann, *An Inquiry into the Principles of the Good Society* (Boston, 1937)〔服部弁之助訳『自由全体主義』(抄訳) 白揚社〕; H.H. Lurton, "A Government of Law or a Government of Men," *North American Review*, Vol. CXCIII (1911); C.H. McIlwain, "Government by Law," *Foreign Affairs*, Vol. XIV (1936)(同著者の *Constitutionalism and the Changing World* [Cambridge: Cambridge University Press, 1939] に再

録); F.L. Neumann, *The Democratic and the Authoritarian State* (Glencoe, Ill. 1957)〔前掲邦訳『民主主義と権威主義国家』〕; J.R. Pennock, *Administration and the Rule of Law* (New York, 1941); Roscoe Pound, "Rule of Law," *E.S.S.* Vol. XIII (1934) また、"The Rule of Law and the Modern Social Welfare State," *Vanderbilt Law Review*, Vol. VII (1953); F.G. Wilson, *The Elements of Modern Politics* (New York, 1936); また、*Rule of Law: A Study by the Inns of Court Conservative and Unionist Society* (London: Conservative Political Centre, 1955) 参照。

M. Leroy, *La Loi: Essai sur la théorie de l'autorité dans la démocratie* (Paris, 1908); A. Picot, "LÉtat fondé sur le droit et le droit pénal," *Actes de la Société Suisse de Juristes* (Basel, 1944); M. Waline, *L'Individualisme et le droit* (Paris, 1949).

ヒットラー支配下でのカール・シュミット (Carl Schmitt) の行動は、このテーマについての現代のドイツの著作の中でも彼が依然としてもっとも学問的であるしまた理解が鋭いという事実を変えるものではない。特に同著者の *Verfassungslehre* (Munich, 1929)〔尾吹善人訳『憲法理論』創文社〕、*Der Hüter der Verfassung* (Tübingen, 1931)〔田中・原田訳「憲法の番人」『大統領の独裁』未来社〕を参照。ナチ以前の思想情況について同じように重要なものとしては H. Heller, *Rechtsstaat oder Diktatur?* (Tübingen, 1930)〔宮本盛太郎他訳「法治国家か独裁か」『ヴァイマル民主主義の崩壊』木鐸社〕及び、*Staatslehre* (Leiden, 1934)、また F. Darmstädter, *Die Grenzen der Wirksamkeit des Rechtsstaates* (Heiderberg, 1930) 及び、*Rechtsstaat oder Machtstaat?* (Berlin, 1932) がある。John H. Hallowell, *The Decline of Liberalism as an Ideology* (Berkeley: University of Califolnia Press, 1943)〔石上良平訳『イデオロギーとしての自由主義の没落』創元社〕参照。ドイツの戦後の文献についてはまた特に以下参照。F. Böhm, "Freiheitsordnung und soziale Frage," in *Grundsatzfragen der Wirtschaftsordnung* ("Wirtschaftswissenschaftliche Abhandlungen," Vol. II, [Berlin, 1954]); C.F. Menger, *Der Begriff des sozialen Rechtsstaates im Bonner Grundgesetz* (Tübingen, 1953); R. Lange, *Der Rechtsstaat als Zentralbegriff der neuesten Strafrechtsentwicklung* (Tübingen, 1952); *Recht, Staat, Wirtschaft*, ed. H. Wandersleb (4 vols.; Stuttgart and Cologne, 1949-53); また、R. Marcic, *Vom Gesetzesstaat zum*

Richterstaat (Vienna, 1957).

主に民主主義と法治国家との関係で特に重要なのは、この分野でのスイスの広範な文献である。それはF・フライナーと彼の弟子で後継者でもあるZ・ジャコメッティの大きな影響のもとにあった。Fleiner, *Schweizerisches Bundesstaatsrecht* (Tübingen, 1923, new ed. by Z. Giacometti [1949]) また、同著者の *Institutionen des deutschen Verwaltungsrechts* (8th ed.; Tübingen, 1928) をはじめとして、Z. Giacometti, *Die Verfassungsgerichtsbarkeit des schweizerischen Bundesgerichtes* (Zurich, 1933), また *Demokratie und Rechtsstaat* (Zurich, 1953) というタイトルの下にジャコメッティに献げられた著作、特にW・ケギ（W. Kägi）の寄稿論文参照。また、以下参照。R. Bäumlin, *Die rechtsstaatliche Demokratie* (Zurich, 1954); R.H. Grossmann, *Die staats-und rechtsideologischen Grundlagen der Vervassungsgerichtsbarkeit in den U.S.A. und der Schweiz* (Zurich, 1948); W. Kägi, *Die Verfassung als rechtliche Grundordnung des Staates* (Zurich, 1945); *Die Freiheit des Bürgers im schweizerischen Recht*, by various authors (Zurich, 1948).

また、以下参照。C.H.F. Polak, *Ordening en Rechtsstaat* (Zwolle, 1951); L. Legaz y Lacambra, "El Estado de derecho," *Revista de administracion publica*, Vol. VI (1951); F. Battaglia, "Stato etico e stato di diritto," *Rivista internazionale di filosofia di diritto*, Vol. XII (1937); International Commission of Jurists, *Report of the International Congress of Jurists, Athens* 1955 (The Hague, 1956).

（2） 真に自由な制度のこの基本原理についての最近の明解な言明としては、Neumann, *op. cit.*, p.31 に見られる。「個人に留保された権利への介入は個々の法によってではなく、一般的法に基づいてのみ許されるということがもっとも重要なことで、おそらく自由主義の決定的な要請である。」また *ibid.*, p.166.「したがって、自由主義的法律の伝統はきわめて単純な命題に依存する。すなわち、個人の権利は無数の将来の事例を規制する一般的法によって国家がその要求を正当化できる場合のみ、国家によって介入されうる。このことは遡及的な立法を排除することであり、司法機能と立法機能との分離を要請する。」また前章注12の引用文も参照。法実証主義の興隆に伴い強調点はいくらか移ったように思えるが、これは上の学説を効果のないものにした。この強調点の移行は一九世紀後半の二つの特色ある言明を比較すれば明らかである。A. Esmein, *Éléments de droit constitutionnel français et comparé* (1896) (7th ed. rev. by H. Nézard [Paris, 1921], I, p.22) 。彼は「所与の事件において、主権者にその決定を命ずる予め知られた固定された規則」(傍点引用者) の存在による当局の制限の中に自由の本質をみる。しかし、G. Jellinek, *System der subjektiven öffentlichen Rechte* (Freiburg, 1892)〔木村鋭一他訳『公権論』中央大学出版〕においては、「すべての自由は全く法律に反する強制からの自由である」となっている。前者は法が要請するような強制のみが許されるのにたいして、後者においては法が禁止しないすべての強制が許されることになる。

(3) H. Stoll, "Rechtsstaatsidee und Privatrechtslehre," *Iherings Jahrbücher für die Dogmatik des bürgerlichen Rechts,* LXXVI (1926), 特に pp.193-204.

(4) フランシス・ベーコンの次の言明を参照。「最高で絶対的な権力は自ら決定することができないので、本質的に取り消しができないものは固定することができない」(C.H. McIlwain, *The High Court of Parliament* [New Haven: Yale University Press, 1910] に引用されている)。

(5) G. Jellinek, *Die rechtliche Natur der Staatenverträge* (Vienna, 1880), p.3. また、Hans Kelsen, *Hauptprobleme der Staatsrechtslehre* (Tübingen, 1911)〔直井武夫他訳『国法学の主要問題』世界大思想全集一〇六—八巻、春秋社〕pp.50ff. また、B. Winkler, *Principiorum juris libri* V (Leipzig, 1650)「すべての法学においては、原則自体より小さなことが法的に論じられうることはない (In tota jurisprudentia nihil est quod minus legaliter tractari possit quam ipsa principia)。」

(6) 以下を参照。F. Fleiner, *Tradition, Dogma, Entwicklung als aufbauende Kräfte der schweizerichen Demokratie* (Zurich, 1933) (*Ausgewählte Schriften und Reden* [Zurich, 1941] に再録)、それから L. Duguit, *Traité de droit constitutionnel* (2d ed.; Paris, 1921), p.408.

(7) ライオネル・ロビンズ (Lionel Robbins) ("Freedom and Order," in *Economics and Public Policy* [Brookings

Lectures, 1954 (Washington, DC., 1955)], p.153) を恐れさせているのは、この点については誤解のようである。「既知の法の行使にあまりにも制限されている政府の概念、曲解せずには重要でないものとしては残しておけない発議と自由裁量の機能の排除にあまりに制限されている政府の概念」を提示することは、われわれの立場をひどく単純化するものであり、物笑いの種にしてしまうことである、このことをロビンズは恐れているのである。

(8)　以下参照。S. Glaser, "Nullum crimen sine lege," *Journal of Comparative Legislation and International Law*, 3d Ser., Vol. XXIV (1942); H.B. Gerland, "Nulla poena sine lege," in *Die Grundrechte und Grundpflichten der Reichsverfassung*, Vol. I (Berlin, 1929); J. Hall, "Nulla poena sine lege," *Yale Law Journal*, Vol. XLVII (1937-38); De la Morandière, *De la regle nulla poena sine lege* (Paris, 1910); A. Schottländer, *Die geschichtliche Entwicklung des Satzes: Nulla poena sine lege* ("Strafrechtliche Abhandlungen," Vol. CXXXII [Breslau, 1911]); O. Giacchi, "Precedenti canonistici del principio 'Nullum crimen sine proevia lege penali,'" in *Studi in onore di F. Scaduto*, Vol. I (Milan, 1936). 法の支配の主要条件としての原則の位置については、Dicey, *Constitution*〔前掲邦訳『憲法序説』〕p.187 参照。

(9)　とくにカール・シュミットの以下の著作を参照。*Unabhängigkeit der Richter, Gleichheit vor dem Gesetz und Gewährleistung des Privateigentums nach der Weimarer Verfassung* (Berlin, 1926) また *Verfassungslehre*〔前掲邦訳『憲法理論』〕。

(10)　この区別については以下参照。P. Laband, *Staatsrecht des deutschen Reiches* (5th ed.; Tübingen, 1911-14), II, pp.54-56; E. Seligmann, *Der Begriff des Gesetzes im materiellen und formellen Sinn* (Berlin, 1886); A. Haenel, *Studien zum deutschen Staatsrechte*, Vol. II: *Gesetz im formellen und materiellen Sinne* (Leipzig, 1888); Duguit, *op. cit.*; R. Carré de Malberg, *La Loi: Expression de la volonté générale* (Paris, 1931).

これとの関連でまた非常に重要なものに、アメリカ憲法判例シリーズがある。ここではその中の二つしか引用できない。もっとも有名な言明はたぶん、「ハータドゥー対カリフォルニア州事件」(*Hurtado* v. *California*, 110 U.S., p.535)

であろう。「立法という形式を取る法令のすべてが法という訳ではない。法は単に権力の行使された意志以上のものである。法は特定の人や特定の事例のための特定の規則ではなく、ウェブスター氏の言葉、彼の馴染みの定義では、『一般的な法、つまり、有罪を宣告する前に言い分を聞く法、尋問とともに進む法、裁判後にのみ判決を下す法、であり』、その結果『すべての市民が、自分の生活、自由、財産、税などの免除、などを社会を統治する一般的規則の下に置けるようにする』、そして私権喪失の法令、刑罰や処罰の条令、財産没収の法令、判決を破棄する法令や一人の人間の財産を他人に直接譲渡する法令、立法府の判断や布告、その他の立法という形の下での同様な特殊で不公平で恣意的な権力の行使などを正当でない法手続きとして排除する。政令を強要して人々や彼らの財産に損害を与えるような恣意的権力は一個人の君主の布告として表現されようとも、あるいは非人格的な多人数の布告として表現されようともその権力は法ではない。そして、州と連邦両政府の行為に対する憲法による制限はわれわれの政治制度がもつ代表制という特徴にもかかわらず、公的権利や私的権利の保持には絶対必要である。司法訴訟手続きによってこれらの制限を実施することは、個人や少数派の権利を守るための自治体の方策である。これは公務員が政府という名の下に行動したり、政府の権力を行使するときでさえも、合法的な権威の制限を超越しておこなう場合の暴力に対してと同様、数の力に対しておこなうのである。」州対ボルフ事件（*State* v. *Boloff*, Oregon Reports 138［1932］, p.611）でのもっと最近の言明参照。「立法によりすべての人間のための規則が生まれる。それらは何人かの人に対する命令や指令ではない。それは一時的なものではなく永久的なものである。一つの法律はその適用において普遍的であり、特定の人に関するにわかの命令ではない。」

（11）　W. Bagehot, *The English Constitution*（1867）, in *Works*.〔小松春雄訳『イギリス憲政論』世界の名著60巻、中央公論社〕V, pp.255-56 参照。「実に、おびただしい立法のすべてが、法学上の正しい用語の立法では全くない。法律は、多くの事例に適用可能な一般的指令である。法律書をにぎわし、議会の委員会を疲れさせる『特別法』はたった一つの事例にしか適用できない。特別法はそれに従えば鉄道が敷設されるような規則を決定するのではなく、この場所からあの場所にしかじかの鉄道を敷設するということを法制化するものであり、その他の業務とは何の関係も持たない。」今は、この傾向が過度になったため、ある有名なイギリスの判事は、次のような疑問を出すようになった。「われわれは法令を表現するのに、『法』自体以外の名を捜さねばならないときに至っているのではないか。疑似法律だとか、下位法などというものである。」(Lord Radcliffe, *Law and the Democratic State* [Holdsworth Lecture (Birmingham: University of Birmingham, 1955)], p.4)。また、H. Jahrreiss, *Mensch und Staat* (Cologne, 1957), p.15.「われわれは、今後、この名誉ある『法律』という名の下に、ただそのような規範のみを、そしてそのような法律の下でのみ、すべての人に『法律』となりうる罰の強迫を措定してはならないかどうか、今一度熟考しなくてはならない。それら、それらのみが『法律』だ。あらゆる他の規則――そのような真の法律、あるいは自明の規則に対し一過性的な性格をもつ技術的な細目――は、外的に、別の名称で区別すべきである。何か『指令』が発せられたり、おそらく刑法的性格をもたない『裁判』が予見されるとき、たとえそれが立法府によって決議されるにしても、である。」

(12)　下院が支出に対する排他的な管理を求め、それによって実際に行政を管理することを求めることに成功したときに、もし上院が私的個々人の過程の基礎になる原則を含んだ一般的法を決定する排他的権力を獲得することに成功していたら、その発展はどうなっていたであろうかということを熟考してみることは興味深いものである。この原則に基づき二つの立法議院に権限を分割することは試みられなかったか、十分考察に値するかもしれない。

(13)　以下を参照。H.W. Wade, "The Concept of Legal Certainty," *Modern Law Review* Vol. IV (1941); H. Jahrreiss, *Berechenbarkeit und Recht* (Leipzig, 1927); C.A. Emge, *Sicherheit und Gerechtigkeit* ("Abhandlungen der Preussischen Akademie der Wissenschaften, *Phil.-hist. Klasse*," No. 9 [1940]); また、P. Roubier, *Théorie générale du droit* (Paris, 1946), 特に pp.269ff.

(14)　以下参照。G. Phillips, "The Rule of Law," *Journal of Comparative Legislation*, Vol. XVI (1934)、またそこに引用されている文献。しかしまた以下も参照。Montesquieu, *Spirit of Laws*〔前掲邦訳『法の精神』〕VI, 2, また Max Weber, *Law in Economy and Society*, ed. M. Rheinstein (Cambridge: Harvard University Press, 1954)〔世良晃志郎訳『支配の諸類型』創文社〕のより拡大された議論。また Neumann, *op. cit.*〔前掲邦訳『民主主義と権威主義国家』〕

p.40.

(15)　法の不確実性を強調している人びとが、同時に法学の唯一の目標としている判決の予測を主張しているのは奇妙なことだ。もし法がこれらの著者が時々示唆しているのと同じくらい不確実だとしたら、彼ら自身が明らかにしているようにいかなる法学も存在しないであろう。

(16)　Roscoe Pound, "Why Law Day?" *Harvard Law School Bulletin*, X, No. 3 (December, 1958), p.4 参照。「法律の重要で永続的な部分は規則にではなく論理の出発点としての原則の中にある。原則は比較的不変のままであるか、不変な線に沿って発展する。規則は比較的短命である。規則は発展しない。撤回されたり、他の規則に取って代られるのである。

(17)　E.H. Levi, *An Introduction to Legal Reasoning* (Chicago: University of Chicago Press, 1949).

(18)　以下参照。R. Brunet, *Le Principe d'égalité en droit français* (Paris, 1910); M. Rümelin, *Die Gleichheit vor dem Gesetz* (Tübingen, 1928); O Mainzer, *Gleichheit vor dem Gesetz, Gerechtigkeit und Recht* (Berlin, 1929); E. Kaufmann and H. Nawiasky, *Die Gleicheit vor dem Gesetz im Sinne des Art. 109 der Reichsverfassung* ("Veröffentlichungen der Vereinigung deutscher Staatsrechtslehre," No. 33[Berlin, 1927]); G. Leibholz, *Die Gleichheit vor dem Gesetz* (Berlin, 1925); Hans Nef, *Gleichheit und Gerechtigkeit* (Zurich, 1941); H.P. Ipsen, "Gleichheit," in *Die Grundrechte*, ed. F.L. Neumann, H.C. Nipperdey, and U. Scheuner, Vol. II (Berlin, 1954); E.L. Llorens, *La Igualdad ante la Ley* (Murcia, 1934).

(19)　無差別的規則がいかにして一般的用語で決められた規定によって免除されうるかということについて（G. Haberler, *The Theory of International Trade* [London, 1936]〔松井清他訳『国際貿易論』有斐閣〕p.339 に示されている）、これをよく表現したものに一九〇二年のドイツ関税（一九三六年でも、依然有効）がある。これは最恵国の義務を免れるために、「少なくとも海抜三〇〇メートルの水準で育成され、少なくとも八〇〇メートルの高さで毎年夏を少なくとも一ヶ月過した茶色でまだらの牛」に対する特別な税率を取り決めた。

（20）スイス連邦憲法第四条参照。「立法者が制定する差別は客観的に、すなわち立法者がそのような差別によってのみ内的目的、つまり当該生活関係の内的秩序に適合的になるように、事物の本性において理性的また決定的な裁量に基づかねばならない。」

（21）L. Duguit, *Manuel de droit constitutionel* (3d ed.: Paris, 1918), p.96.

（22）「私」法とはっきり区別される「公」法に対して、憲法が与える明確な属性がアングロ・サクソン的意味での法の下での自由と両立可能かどうかという問題をここで提起するとすればそれは行き過ぎになろう。そうした分類はある種の目的には有用かもしれないが、個人と国家の関係を規定する法に個人間の関係を規定するものとは違った特色を与えることに役立ってきた。他方この特色が両方の領域で同じでなければならないことが、法の支配の本質のように思える。

（23）A.V. Dicey, *Constitution*〔前掲邦訳『憲法序説』〕の第九版のW・S・ホールズワースの書評（*Law Quarterly Review*, Vol. LV [1939]）参照。そこには法の支配についての伝統的概念に関するイギリスの最も近年の権威ある言明が見られる。「法の支配は、今までと同じくらいに今日でも価値ある原則である。というのは、それは次のことを意味するからである。政治を委ねられている役人やその集合体の権力が行き過ぎたり誤用されたりしないように、裁判所は取り計らうことができる。また市民の権利が立法化された法律、さらには立法化されていないものに照らし合わせて決定されるように取り計らうことができる、ということを意味する。裁判所の司法権が剥奪されたり、役人やその集合体に純粋に行政上の自由裁量権を与えられたりすると、法の支配は廃止されてしまう。もしこれらの役人やその集合体に司法的あるいは疑似司法的自由裁量権が与えられれば、たとえ規則が適用される機構が裁判所のものとは違っていても、法の支配はなくならない。」また、A.T. Vanderbilt, *The Doctrine of the Separation of Powers and Its Present-Day Significance* (Omaha: University of Nebraska Press, 1953) 参照。

（24）以下参照。C.T. Carr, *Delegated Legislation* (Cambridge: Cambridge University Press, 1921); Allen, *op. cit.*, また、*Die Uebertragung rechtssetzender Gewalt im Rechtsstaat* (Frankfort, 1952) に収録されている数人の著者の諸論文。

（25）A.V. Dicey, "The Development of Administrative Law in England," *Law Quarterly Review*, XXXI (1915), p.150.

（26）　L. von Mises, *Bureaucracy* (New Haven: Yale University Press, 1944).

（27）　以下参照。E. Freund, *Administrative Powers over Persons and Property* (Chicago: University of Chicago Press, 1928), pp.71ff.; R.F. Fuchs, "Concepts and Policies in Anglo-American Administrative Law Theory," *Yale Law Journal*, Vol. XLVII (1938); R.M. Cooper, "Administrative Justice and the Role of Discretion," *Yale Law Journal*, Vol. XLVII (1938); M.R. Cohen, "Rule versus Discretion," *Journal of Philosophy*, Vol. XII (1914) (Law and the Social Order [New York, 1933] に再録); F. Morstein Marx, "Comparative Administrative Law: A Note on Review of Discretion," *University of Pennsylvania Law Review*, Vol. LXXXVII (1938-39); G.E. Treves, "Administrative Discretion and Judicial Control," *Modern Law Review*, Vol. X (1947); R. von Laun, *Das freie Ermessen und seine Grenzen* (Leipzig and Vienna, 1910); P. Oertmann, *Die staatsbürgerliche Freiheit und das freie Ermessen* ("Gehe Stiftung," Vol. IV) [Leipzig, 1912]; F. Tezner, *Das Freie Ermessen der Verwaltungsbehörden* (Vienna, 1924); C-F. Menger, *System des verwaltungsrechtlichen Rechtschutzes* (Tübingen, 1954); また第一三章注14で引用したＰ・アレキセエフ（P. Alexéef）の論文。

（28）　法と行政の間の関係についてのＥ・ボーデンハイマーの示唆に富む議論における彼の考察を参照（Bodenheimer, *Jurisprudence* [New York and London, 1940] p.95）。「法は主に権利と関係する。行政は主として結果に関心を払う。法は自由と保障へと導く。一方、行政は効率と迅速を促す。」

（29）　これに関しては、D.Lloyd, *Public Policy* (London, 1953), また H.H. Todsen, *Der Gesichtspunkt der Public Policy im englischen Recht* (Hamburg, 1937) 参照。

（30）　Z. Giacommetti, *Die Freiheitsrechtskataloge als Kodifikation der Freiheit* (Zurich, 1955), また、M. Hauriou, *Précis de droit constitutionnel* (2d ed.; Paris, 1929), p.625. また、F.Battaglia, *Le Carte dei diritti* (2d ed.; Florence, 1946).

（31）　われわれに迫りくるやも知れない恐怖についての決して悲観的でない解説については、Aldous Huxley, *Brave New World* (London, 1932)〔高畠文夫訳『すばらしい新世界』角川文庫〕、また同著者の *Brave New World Revisited*

(London, 1958)〔谷崎隆昭訳『文明の危機—すばらしい新世界再訪』雄渾社〕。また、警告として意図したものではなく、「科学的」理想を解説したものだけに切迫感のある B.F. Skinner, *Walden Two* (New York, 1948)〔宇津木保他訳『心理学的ユートピア』誠信書房〕参照。

(32)　A.T. Vanderbilt, “The Role of Procedure in the Protection of Freedom,” *Conference on Freedom and the Law* (“University of Chicago Law School Conference Series,” Vol. XIII[1953]) 参照。またフランクフルター判事がしばしば引用する次の言明を参照。「自由の歴史は主に手続き上の安全装置の遵守の歴史である」(*McNabb v. United States*, 318 U.S. 332. 347 [1943])。

(33)　本章注11に引用されている、Lord Radcliffe, *Law and the Democratic State*. アメリカの情況においては、次の重要な論文 R.G. McCloskey, “American Political Thought and the Study of Politics,” *American Political Science Review*, Vol.LI (1957) 特に p.126 における考察参照。そこでは、「自由に対する実質的抑制への広範な寛容と対になった手続き上の細目への深い関心」についてのアメリカの裁判所の概念が示されている。「アメリカの手続き上の権利への関心は、実質的自由への関心よりも深く堅実である。実際に現状に関するかぎり、何の妨げなく考えたり話したり行動したりする自由という明確な意味での自由は、アメリカの政治価値の序列においてはあまり都合のよい場所を占めていない。」しかし、このことの危険性が次第に認識されてきているようだ。そのことは、Allan Keith-Lucas, *Decisions about People in Need: A Study of Administrative Responsiveness in Public Assistance* (Chapel Hill: University of North Carolina Press, 1957), p.156. によく表現されている。「正義を樹立するために手続きのみによることは、近代の自由主義の誤った考えである。これはヒットラーのような全体主義体制の合法化を可能にしてきた。」

第一五章　経済政策と法の支配

本章冒頭の引用文は *Federalist*〔前掲邦訳『フェデラリスト』〕No. LVII, ed. M. Beloff (Oxford, 1948), p.294 から取った。

（1）　L. von Mises, *Kritik des Interventionismus* (Jena, 1929), p.6 参照。「介入は社会的権力に発する孤立化された命令であって、生産手段の所有者や企業家に命じて、その生産手段を普通とは違ったことに使わせる」（傍点引用者）。また生産政策的介入と価格政策的介入の区別については、同著の後半のところに詳しく論じられているので見よ。J.S. Mill, *On Liberty* ed. R.B. McCallum (Oxford, 1946)〔前掲邦訳『自由論』〕p.85 では次のような議論さえなされている。「いわゆる自由貿易論は本書で主張されている個人的自由の原理と同様確実なものであるが、しかしそれとは異なった原理に基づいている。商業または商業の目的のための生産に対する制限は実際拘束である。そしてすべての拘束は拘束としては、一つの害悪である。だが、問題の拘束は行為の中で社会が拘束する権限をもっている部分にのみかかわるのであって、この拘束によって生み出そうとした成果を生み出さない、という理由によってのみ間違いなのだ。個人的自由の原理は自由貿易の理論とは関係ないものであるから、この理論のもつ限界に関して生じる多くの問題に対しても関係をもたない。たとえば、混ぜものによる品質低下の詐欺を防ぐためには、どの程度の社会的統制が許容されるのか、危険な職業に傭われている労働者を保護するための衛生上の予防策または施設は、どの程度まで、雇用者に強制されねばならないか、といった問題がそれである。」

（2）　政策手段の合目的性の検討がエコノミストの主要な任務の一つであるから、彼らがより一般的な基準視点を見失ったことは驚くにあたらない。ジョン・スチュアート・ミルは、「政府介入の妥当性を慣習的に検証するための原理というものは事実上存在しない」（*On Liberty*, ed. R.B. McCallum [Oxford, 1946]〔前掲邦訳『自由論』〕p.8）ということを認めたので、すべては合目的性の問題であるかのような印象をすでに与えた。またミルの同世代人、N・W・シーニアー（N.W. Senior）は一般に正統派に属す人物とみなされているが、ほぼ同じ時期に明瞭に次のように述べている。「政府の唯一合理的基礎、すなわち支配の権利とこれに対応する服従の義務との唯一の基礎は、便宜――つまり、社会の一般的利益である」（L. Robbins, *The Theory of Economic Policy* [London, 1952]〔市川泰治郎訳『古典経済学の経済政策理論』東洋経済新報社〕p.45 に引用されている）。しかし、両者とも次の点を当然だと考えていたことは疑いのないことだ。すなわち、個人の保護領域への介入はそれが単に便宜という理由ではなく、一般的な法規範によって提供されるところでのみ許される、という考えである。

（3）　この区別はJ・S・ミルが「権威的」政府介入と「非権威的」政府介入の間に引いた（*Principles*, Book V, chap. xi, sec. 1〔前掲邦訳『経済学原理』〕）区別と同じである。この区別は非常に重要である。そして、またすべての政府活動がますます、「権威的」性格を必然的にもつようになったと仮定されるようになったという事実が、現代の反対すべき発展の主要な原因の一つなのである。わたくしはここでミルの用語を採らない、というのはミルの「非権威的」政府活動を「介入」と呼ぶことはわたくしには不適当なように思えるからである。この用語は「権威的に」のみおこなわれうる私的保護領域の侵害にもっとよく限定される。

（4）　これについての注意深い論述も、Mill, *Ibid.* を参照せよ。

（5）　A. Smith, *W.o.N.*〔前掲邦訳『国富論』〕Book V, chap. i, Part II (II, p.214). また公共事業の責任を負うのは、地方政府の方が好ましく、中央政府に反対するという議論は、*Ibid.*, p.222 参照。

（6）　最後に実際にはそれほど意味をもつものではないが理論的に興味ある情況がある。すなわち、一定のサービスは競争的な私的努力によって供給できるが、それにかかる費用あるいはそれによって与えられる利益のすべてが必ずしも市場計算に入らないので、その理由からそうした活動に参加しているすべてのものに特定の費用を賦課したり、あるいは特定の補助金を与える方が望ましいように思える情況がそれである。こうした事例は特定の介入によってではなく、一般的規則に従った行動によって私的生産の方向を助けるような手段に含まれるかも知れない。

　こうした事例は実際上においてきわめて重要なものではない。それはそうした情況がしばしば生じるものではないという理由からでなく、「限界的社会純生産物と私的社会純生産物との間の乖離」の量を確定することがほとんど不可能であるという理由からだ。こうした考えはそのような情況に他の誰よりも多くの注意を惹起したピグーによって現在、認められている。A.C. Pigou, "Some Aspects of the Welfare State," *Diogenes*, No. 7 (Summer, 1954), p.6 参照。「しかしながら、[私的費用と公的費用との間のギャップ]を考慮に入れて、国家はどんな分野でまたどの程度、有効に個人的選択の自由に介入できるかを十分知ることはわれわれには難しいことを認めなければならない。」

（7） 再び上の注1に引用されている、L. von Mises, *Kritik des Interventionismus* 参照。

（8） E. Freund, *Administrative Powers over Persons and Property* (University of Chicago Press, Chicago, 1928), p.98.

（9） 特許の認可については、W. Gellhorn, *Individual Freedom and Governmental Restraints* (Baton Rouge: Louisiana State University Press, 1956)〔猪俣他訳『言論の自由と権力の抑圧』岩波書店〕とくにchap. iiiを参照。この章の最終稿がわたくしがその書物を知る前に完成されていなかったなら、わたくしはこの問題をこんなに軽くは扱わなかったであろう。外国の観察者やたぶんアメリカ人の多くもこの習慣が最近アメリカでどの程度おこなわれているかについて——それはいまやアメリカの経済発展の将来に対し、現実的な脅威の一つになっているに違いない——ほとんど知らないと思う。

（10） とくに、J.R. Commons, *The Legal Foundations of Capitalism* (New York, 1924)〔新田他訳『資本主義の法的基礎』コロナ社〕; W.H. Hamilton, *The Power to Govern; The Constitution-Then and Now* (New York, 1937); J.M. Clark, *Social Control of Business* (Chicago, 1926)を見よ。またこの学派については、A.L. Harris, *Economics and Social Reform* (New York, 1958)参照。

（11） とくに、Herbert Spencer, *Justice,* すなわち *Principles of Ethics* (London, 1891)のPart IV参照。またT.H. Green "Liberal Legislation and Freedom of Contracts"〔山下重一訳「自由立法と契約の自由」国学院大学栃木短期大学紀要八号〕in *Works*, Vol. III (London, 1880).

（12） Roscoe Pound, "Liberty of Contract," *Yale Law Journal*, Vol. XVIII (1908-9).

第一六章　法の衰退

本章冒頭の引用文はLord Acton, *History of Freedom*, p.78から採った。本章のタイトルはG. Ripert, *Le Déclin du droit* (Paris, 1949)から借りた。

（1） A. Menger, *Das bürgerliche Recht und die besitzlosen Volksklassen* (1896) (3d ed,; Tübingen, 1904)〔井上登訳『民

法と無産者階級』弘文堂〕p.31. この概念の完全な結果は同著者の後の著作 *Neue Staatslehre* (Jena, 1902)〔河村又介訳『新国家論』世界大思想全集一一五巻、春秋社〕の中で完成している。ほぼ同じ時期、偉大なドイツの犯罪学者F・フォン・リスト (F. von Liszt) はすでに次のような解説をおこなうことができた (*Strafrechtliche Aufsätze* [Leipzig, 1897], II, p.60)。「共通の利益を前の世代——前の世代の耳には『自由』なる言葉は一種古風な響をえていた——よりもっと強力に強調し成長しつつある社会主義世代はその土台をゆり動かしている。」同じ考えのイギリスへの浸透は D.G. Ritchie, *Natural Rights* (1894) (3d ed.; London, 1916), p.258 によってうまく説明されている。「もっとも広い意味において、平等の主張は機会の平等の要求を意味する——すなわち *carrière ouverte aux talents*. こうした機会の平等の結果は、もし法が親から子へと財産の移転を認めるならば、あるいは個々人による富の蓄積さえ認めるならば社会状態の平等のまさに逆になるだろう。そしてこのようにしばしば指摘されているように、一七八九年の原理——自由競争に対する法的規制の廃止——のほぼ完全な勝利の結果は貧富の差を強調することになった。政治的権利の平等は社会状態における大きな不平等と共にむきだしの『社会問題』をもたらした。それは以前のように法の下での平等や政治的権利の平等のための戦いの背後にもはや隠れてはいない。」

(2) Anatole France, *Le Lys rouge* (Paris, 1894)〔石川淳訳『赤い百合』角川書店〕p.117.

(3) この伝統はR・フォン・イエリング (R. von Ihering) の後期の著作までさかのぼる。その現代の発展は *The Jurisprudence of Interests* に収録されている論文を参照 ("Twentieth Century Legal Philosophy Series," Vol. II [Cambridge: Harvard University Press, 1948])。

(4) たとえば、F. Fleiner, *Ausgewählte Schriften und Reden* (Zurich, 1941), p.438.「〔全体主義国家への〕この旋回は、ドイツ法学(たとえば、いわゆる自由法学派)の内部の一定の方向によってすでに用意されていた。ドイツ法学は、法に対する信頼を破壊しながら、法に奉仕できると信じていた。」

(5) この歴史主義の性格については、Menger, *Untersuchungen*〔前掲邦訳『社会科学の方法に関する研究』〕と K.R. Popper, *The Poverty of Historicism* (London, 1957)〔久野収他訳『歴史主義の貧困』中央公論社〕参照。

（６）拙著 *The Counter-Revolution of Science* (Glencoe, Ill., 1952)〔佐藤茂行訳『科学による反革命』木鐸社〕Part I, chap. vii 参照。

（７）歴史主義と法実証主義との関連性については、H. Heller, “Bemerkungen zur staats-und rechtstheoretischen Problematik der Gegenwart,” *Archiv für öffentliches Rechts*, XVI (1929), p.336 を参照。

（８）筆者が知っている異なった「自然法」の伝統についてのもっともよい簡潔なサーベイは、A.P. d’Entrèves, *Natural Law* (“Hutchinson’s University Library” [London, 1916])〔久保正幡訳『自然法』岩波書店、現代叢書〕である。ここで手短だが次のことを述べておこう。現代の法実証主義は主としてT・ホッブズとR・デカルトに由来する。この二人の合理主義的な社会解釈に反対して、進化論的、経験論的あるいは、「ホイッグ」的理論が展開されたのである。そして法実証主義が現在の優勢をかちえたのは、主としてヘーゲルとマルクスの影響である。マルクスの立場については彼の *Kritik der Hegelschen Rechtsphilosophie*〔城塚登訳『ユダヤ人問題によせて――ヘーゲル法哲学序説』岩波文庫〕in Karl Marx, Friedrich Engels; *Historische-kritiche Gesamtausgabe*, ed. D. Rjazanov (Berlin, 1929), Vol. I, Part I の序説における個人的権利についての議論を見よ。

（９）以下参照。H. Heller, *Rechtsstaat oder Diktatur* (Tübingen, 1930); H. Hallowell, *The Decline of Liberalism as an Ideology* (Berkeley: University of California Press, 1943)〔前掲邦訳『イデオロギーとしての自由主義の没落』〔山口晃訳『モラルとしての民主主義』慶應義塾大学出版会〕また、*The Moral Foundations of Democracy* (Chicago; University of Chicago Press, 1954), chap. iv、とくに p.73。

（10）R. Thoma, “Rechtsstaatsidee und Verwaltungstrechtswissenschaft,” *Jahrbuch des öffentliches Rechts*, IV (1910), p.208.

（11）E. Bernatzik, *Rechtsstaat und Kulturstaat* (Hannover, 1912), p.56. また同著者の “Polizei und Kulturpflege” in *Systematische Rechtswissenschaft* (*Kultur der Gegenwart*, Part II, Sec. VIII [Leipzig, 1906]) 参照。

（12）法実証主義の勝利はより以前に主にK・ベルクボーム（K. Bergbohm, *Jurisprudenz und Rechtsphilosophie*

[Leipzig, 1892]」の執拗な努力によって保証されていた。しかしそれが広く受け入れられる整合的な哲学的基礎を獲得したのはH・ケルゼンがそれに与えた形式においてであった。ここではわれわれは主として、H・ケルゼンの *Allgemeine Staatslehre* (Berlin, 1925)〔清宮四郎訳『一般国家学』岩波書店〕から引用することになろうが、読者はその基本的な考えのほとんどが彼の *General Theory of Law and State* (Cambridge: Harvard University Press, 1945)〔久保康晴訳『ケルゼンの法学―静態法学と動態法学』(抄訳) 文雅堂銀行研究所〕の中で再説されていることに気づくであろう。また後者の著作は、*Die Philosophischen Grundlagen der Naturrechtslehre und des Rechtspositivismus* (1928)〔黒田覚訳『自然法論と法実証主義』ケルゼン選集1、木鐸社〕に関する重要な講義の翻訳も収めている。

(13) H. Kelsen, *Vom Wesen und Wert der Demokratie* (Tübingen, 1920)〔西島芳二訳『デモクラシーの本質と価値』岩波文庫〕p.10.「本質的に救いがたい個人主義の自由」についての文句は、一九二九年の第二版では「本質的に不可能な個人主義の自由」となっている。

(14) *Ibid.*, p.10.「民主主義の自由主義からの開放」。

(15) H. Kelsen, *Allgemeine Staatslehre*〔前掲邦訳『一般国家学』p.91. それから同著者の *Hauptprobleme der Staatsrechtslehre* (Vienna, 1923)〔直井武夫他訳『国法学の主要問題』世界大思想全集一〇六―八巻、春秋社〕p.249参照。ケルゼンのアプローチはそこで彼を整合的に次のように主張させている。「国家の不法は、すべての情況下において、一つの形容矛盾である。」

(16) *Allgemeine Staatslehre*〔前掲邦訳『一般国家学』〕p.335. それと関連した文章は英訳では次のようになっている。「専制君主政の下には、法秩序は存在せず、そこには専制君主の恣意的意志が支配している、という主張は、全く意味がない。……専制君主的に統治されている国家もまた、人間行為のある秩序を表わしている。この秩序は法秩序である。それにたいし法秩序という名を否定することは、自然法的思考からくる素朴さまたうぬぼれ以外のものではない。恣意と解されるものは、独裁者がすべての決定を独占し、従属している諸機関の活動を無条件に規定し、またかつて定立された規範をいつでも、一般的なあるいは特定の問題のために廃棄したり、あるいは変更したりする単に法的可能性にすぎない。このような状態はそれが不利であると感じられたときでさえ、法状態なのである。またそれはよい側面も持つ。近代の法治国家において共通に見られる独裁制への要求は、このことを明瞭に示している。」以上の文章が、まだケルゼンの見解を表わしているということは、彼の論文、"Foundations of Democracy," *Ethics*, LXVI, No. 1, Part II (October, 1955), p.100, n.12〔古市恵太郎訳『民主政治の真偽を分つもの』理想社〕の中で、彼によって明確に認められている。また同議論のより早い見解は次の論文を見よ。"Democracy and Socialism," *Conference on Jurisprudence and Politics* ("University of Chicago Law School Conference Series," No. 15 [Chicago, 1955]).

(17) *Allgemeine Staatslehre*〔前掲邦訳『一般国家学』〕p.14.

(18) *Ibid*., pp.154ff. その句は、「いわゆる自由法学」。

(19) *Ibid*., p.335.

(20) *Ibid*., pp.231ff. また同著者の *General Theory of Law and State*〔前掲邦訳『ケルゼンの法学』〕p.38 参照。

(21) E. Voegelin, "Kelsen's Pure Theory of Law," *Political Science Quarterly*, XLII (1927), p.268.

(22) F. Darmstädter, *Die Grenzen der Wirksamkeit des Rechtsstaates* (Heidelberg. 1930)、Hallowell, *The Decline of Liberalism as an Ideology*〔前掲邦訳『イデオロギーとしての自由主義の没落』〕、*The Moral Foundations of Democracy* 参照。ナチ政権下でのその一層の展開については、F. Neumann, *Behemoth: The Structure and Practice of National Socialism* (2d ed.; New York, 1944)〔岡本友孝他訳『ビヒモス―ナチズムの構造と実際』みすず書房〕また、A. Kolnai, *The War against the West* (New York, 1938), pp.299-310.

(23) Darmstädter, *op. cit*., p.95.

(24) *Veröffentlichungen der Vereinigung deutscher Staatsrechtslehrer*, Vol. VII (Berlin, 1932). とりわけ H. Triepel と G. Leibholz の寄稿論文参照。

(25) B. Mirkin-Getzewitsch, *Die rechtstheoretischen Grundlagen des Sovjetstaates* (Leipzig and Vienna, 1929) p.117 の中に引用されている、A.L. Malitzki の一九二九年ロシア語版。しかし同じような議論は R. von Ihering, *Law as a*

Means to an End, trans. I. Husik (Boston, 1913)〔和田小次郎訳『「イエリング」法律目的論』早稲田法学部別冊第2、6巻〕p.315 参照。「法の排他的支配は社会が自らの手を自由に使用することを断念したことと同じことである。法の中に供されていない、あるいは、法が不適当である生活のあらゆる環境や要求に対し、なにもなすことなく、社会は手を縛り強固な必然性に自らを委ねるだろう。われわれは、ここから次のような格率を引きだす。すなわち、国家は、それ自身がもつ法律による自発的自己行為の権力を絶対的に必然限度以上には制限されるべきでない――この方向においては、制限は過大よりむしろ過小なるべきである、というのがそれである。権利や政治的自由の利益あるいは保護は、法律によるできるだけ大きな制限を要求する、という信条は誤りである。それは、権力は最大限抑圧されねばならない悪事である、といった奇妙な考え［!］に基づいている。しかし、現実においては、権力は一つの財であって、すべての財と同じように、その有益な使用を可能にし、悪用の可能性を購いとるために、しかしそれは必要なのである。」

(26)　G. Perticone, "Quelques aspects de la crise du droit publique en Italie," *Revue internationale de la théorie du droit*, 1931-32, p.2.

(27)　C. Schmitt, "Was bedeutet der Streit um den 'Rechtsstaat,'" *Zeitschrift für die gesamte Staatswissenschaft*, XCV (1935)〔堀真琴他訳「『法治国家』に関する論争の意義」『国家・議会・法律』白揚社〕p.190 参照。

(28)　Archipov, *Law in the Soviet State* (Moscow, 1926)（ロシア語）、B. Mirkin-Getzewitsch, *op. cit.*, p.108 に引用されている。

(29)　P.J. Stuchka, *The Theory of the State of the Proletarians and Peasants and Its Constitution* (5th ed.; Moscow, 1926)（ロシア語）、Mirkin-Getzewitsch, *op. cit.*, pp.70ff. に引用されている。

(30)　Mirkin-Getzewitsch, *op. cit.*, p. 107.

(31)　Malitzki, *op. cit.* しかし、次のことは認められねばならない。この原則がまたアリストテレスの *Ethics* 1138a〔加藤信郎訳『ニコマコス倫理学』アリストテレス全集13巻、岩波書店〕に見出される。「命じていないことはすべて禁じているのである。」

(32)　V. Gsovski, *Soviet Civil Law* (ann Arbor, Mich., 1948). I. p.170によって引用されているが、それは*Encyclopedia of State and Law* (Moscow, 1925-27)（ロシア語）のP.J. Stuchkaから取っている。

(33)　パシュカーニスの運命について、ロスコー・パウンド(Roscoe Pound)はその*Administrative Law* (Pittsburgh: University of Pittsburgh Press, 1942), p.127で次のように述べている。「パシュカーニス教授はいまやわれわれと共にはいない。ロシアの現政府による計画化が始まり、学説の変更が求められた。そして、彼は新体制の学説的急務に彼の教義を適合させようと十分はやく動かなかった。もし唯一の行政命令以外に法があったなら、彼は自己の生命を失うことなく、自分の職を失うことは可能だったかもしれない。」

(34)　E.B. Paschukanis, *Allgemeine Rechtslehre und Marxismus*（ロシア語第二版より翻訳）(Moscow, 1927) (Berlin, 1929)〔稲子恒夫訳『法の一般理論とマルクス主義』原典法学叢書、日本評論新社〕p.117. パシュカーニスのこの著や後の著作の英訳は、*Soviet Legal Philosophy*, trans. H.W. Babb. Introduction by J.N. Hazard (Cambridge: Harvard University Press, 1951) の中で公刊された。議論のため以下参照。H. Kelsen, *The Communist Theory of Law* (New York and London, 1955)〔服部栄三他訳『マルクス主義法理論の考察』ケルゼン選集2、木鐸社〕; R. Schlesinger, *Soviet Legal Theory* (2d ed.; London, 1951); S. Dobrin, "Soviet Jurisprudence and Socialism," *Law Quarterly Review*, Vol. LII (1936).

(35)　パシュカーニスの議論の要約は、W. Friedmann, *Law and Social Change in Contemporary Britain* (London, 1951), p.154から取った。

(36)　Dicey, *Constitution* (8th ed.)〔前掲邦訳『憲法序説』〕p. xxxviii.

(37)　Lord Hewart, *The New Despotism* (London, 1929).

(38)　あの十分正当化された警告がアメリカ合衆国においてさえ受けた扱いの特徴は、一九三八年に公刊されたフェリックス・フランクフルター教授（現在、判事）による次のコメントに表われている。「一九二九年の終りごろ、ヒュワート卿はダイシーの瀕死の非現実的な理論に驚きをもって装飾を加えることによって新しい生命を与えようと試みた。不幸にしてこの著作の雄弁なジャーナリズム性が最高裁長官の認可をもたらした。彼の無茶な説示は権威主義的な決定を要求し、そして彼らはそれを受け入れた」（"Current Developments in Administrative Law," *Yale Law Journal*, XLVII [1938], p.517 の議論に対する序文）。

（39） *Economist*, June 19. 1954, p.952.「『新専制主義』は要するに誇張ではなく現実である。それは世界がかつて見たもっとも誠実で潔白で、かつ勤勉な暴君たちによって遂行されている専制主義だ。」

（40） R.H.S. Crossman, *Socialism and the New Despotism* ("Fabian Tracts," No. p.298 [London, 1956]).

（41） 閣僚の権力に関する委員会のリポート（Committee on Ministers' Powers, *Report*）（一般に "Donoughmore Report" として知られている）(London: H.M. Stationery Office, 1932; Cmd. 4060). さらに、*Memoranda Submitted by Government Departments in Reply to Questionnaire of November 1929 and Minutes of Evidence Taken before the Committee on Minsters' Powers* (London: H.M. Stationery Office, 1932) 参照。

（42） 同グループのメンバーのH・J・ラスキ、W・I・ジェニングス、W・A・ロブソン、それにH・ファイナーの記述については W.I. Jennings, "Administrative Law and Administrative Jurisdiction," *Journal of Comparative Legislation and International Law*, 3d ser., XX (1938), p.103 を見よ。

（43） W. Ivor Jennings, "The Report on Ministers' Powers," *Public Administration*, Vols. X (1932) and XI (1933).

（44） *Ibid*., X. p.342.

（45） *Ibid*., p.343.

（46） *Ibid*., p.345.

（47） *Ibid*.

（48） W. Ivor Jennings, *The Law and the Constitution* (1933) (4th ed.: London, 1952)〔中山健男他訳『イギリス憲法――その由来と現状』白桃書房〕p.54.

（49） *Ibid*., p.291.

(50) *Ibid*., p.292.

(51) *Ibid*., p.294.

(52) *Ibid*.

(53) Sir Ivor Jennings, *The Queen's Government* ("Pelican Books" [London, 1954]).

(54) T.D. Weldon, *The Vocabulary of Politics* ("Pelican Books" [London, 1953]).

(55) W.A. Robson, *Justice and Administrative Law* (3d ed.; London, 1951), p.xi.

(56) *Ibid*., p.16.

(57) *Ibid*., p.433.

(58) *Ibid*., pp.572-73.

(59) *Rule of Law: A Study by the Inns of Courts Conservative and Unionist Society* (London: Conservative Political Centre, 1955), p.30.

(60) *Liberty in the Modern State* (London: Conservative Political Centre, 1957).

(61) *Times Literary Supplement* (London), March 1, 1951. この点に関して、何人かの社会主義者たちは公式的な保守的立場に目立つ以上により大きな関心を示している。R・H・S・クロスマン（Crossman）氏は上に引いたパンフレット（n. 40, p.12）の中で、「司法府が侵害に対し個人の権利を擁護するという伝統的機能を再び取り戻すことができるように司法制度改革」を次の段階として期待している。

(62) W. Friedmann, *The Planned State and the Rule of Law* (Melbourne, Australia, 1948), 同著者の *Law and Social Change in Contemporary Britain* (London, 1951) に再録。

(63) *Ibid*., 再録版 p.284.

(64) *Ibid*., p.310. 長い間、社会主義者たちが主張してきた、法の支配と社会主義は両立可能であるという主張は、それが社会主義に向けられるときには、彼らの間に強い憤りを引き起こすのは奇妙なことだ。わたくしが *The Road to*

Serfdom〔西山千明訳『隷属への道』春秋社〕の中でその点を強調するずっと以前に、K・マンハイム（K. Mannheim）が *Man and Society in an Age of Reconstruction* (London, 1940)〔福武直訳『変革期に於ける人間と社会』みすず書房〕p.180 の中でその長い議論の結果を次のような文章で要約していた。「法社会学における最近の研究は、再び次のことを確認している。形式的な法の基本的原則は、例外ができるだけ少なく、また、論理的に包摂される命題に基づく一般的、合理的規則に従って、すべての事件を判定しなければいけないが、しかしそれはただ自由主義的・競争的資本主義の段階にのみ妥当する。」また、以下参照。F.L. Neumann, *The Democratic and the Authoritarian State* (Glencoe, Ill., 1957)〔前掲邦訳『民主主義と権威主義国家』〕p.50; M. Horkheimer, "Bemerkungen zur Philosophischen Anthropologie," *Zeitschrift für Sozialforschung*, IV (1935), 特に p.14 参照。「約束の重要性の経済的基礎は、日一日と、重要でなくなっている。というのは、経済生活がますます契約ではなく、命令と服従によって特徴づけられるようになっているからだ。」

(65)　H. Finer, *The Road to Reaction* (Boston, 1945), p.60.

(66)　W.S. Churchill, "The Conservative Case for a New Parliament," *Listener*, February 19. 1948, p.302 参照。「私は次のように聞いている。新しい規則を作るため、議会とは全く別に三〇〇人の役人が権力を持つ。そしてこれまで法にとって知られていない罪に対し、投獄という刑を課すと。」

(67)　都市地方計画法（1947）、第七〇節第三項（*The Town and Country Planning Act* [1947], Sec.70, subsec. (3)）には次のように規定されている。「大蔵省の同意をえ、この法の下でなされる規制は、もしあれば支払われるべき開発費用を決定する場合、中央土地委員会（Central Land Board）によって遵守されるべき一般的原則を想定してよい。」しかし、この規定の下で次のことがなされた。すなわち、都市地方計画大臣が特定の開発に対する認可による全付加価値より、その開発費用が通常「低くあるべきでない」といった規制を、突然公布することができたのである。

(68)　Central Land Board, *Practice Notes (First Series): Being Notes on Development Charges under the Town and Country Planning Act, 1947* (London: H.M. Stationery Office, 1949), 序文。そこでは、次のように説明されている。

その覚え書きは「いかなる応募者も、異なった取り扱いのための良き理由を示すことができなくとも、あるいは委員会が特別な理由で、通常の規則が適用されないと彼に教えないとしても、彼の問題も取りあげられるであろうことを、信頼をもって仮定できるような原則や運営上の規則を規定すべきことを意味している。」さらに、次のように説明されている。「特定の規則は、常に、それが特定の情況に適応しないならば、変更されねばならない。」また同委員会は、「時々われわれは政策を変更するだろう」ということに疑念をもっていない。この政策の一層の議論は、本書第二二章第六節を参照。

(69)　公式報告書 *Public Inquiry Ordered by the Minister of Agriculture into the Disposal of Land at Crichel Down* (London: H.M. Stationery Office, 1954) (Cmd. 9176)、またそれよりは知られていないが、高等法院のアトキンソン判事の前の *Odlum* v. *Stratton* のようにかなり教訓的なケース、すなわち *Wiltshire Gazette* (Devizes, 1946) によって刊行されたそのオドラム対ストラットン事件議事の逐語的報告を参照。

(70)　Dwight Waldo, *The Administrative State: A Study of the Political Theory of American Public Administration* (New York, 1948)〔山崎克明訳『行政国家』九州大学出版会〕, p.70, n. 13, また同著 p.5, p.15, p.40 参照。

(71)　*Ibid*., p.79.「もし新体制下で一人前以下に扱われる人がいるとしたら、それは法律家である。」

(72)　*Ibid*., p.73.

(73)　Roscoe Pound, *The Spirit of the Common Law* (Boston, 1921)〔山口喬蔵訳『英米法の精神』巌松堂書店〕p.72. また、C.H. McIlwain, *Constitutionalism and the Changing World* (Cambridge: Cambridge University Press, 1939), p.261 参照。「ゆっくり、しかし確実に、われわれは全体主義国家へと向っている。そして、奇妙なことに、理想主義者の大多数でなくとも多くが、それに熱心であるか、あるいは無関心でいることだ。」

(74)　J. Dickinson, *Administrative Justice and the Supremacy of Law in the United States* (Cambridge: Harvard University Press, 1927), p.21.

(75)　*The Political Philosophy of Robert M. La Follette*, ed. E. Torelle (Madison, Wis., 1920).

(76) A.H. Pekelis, *Law and Social Action* (Ithaca and New York, 1950), p.88, また、H. Kelsen, "Foundations of Democracy," *Ethics*, LXVI (1955)〔前掲邦訳『民主政治の真偽を分つもの』〕suppl., とくに p.77ff.

(77) C.G. Haines, *A Government of Laws or a Government of Men* (Berkeley: University of California Press, 1929), p.37.

(78) *Ibid*., p.18.

(79) Thomas Jefferson, Draft of Kentucky Resolution of 1789, in E.D. Warfield, *The Kentucky Resolutions of 1799* (2d ed.; New York, 1894), pp.157-58.

(80) Jerome Frank, *Law and the Modern Mind* (New York, 1930)〔棚瀬孝雄訳『法と現代精神』弘文堂〕. 同著刊行後、四半世紀以上もたって、サーマン・アーノルド（Thurman Arnold）は、それについて次のようにいうことができた（*University of Chicago Law Review,* XXIV, 1957, p.635）。「それは他のいかなるものよりも、市民と政府の関係について、新しい一連の概念や理念への道を切り開いた。」

(81) *U.S. Attorney General's Committee on Administrative Procedure, Report* (Washington, D.C.: Government Printing Office, 1941).

(82) Roscoe Pound, "Administrative Procedure Legislation. For the 'Minority Report,'" *American Bar Association Journal*, XXVI (1941), p.664. 現状については以下参照。B. Schwartz, "Administrative Justice and Its Place in the Legal Order." *New York University Law Review*,Vol. XXX (1955), また W. Gellhorn, *Individual Freedom and Governmental Restraints* (Baton Rouge: Louisiana State University Press, 1956)〔前掲邦訳『言論の自由と権力の抑圧』〕とくに p.18 の所見。そこには次のように書かれている。「行政手続きの支持者たちの中の何人かは（著者を含めて）いまや、かって主としてイメージ的に危険であったものが、現実的なものとなった――そして恐怖を与えている――と感じている。」

(83) G. Radbruch, *Rechtsphilosophie*, ed. E. Wolf (4th ed.; Stuttgart, 1950)〔田中耕太郎訳『法哲学』ラートブルフ著作

集1巻、東京大学出版局〕p.357. また、法実証主義が法治国家に対する信頼を破壊する上で果たした役割に関し、同著における重要な説明、特に p.335 参照。「法律とその効力についてのそのような考え（われわれは、これを法実証主義学説と呼んでいる）は、法律家を国民と同じく、きわめて恣意的、非常に残忍な、犯罪的な法律に対し、無抵抗にした。この考えは、法を窮極において権力と等置した。権力をもったもののみが法ということになった。」また p.352 には次のようにある。「法実証主義は、実際、『法律は法律だ』という確信によって、ドイツの法曹界を、恣意的で犯罪的な内容をもつ法律に対し、無抵抗にした。その上、法実証主義は、自らの力で、その法の効力を基礎づけることができないでいる。法実証主義は法の効力を、それが自らを貫徹させる権力をもっているという理由で、証明したと信じている。」だから、E・ブルンナー（E. Brunner）が次のように主張するときも、それほど誇張ではないのである。「全体主義国家は、政治の実際においては、単に、また全く法実証主義である」(*Justice and the Social Order* [New York, 1945]〔前掲邦訳『正義』〕, p.7).

（84）以下参照。G. Dietze, "America and Europe—Decline and Emergence of Judicial Review," *Virginia Law Review*, Vol.XLIV (1958). また、自然法の復興については、H. Coing, *Grundzüge der Rechtsphilosophie* (Berlin, 1950); H. Mitteis, *Ueber das Naturrecht* (Berlin, 1948)〔林毅訳『自然法論』創文社〕; K. Ritter, *Zwischen Naturrecht und Rechtspositivismus* (Witten-Ruhr, 1956).

（85）G. Ripert, *Le Déclin du droit* (Paris, 1949). また、以下参照。P. Roubier, *Théorie générale du droit* (Paris, 1950); L. Rougier, *La France à la recherche d'une constitution* (Paris, 1952).

（86）以下参照。C.K. Allen, *Law and Orders* (London, 1945); G.W. Keeton, *The Passing of Parliament* (London, 1952); C.J. Hamson, *Executive Discretion and Judicial Control* (London, 1954); Lord Radcliffe, *Law and the Democratic State* (Birmingham: Holdsworth Club of the University of Birmingham, 1955).

（87）*Report of the Committee on Administrative Tribunals and Enquiries* ("Franks Committee") (London: H.M. Stationery office, 1957), p.218, par. 37.

(88) *Ibid.*, pars. 28, 29.

(89) *Ibid.*, par. 120.

(90) 以下参照。上の注59に述べられている保守派のパンフレット *Rule of Law*, また、W.A. Robson, *Justice and Administrative Law* (3d ed.; London, 1951). アメリカの "Hoover Commission" の同様な勧告については、シンポジウム "Hoover Commission and Task Force Reports on Legal Services and Procedure," *New York University Law Review*, Vol. XXX (1955) を見よ。

(91) 一九五五年六月、アテネで開かれた The International Commission of Jurists at The Hague（現在は、ジュネーブ）は、次のような公式に宣言した決議案を採択した。「一、国家は法に従属する。二、政府は法の支配の下における個人の権利を尊重し、その施行のために、有効な手段を提供しなければならない。三、裁判官は法の支配によって導かれ、公平にそれを守り施行しなければならない。また裁判官は裁判官の独立に対する政府あるいは政党のいかなる侵害に対しても抵抗しなければならない。世界の法律家たちは自らの職業の独立を維持し法の支配の下における個人の権利を主張し、罪を問われているすべてのものは、公正な裁判が認められる、と主張しなければならない」（*Report of the International Congress of Jurists* [The Hague, 1956], p.9)。

(92) 法学の一学徒が次のように主張するとき、それは誇張ではない（J. Stone, *The Province and Function of Law* [Cambridge: Harvard University Press, 1950], p.261)。ここに定義されているような法の支配が回復するには、「厳密にいえば、過去半世紀の間、すべての民主的立法が基本的なものと考えていた立法政策の逆転を要求するであろう。」しかし、民主的立法権がかくなしてきたという事実は、もちろん次のことを証明するわけではない。すなわちそれが賢明であったとか、またそれが狙っていたものを達成するためにこの種の政策に訴えることは本質的なことであるとか、さらにそれが予見されないそして望ましくない結果をもたらすと認識していてもその決定を逆転させてはならない、ということを証明するものではないのだ。

法と無産者階級』弘文堂〕p.31. この概念の完全な結果は同著者の後の著作 *Neue Staatslehre* (Jena, 1902)〔河村又介訳『新国家論』世界大思想全集一一五巻、春秋社〕の中で完成している。ほぼ同じ時期、偉大なドイツの犯罪学者F・フォン・リスト (F. von Liszt) はすでに次のような解説をおこなうことができた (*Strafrechtliche Aufsätze* [Leipzig, 1897], II, p.60)。「共通の利益を前の世代――前の世代の耳には『自由』なる言葉は一種古風な響をえていた――よりもっと強力に強調し成長しつつある社会主義世代はその土台をゆり動かしている。」同じ考えのイギリスへの浸透はD.G. Ritchie, *Natural Rights* (1894) (3d ed.: London, 1916), p.258 によってうまく説明されている。「もっとも広い意味において、平等の主張は機会の平等の要求を意味する――すなわち *carrière ouverte aux talents*. こうした機会の平等の結果は、もし法が親から子へと財産の移転を認めるならば、あるいは個々人による富の蓄積さえ認めるならば社会状態の平等のまさに逆になるだろう。そしてこのようにしばしば指摘されているように、一七八九年の原理――自由競争に対する法的規制の廃止――のほぼ完全な勝利の結果は貧富の差を強調することになった。政治的権利の平等は社会状態における大きな不平等と共にむきだしの『社会問題』をもたらした。それは以前のように法の下での平等や政治的権利の平等のための戦いの背後にもはや隠れてはいない。」

（2）Anatole France, *Le Lys rouge* (Paris, 1894)〔石川淳訳『赤い百合』角川書店〕p.117.

（3）この伝統はR・フォン・イエリング (R. von Ihering) の後期の著作までさかのぼる。その現代の発展は *The Jurisprudence of Interests* に収録されている論文を参照 ("Twentieth Century Legal Philosophy Series," Vol. II [Cambridge: Harvard University Press, 1948])。

（4）たとえば、F. Fleiner. *Ausgewählte Schriften und Reden* (Zurich, 1941), p.438.「〔全体主義国家への〕この旋回は、ドイツ法学（たとえば、いわゆる自由法学派）の内部の一定の方向によってすでに用意されていた。ドイツ法学は、法に対する信頼を破壊しながら、法に奉仕できると信じていた。」

（5）この歴史主義の性格については、Menger, *Untersuchungen*〔前掲邦訳『社会科学の方法に関する研究』〕とK.R. Popper, *The Poverty of Historicism* (London, 1957)〔久野収他訳『歴史主義の貧困』中央公論社〕参照。

旧版解説

古賀勝次郎

『自由の条件』は、ハイエクの長いインテレクチュアル・キャリアの中で、極めて重要な、しかしまた特異な、位置を占める。というのは、本書が二重の功績、即ち、一方では、それまでのハイエクの思想・理論を完成させた部分、他方では、それ以後の発展の中間をなす部分、

理論と福祉

制度改革

立法と自

数通貨制

、近刊が

に述べた

法理論は、

た形で法

ある。そ

張した。

（6）拙著 *The Counter-Revolution of Science* (Glencoe, Ill., 1952)〔佐藤茂行訳『科学による反革命』木鐸社〕Part I, chap. vii 参照。

（7）歴史主義と法実証主義との関連性については、H. Heller, "Bemerkungen zur staats-und rechtstheoretischen Problematik der Gegenwart," *Archiv für öffentliches Rechts*, XVI (1929), p.336 を参照。

（8）筆者が知っている異なった「自然法」の伝統についてのもっともよい簡潔なサーベイは、A.P. d'Entrèves, *Natural Law* ("Hutchinson's University Library" [London, 1916])〔久保正幡訳『自然法』岩波書店、現代叢書〕である。ここで手短だが次のことを述べておこう。現代の法実証主義は主としてT・ホッブズとR・デカルトに由来する。この二人の合理主義的な社会解釈に反対して、進化論的、経験論的あるいは、「ホイッグ」的理論が展開されたのである。そして法実証主義が現在の優勢をかちえたのは、主としてヘーゲルとマルクスの影響である。マルクスの立場については彼の *Kritik der Hegelschen Rechtsphilosophie*

（9）

（10）

（11）p.

（12）

次に重要なのが、講演論文『法の支配の政治理念』(*The Political Ideal of the Rule of Law*, 1955) であって、本書第二部の第九章を除く大部分は、この講演論文を、拡大、精緻化したものである。特に、第一一章、一三章、一四章、一五章、一六章についてそういえるが、第一〇章、一二章も部分的にはそういえる。

しかし、『自由の条件』刊行後三年も経たない時点で、「秩序の種類」と「法、法律、経済的自由」(両者とも、『フライブルク研究』*Freiburger Studien*, 1969 に所収) という二つの重要な論文を発表している。ということは、既に本書刊行後いくばくもなく、第二部の全面的拡大、発展を計画していたということである。秩序論は、第十章に萌芽的に見られるが、それは「秩序の種類」を経て、また、法理論は、「法、法律、経済的自由」を経て、『法と立法と自由』の第一部に至って完成されることになる。また、第一五章に部分的に展開されていた正義論は、同著第二部において完成されたのである。

以上から明らかなように、本書第二部は、ハイエクの法理論の展開の中では、中間的位置にあるものといえる。そうした点を考慮に入れるならば、この解説も、第二部独自の貢献は何であるか、という点に焦点を合わせて書くべきであろう。思うにそれは、「法の支配 (rule of law)」を歴史的に、即ち、その起源、発展、衰退を、詳論したところにある。恐らく、これが、第二部の最も大きな貢献であろう。そして、それにいま一つ付け加えるならば、現代社会に適用し得る形で、「法の支配」の下における経済政策の基本的考えを、ある程度ハッキリ提示したことである。本書第三部は、その考えを、個々の具体的問題について展開したものといってよく、また更に、『法と立法と自由』の第三部も、その延長上にある。上にある程度という言葉を使ったのもそうしたことを踏まえてのことである。以上のことを考慮に入れ、以下簡単に第二部の内容を述べることにしよう。

第二部の最初の章である第九章「強制と国家」は第一部における自由論を受け、以下の議論への橋渡しをしている章である。ハイエクは、第一部において自由を定義して、他人の恣意的強制のない状態としたが、その「強制」という概念を詳細に論じたのが第九章である。この章は、強制が、「他人の目的のために他人の意志に奉仕させられる場合」生じるとし、それをさまざまな角度から検討しているが、ここでの結論は、「一般的規則」の実施が強制を最小にする、ということである。第一〇章「法律、命令および秩序」は、前章を受け、では「一般的規則」とは何かを論じた章であるが、本書以後の展開を考えると、極めて重要な章だといえる。ここでは先ず、「抽象的規則」と「具体的規則」の区別が論じられているが、これが後に法（ノモス）と法律（テシス）の区別として展開されることになる（このため、本書では、法と法律とを厳密に区別して訳していない）。また、一〇章で論じられている秩序の考えも、後に自発（生）的秩序（コスモス）と設定された秩序（タクシス）との区別として展開される。更に、同章6の議論も大いに注目される。即ち、そこでは、それまでハイエクが経済理論において最も中心的問題としてきた「知識の分割」が、一般的規則、そして自由との関連で論じられている。それは後に、自由とは、自分の所有している知識を自分の目的のために使用できる状態、といった表現で展開される。このように、第一〇章は、本書以後展開される（特に、『法と立法と自由』において）重要な考えの殆んどを含んでいるのである。

さて、上述したように、本書第二部の独自のそして最大の貢献が、法の支配の歴史的論述にあるとすれば、それは、第一一章、第一二章、第一三章、第一六章においてなされている。これら四章を更に分けるならば、第一一章が法の支配の起源、第一二章と第一三章がその発展、そして第一六章がその衰退、をそれぞれ扱っている。

第一一章「法の支配の起源」では、近代的自由の起源は、一七世紀のイギリスに始まり、それ以前に遡ることは無理だとしながらも、それがギリシャ、ローマおよび中世の思想と全く関わりがないものではない、と論じられている。ギリシャ語の《isonomia》は、イタリアを経由してイギリスに輸入され、法の支配の考えに影響を与えた。また、一般的規則、法の法（*leges legum*）、法に従うことが自由である、といった概念や考えは、キケロに負っている。更に、マグナ・カルタや自由憲章も、近代的自由の成立に大いに役立った。こうした、ギリシャ、ローマ、中世の思想遺産を受け継ぎ、近代的自由、法の支配といった理念を確立したのが、一七世紀のイギリスであった。そうした理念は、イギリスでは、目的意識的に作られたものではなく、長い経験、具体的には、権力や特権に対する闘争、の産物として現われたのである。

法の支配の確立に最も貢献があったのは、E・コーク卿、J・ロックなどであり、それを更に展開したのが、D・ヒューム、W・ブラックストーン、W・ペイリーなどであった。コーク卿は、マグナ・カルタの解釈を発展させ、国王の特権や国会の恣意的権力に強く反対した。ロックの政治哲学の主要な関心は、権力の正当性の源泉と政府の目的に向けられていたが、その実際的問題は、「いかにして権力が恣意的になることを防御することができるか」にあった。即ち、「権力の抑制」、「権力の分割」の問題である。ヒュームは、イギリスの歴史を観察し、「意志」による統治から「法」による統治への発展にその真の意味を把捉した。そして、法の支配を教義として体系的に論述したのが、ブラックストーンとペイリーであった。一八世紀の前半、T・B・マコーレイが法の支配を再述したが、しかし後半になるとこの理念は次第に衰退するようになり、そのイギリスでの発展は望めなくなった。しかし、法の支配の理念は、イギリス以外の国でも発展していた。アメリカとドイツがそれである。第一二章が前者を、そして第一三章が後者を、それぞれ扱っている。

第一二章では、そのタイトルが示しているように、法の支配の歴史の中で、「立憲制」を確立したことこそアメリカの貢献であったことが論じられている。憲法の任務は、政府の恣意的権力を制限することにあり、そのためには、実質的な規則、即ち、立法府の行為を支配すべき一般的規則、を規定しなければならない。そしてその場合、より高い一般性を持つ法（規則）が、代議院で可決される特定の、具体的な法律の内容を支配する。このような制度が立憲制（constitutionalism）であって、アメリカ憲法を制定した人びとを中心に確立された。第一三章「自由主義と行政府＝法治国家」では、ドイツにおける法治国家の展開が論じられている。法治国家の理念の確立に最も大きな役割を果たしたのは、I・カントとW・フンボルトであった。カントの有名な「至上命令」は、法の支配の基本的考えを倫理学の一般分野に拡大したものであった。曖昧な点もあるが、フンボルトは、個人的自由を保障することが政府の役割であると主張した。また、一三章では、行政裁判所の問題が扱われているが、A・V・ダイシーが大陸における行政裁判所の伝統を理解し得なかったことが、イギリスにおける法の支配の一層の発展を妨げたと論じられているが、極めて重要な指摘である（これは、『法の支配の政治理念』においても指摘されていた）。

しかし、以上のような起源を持ち、そして発展してきた法の支配も、次第に衰退していった。その原因と歴史を論じたのが第一六章「法の衰退」である。ハイエクが、法の支配の衰退を導いた最大の原因を作ったものとして挙げているのが、法実証主義である。即ち、法実証主義は、立法者が——合法的に——制定したものはすべて法（律）であると主張することによって、「法の支配」の実質的内容を空洞化したというのである。法の支配の衰退を決定的にしたのが、H・ケルゼンの「純粋法学」であった。だが、法の支配の衰退の後にきたのは、官僚主義国家、行政国家であった。しかし第一六章の最後でハイエクは、法の支配復興の兆しが、一九五〇年頃から見られ出してきたと述べ、同章したがって第二部を終えている。

法の支配の歴史的論述の他に、本書第二部の貢献は、上述したように、法の支配の下における経済政策の基本的考えを提示したところにある。それは主として、第一六章「経済政策と法の支配」において論じられているが、当然ながらそれは、第一五章「個人的自由の保障」で考察されている法の属性を受けて議論されている訳である。ハイエクが法の属性として挙げているのは、確実性、一般性、平等性である。そうした属性をもつ法が法の支配という場合の法である。そしてハイエクは、いかなる経済政策が自由社会と両立し得るか否かの基準を「法の支配」に置いた。また、政府の強制力の使用は法の支配と両立し得る範囲でのみ認めた。そうした基準に合致すれば、後は、合目的性などによって経済政策の適否は検討される。以上がこの基本的考えであるが、この考えを具体的問題に応用、適用したのが、本書第三部である。

新版解説

阪本昌成

1．社会科学の隣接領域にあるといっても、経済学と法学との思考法の間には、埋めがたい溝がある。希少性問題を正面に見据えながら、人間の行為の動機と、その動機に基づく合理的行為を観察対象とする経済学、これに対して、生まれながらの自由と平等とを人間存在の特質と考え、人の合理的意思とその発露である行為の体系を説こうとする法学。それぞれにいう「合理性」に、重なり合うところは少ない。経済学でいわれる「合理性」とは自己利益（self-interest）を最大化することをいい、法学でいわれる「合理的」とは人格性に適っていることまたは合-理性的（reasonable）であることを指すことが多い。〝法学はあるべき人間（規範的人間）の行為を語りがちだ〟といえば経済学者に理解しやすいかもしれない。

たしかに、法学はあるべき人間行動を基軸にして、あるべき国家、あるべき市民社会を語ってきた。それは社会科学というより、道徳哲学の色合いを濃くしているように私にはみえる。法学が正義というとき、それは実現されるべき実体的価値を内包していることが多い。

2．「合理性」という用語を、reasonable と rational に分けて、経済学的な思考と法学的なそれとを政治哲学によって統合しようとしたのが、J・ロールズ（J. Rawls）の A Theory of Justice（矢島鈞次監訳『正義論』〔紀伊國屋書店、一九七九年〕）だった。ロールズは、reasonable なる用語を目的および手段が他者との関係において妥当であることを、rationalなる用語をある目的に照らして手段が効率的であることを指す、と使い分けた。これによってロールズは、記述的人間行動の選択肢と、規範的人間行動の選択肢とを、正義の原理のなかで統合しようとしたのだろう。道徳哲学としてではなく、政治哲学の体系を説こうとしたロールズであったが、それでも彼の正義の哲学は前者を基礎としており、徳目を語る社会哲学である点で法学と大差がないように私には思えてならない。

3．ハイエクは、社会科学の任務は、われわれにできること、またはなすべきことを教えることではなく、われわれにできないこと、またはなしてはならないことを追究する点にあるのだ、といい続けた。

国家がなしてはならない事項に関する限り、その輪郭を描こうとしてきた思想が近代立憲主義であり、その思想を体系的に説いてきたのが法学、そのなかでも憲法学のはずである。憲法学にいう「自由権」は、厳密にいえば、国家の不作為を求める法的論拠、国家に対する防御権を指してきた。ところが、この「自由権」の意味するところが、古典的リベラリズムの時代のそれから、次第しだいにずれてきたのである。このことにハイエクは苛立った。

たしかに、近代立憲主義のモデルをどう捉えるかは、法学の世界でも論争を喚ぶところである。それでも、「近代立憲主義とは、生の権力の発動である政治（politics）を、統治（government＝舵取りの効いた政府活動）に転換させるために、政府を憲法（正確には「国制＝constitution」）に従って活動させようとする思想体系だ」と、特徴づけることが可能であろう。もっともこう定式化したとしても、憲法にいかなる法的な装置を導入すれば「政治を統治」へ転換できるものか、問われるだろう。

4．ハイエクにとって、その鍵が法の支配である。ハイエキアンならずとも、そう理解する英米の論者は多い。ところが不思議なことに、法の支配こそ近代立憲主義の要だと解説するわが国の法学の本は稀である。憲法の本格的な体系書であっても、「法の支配」を立憲主義の核に据えて、国制の体系を分析するものは少ない。

わが国の法学は、「制限された政府」(Limited Government) を論拠づけるにあたっては、人権保障と権力分立に依拠してきた。そのさい、「人および市民の権利宣言」(いわゆる「フランス人権宣言」) 一六条にいう「権利の保障が確保されることなく、権力分立が定められていないすべての社会は、憲法をもつものではない」というフレーズに必ず言及された。そのうえで、国家とは、人が生まれながらに有している権利、すなわち自然権を保全するために、社会契約によって樹立された政治的共同体である、と解説されるのである。

自然権、社会契約と国家とを関連づける理論は規範的国家観である。これに対して、ポスト社会契約論において登場する国家は人権抑圧者として描き出されてくる。このことを論証するために、法学は統治の歴史的な実態を描き出そうとする。このさいの法学の接近法は記述的となっている。法学は規範的国家観と記述的国家観との両者を都合よく使い分けてきたようである。

ここで私は法学のこうしたご都合主義を非難しようとしているわけではない。規範的国家観が変質してきたことに神経質になっているのである。近代立憲主義にみられる国家観は合理主義啓蒙思想の説く数々の当為(ノルム)命題を基礎とし、「自由と財産と圧制からの安全」こそ自然権だとみていたために、国家の任務を限定し、まさに「制限された政府」観と符合していた。ところが、である。

5．二〇世紀になると、規範的国家観が止まるところを知らないかのように奔流しはじめる。国家は、〝現に生存している (Dasein) 人びとの生活を配慮すべきである〟、〝自由と平等の保障は形式的であってはならず実質的でなければならない〟、〝恵まれない人びとの基本権は国家の手によって実効的に保障されるべきである〟等々、あるべき国家観が次々と提唱されてきた。国家は現に生存している人びとの社会的地位を把握・識別し、その「真価」、「必要」、「潜在的能力」等々を評定したうえで、当該人物にふさわしい地位またはニーズを保障すべきだ、という国家観である。そのための施策（国家の任務）は無数となる。法令の執行を意味していたadministrationは、国家の任務の計画的な管理を指すものとなる。

これらの施策を実現するために制定される法令（人為法）は、人びとの身分（社会における地位）を参酌するものとならざるをえない。ところが、個々人の具体的な身分、社会的地位を法令において規定し尽くすことはできない。ここに、行政裁量という、行政庁の自由な判断領域が法認されることになる。

これらの法令と行政裁量は、イギリスの法学者H・メインが「身分から契約へ」と近代法の大原則を見事に言い表した思考とは正反対のものとなっていく。

6．「身分から契約へ」というテーゼは、本巻の三一頁においてハイエクが論じているとおり、自由の歴史的展開にとって重大な意義をもっていた。それは、〝これまでの法制度のもとでは人びとの社会的地位と行為は領主の私的な権利の束によって恣意的に規律されてきたが、今後の法制度は万人を法主体（＝人）として扱う。各人は自らの地位と行為とを自由な意思でもって変動させてよい〟というのである。万人が生まれや集団への帰属とは無関係に法主体となるという法制の実現、すなわち、すべての人をひとりとして数える法制の実現はまさに法と自由における革命だった。人を位階、身分、真価、さらには道徳的気高さ等と関連づけない法制度の実現によって、万人が自発的な意思に基づいて、相互行為に出たり出なかったりする自由を手中に収めたのである。

人の自由はこの法制のなかにある、とメインは見抜いていたのだろう。この法制が私法の体系である。

7．ところが、ある時期以降、法学者は「契約から身分へ」と命題を口にし始めた。このあたりから、法学者は「進んだ現代法」を「時代遅れの近代法」と対照し始める。

いわく、〝近代法が万人を自由意思の法主体であるとみたのは形式的にすぎる〟、〝社会的強者と弱者間の意思の合致をもって契約の自由だというのであれば貧者は飢える自由しかない〃、〃あるべき法思想・法制度は形式的自由の背後に隠されている権力的格差（社会的地位の高低や保有する富の大小に応じて現実に発現している格差）を識別すべきである〃等々。

これらの例からもわかるように、「契約から身分へ」という場合の「身分」とは、身分制社会におけるそれではなく、市民社会における社会的地位、たとえば労働者、資本家、零細企業経営者、低所得者、高額所得者、農民、失業者、寡婦等々を指している。

AとBとの間にみられる権力的格差のゆえにBがある選択をなさざるをえないことは、実はAがBに対して加える「強制」ではない。にもかかわらず、現代法理論はBの不自由、不快、不本意、不満足であるはずのものを、「自由」の問題として国法の保護対象としようとするのである。

こうした「身分」を考慮に入れながら、その必要に応じて「実質的自由」を法的に保障しようとすれば、「自由」は個別化されるばかりか、その明確な輪郭を失ったまま、積極的に実現されるべき統治目標となる。人びとの社会における地位は政府によって操作される。この操作を許容する法はもはや私法ではなく、公的組織における位階を決定する公法となる。

8．ハイエクは、特定目的実現のために制定される法令は漸進的に自由を浸食していくに違いないとThe Road to Serfdom（西山千明訳『隷属への道』〔春秋社、一九九二年〕一〇〇頁）において早くも見抜き、その処方として法の支配を論じた。

ハイエクにとって法の支配は、すぐ後にふれるように、国家のもつ強制力を最小化する装置である。国家の強制力が最小化されたとき、人は市場に分散している語りえない知識や新たな知識を発見し、その知識を活かしながら自発的な営為に従事し、自分の目的を追求できるのである。このことを万人に保障する手段としての法（いいかえれば、脱目的的法）が私法である。ハイエクはこの知識の分散と一般的・抽象的ルールとの関係を本巻の第十章において懸命に説こうとするが、あまりに言いたいことが多すぎたのだろう、読者にどこまで彼の真意を伝ええたものか、心許ないところがある。

9. 私法の体系は、他者から強制を受けないで、すべての行為主体が各自の選好・意思を個別的に実現可能とするための包括的な枠組みである。ここにいう「他者」を「政府（国家関係機関）」と置き換えたとき、〝公然の行為（public acts）であろうとも、人間は政府によって強制されない私的な行為圏（private sphere）を持っている〟という命題が成立することにわれわれは気づく。これが「公的領域／私的領域」でいう「私的」の意である（本巻一二頁における「個人のためのある私的領域を保障して、そこでは他人の干渉にたいして本人が保障されるようにすること……」という一文参照）。かように、「私的」なるタームは、他者の強制力、なかでも市民社会とは区別される国家の強制力を引証してはじめて有意となる。自由とは国家が意図的に作り出した障碍の不存在をいう、と『自由の条件I 自由の価値』にて述べたハイエクにとって、次の課題は、「国家の強制」の意味合いと、この強制力を最小化する法的装置を解明することにあった。

10. ところが、強制を正確に定義することは容易なことではない。

本巻は「強制の意味」の解明から始まっている。さすがのハイエクも、強制をどう定義するか、迷ったようだ。彼はこれを正確に定義することよりも、類似の概念から区別することに重点を置いた。〝権力（power）は強制ではない〟、〝独占は強制ではない〟、〝選択肢が限られていることは強制ではない〟、〝不利な影響を受けることが強制ではない〟等々と。かように、自由概念を浮かび上がらせるための鍵となっている「強制」について、かように回りくどく論じていることは、ハイエクの強制概念が明確ではないからだ、と批判の対象となる（たとえば、M・ロスバード、森村進ほか訳『自由の倫理学』第二八章「F・A・ハイエクの強制の概念」〔勁草書房、二〇〇三年〕、J・グレイ、山本貴之訳『自由主義論』〔ミネルヴァ書房、二〇〇一年〕一三二―一三三頁参照）。

たしかに、第九章において彼が展開してみせる数々の「強制」の捉え方は不十分である。それでも、ハイエクを弁護するとすれば、彼は強制概念の特徴として、①人びとの相互行為において、②Bがその目的を実現するために、Aを手段として利用しようとして、③本来Aの行為できる領域に介入・妨害すること、をあげている。これによって彼は、（ア）非人為的行為、（イ）非意図的行為、（ウ）非保護領域を強制概念から消去しようとしたのであって、これだけでも生産的な理論展開だといえる。これらのうち、（ア）および（イ）はわれわれも理解しやすい。ハイエクの描き出そうとする強制概念の成否は、保護領域（国家から強制を受けない私的な行為圏）の捉え方に依存するだろう。

この「保護される領域／保護されない領域」の画定も、またハイエクにとって難題であったろう。彼は、《保護領域を事前に取り出してその概念全体を明示することはできないこと》、《権利や義務という用語で保護領域を画定できはしないこと》を十分に知っていた。憲法典上の個別的な基本権規定は、当該国家における自由領域を一部ポジティヴにするねらいをもっているにすぎない（本巻の第一二章をみよ）。保護領域は、ある権利義務に関するルールを決定するのではなく、あるルール決定の後に現れる、と考えられているためである。

11．では、そのルールとは何か、この問に答えることがハイエクの次の課題だった。その解が法の支配（Rule of Law）にいうLawである。

ハイエクの法理論のターゲットは、議会の立法（legislation）、すなわち制定法（statutes または acts）をLawのもとに置くことに向けられた。このためにハイエクは、「法／立法」、「法／法律」の別を重視するのである。

法と法律（法令）の区別は、法学徒にとっても、社会科学者にとっても、きわめて重要である。ところが、その重要度にもかかわらず、法学徒さえときに「法＝法律」と同視したり、この識別基準の求め方や識別の意義を問い直そうとすることに熱心ではなかった。法学の知性は、（ア）「法律／命令／条例／規則」という法形式別の分類化と、（イ）この形式的類型化にいう法律を「形式的意味の法律」と「実質的意味の法律」とに分けそれをいかにして識別するか、に向けられた。そのため、ドイツの憲法学者C・シュミットが『憲法論』〔阿部照哉―村上義弘訳〔みすず書房、一九七四年〕一六八頁〕において鋭く指摘したとおり、「形式」という意味合いは歪められてしまった。ここでいわれる「形式」とは所定の手続に従って議会が制定しているかどうかという視点を指し、「実質」とは議会立法権の射程とされるべき範囲を指しており、論理学での用法とは違っている（一七二頁の注8をみよ）。相当数の法学徒が法の支配にいう法を形式的に捉えようとしないのは、法学における「形式」を連想するからだろう。法学が「形式的意味の法律／実質的意味の法律」と区別を強調しても、所詮、それらは議会意思の所産であることに違いはない。

議会制定法である法律が、憲法所定の手続に従って制定されたことをもって「妥当であり正当なり」とする法思想を法実証主義という（もっとも厳密にいえば、法実証主義の捉え方は無数にありうる）。また、立法者と法律適用機関とが相互分離している国家は「法治国」と呼ばれる（C・シュミット、田中浩＝原田武雄訳『合法性と正当性』〔未来社、一九八三年〕六―七頁参照）。

12．ハイエクはこの法実証主義や法治国概念に満足することはなかった。特に彼は、法実証主義を「法命令説」の残党とみて、この思考を徹底して攻撃した。ハイエクのその最大の論敵がH・ケルゼンである（ケルゼン法学に対する攻撃は『法と立法と自由Ⅱ　社会正義の幻想』第八章において頂点に達する）。

ところが、ハイエクがケルゼンを法実証主義者の代表とみたこと、そしてまた、その攻撃方法がまた独特であったことのために、法学に慣れ親しんだ人間は、まず彼のこの論法に反発を覚え、ついでその批判の要諦を読み解こうと努力したとしてもどうも理解できないと感じてしまう。というのも、第一にケルゼンは典型的法実証主義者ではなく、第二に今日の「法実証主義者」が法命令説によっているわけではないからである。ハイエクは法実証主義の亡霊に攻撃をかけているにすぎず、この部分では客観的にみて彼の勇み足となっている。ハイエクの法の支配論が法学者にさほど影響を与えてこなかった理由はここにもある。しかし、それでもハイエクがケルゼンの純粋法学が「すべて『規範』(norm) というあいまいな用語」に依拠している、と指摘している箇所（本巻一四七頁）は、法学者にとって実に耳の痛いところである。たしかに、法というルールを「規範」という、より広大無辺な用語で解明できるものか、法学徒も真剣に反省すべきである。

13．ハイエクのいう法の支配論を読み解くには、《意思が法を作る》との法実証主義を、彼がどう把握したうえでこれを批判しようとしたのか、理解しなければならない。

ハイエクの法の支配論は、前掲の『隷属への道』、本巻、そして『法と立法と自由』へと進むに従って完成されていった。彼の法実証主義批判の筋は『法と立法と自由Ⅱ』二三頁以下と読み合わせることによってはじめて判明する。ハイエクにとって「意思」とは、特定または個別的な目的を実現しようとする人間の意欲をいう。これを議会意思に移し換えていえば、議会意思を統制しない限り、特定の目的だけが法律としてすくい上げられることになってしまう。特に、大衆民主主義の議会において制定される法律は、結託する特定集団の意思を実現しがちとなる。名もない人びとの意思は法律に含まれなくなる。かくして、意思に依拠する法理論は多数者の専制を許し、正義に適うルールを実現できない、というわけである。このハイエクの「意思」の用法は、哲学における「意志」、すなわち外面的行為の動因でもなければ、法学における「意思」、すなわち法的効果を発生させようとする意欲でもない。ハイエクの用法は、法学におけるそれよりも広いようで、特定目的の実現意欲と結びつけられている。

ハイエクは、誰のものであれ、自分の目的達成を可能とし、誰でも利用しようとすれば利用できる「道具としての法」――脱目的的な法――が自由を保障するのだ、という。これが一般性・抽象性という属性をもつルールである。これをハイエクは formal law と呼ぶべきだろう、という。

14．Formal law を素直に訳出するとすれば「形式的な法」となろうが、それは法学でいわれるそれとはニュアンスを異にしており、「形式的な法」と訳すのは正確ではない、と私は感じている。その理由は次のふたつである。

第一にここでいわれている formal とは、先にふれた法学でいう「形式的意味の法律」でいう「形式」ではないからである。

第二に law は、法律（議会制定法、人為法）ではないことはもちろん、社会規範のひとつとしての法でもないようだからである。ハイエクはこのことを本巻の第一四章において、Rule of Law にいう Law は、“not a rule of *the law*” ではなく、“a *meta-legal* doctrine だ” と述べている（本巻の一〇四頁をみよ）。私はこの部分を、《法学でいう、あれこれの法のことではなく、それ（法学でいう法）を超えるところにある原理こそ、Rule of Law にいう Law なのだ》と読んでいる。

もっとも私としても、右の第二の解読に関しては自信があるわけではない。私があえて右のように理解するのは、L・フラー『法と道徳』（稲垣良典訳〔有斐閣、一九六八年〕）の第二章が《法を法たらしめている要素》として、一般性、公開性、事前性、明確性、無矛盾性等をあげていることを思い出したからである。一般性、抽象性、公開性等は、法そのものではなく、法を法たらしめる law、いわば「法となるための法則」である。かく理解したとき、ハイエクのいう Rule of Law にいう Law は、法学がこれまでイメージしてきたものとは微妙に異なっているといわざるをえないだろう。ハイエクが「法の支配にいう法は、超法のことだ」というのは、諸法（laws）を抽象化し、それらを統合する法則（a Law）ではないだろうか、と私は読んだ次第である。

この法則性は反復継続される人びとの自発的行為において遵守され、この行為のなかに現れる（本書二四頁には、「その規則は個によってそれとして知られているのではなく、行動のなかで尊重されている」と、何気なく述べられているが、この一文はルールの見方についてきわめて重要な意味をもっている）。このルールには命令者の意思がない。特定の目的を実現しようとする個別性がない。人為によって制定されたものでもない。自発的行為のなかで現れた一般的で抽象的な法則性をもつルールはその包括性にゆえに万人の選好を受容できる。この行為のルールこそ正義に適う、というわけである。

15．これまで多くの法学徒も、議会制定法を「正しき法」のもとに置こうと試みてきた。「高次の法」（higher law）によって人為法を統制しようとする試みである。

そのさい、ある論者は理性を具現している自然法や、人間の尊厳なる価値を内実とする法を口にした（ハイエクも本巻の六七頁においてこのことに言及している）。法源の違いこそあれ、それらにいうlawは、法規範である点、さらには実体的価値序列の高低を念頭に置いている点では同質である。

こうした法学的思考傾向と対照すれば、ハイエクの着想は実に特異である。経済学者であるばかりか、社会哲学者である彼は、これまでの法学の基本概念とその捉え方にも挑戦したのである。

法学は意思とその発現である行為に関する規範体系をたびたび口にしたり、ある法律を理解するにあたっては「立法目的」は何かを探求したりしてきた。この発想と言葉の用法に対してハイエクは、根本から揺さぶりをかける。

いわく、〝意思とは個別的目的を実現しようとする意欲をいう〟、〝目的とは具体的な結果を予測しながら、その実現に向けて行為を制御する動因をいう〟。

先の13で私がふれたように、意思は特定の目的だけを選択するとみたからこそ、ハイエクは立法者の意思を一般性・普遍性という形式のもとに置こうとした。実体的な接近法を意識的に避けるこの着想は、法学の体系の外にいったん出て、法学でいうlawを、別のLaw概念で解明しようとする点でも特異である。

16.「法の支配」は、多数の専制となりがちなデモクラシーを統制し、個別法――特定の個人または集団を名宛人とする法律――を制定しがちな議会の立法権を統制する要だ、とハイエクは考える。The Road to Serfdomにおいてハイエクは、この現象を計画経済や結果の平等達成（社会的正義の実現）と結びつけ、これらのための施策が法の支配にもとり、いずれ自由を崩壊させるだろうと予告し、法の支配を次のようにスケッチしていた。

『法の支配』におけるルールは、特定の人々の欲望や必要を充足することには向けられていない『形式上のルール』の姿をもって現れうる。つまり、人々が多様な目的を追求していくための単なる道具であるようになっている。また、永きにわたって展開されてきたこれらのルールは、どの人がそれによって利益を得るか決してわからないようされており、また、されているはずである」(The Road to Serfdom, at 81)。

17．ハイエクは、西洋の嫡流の「精神／身体」、「精神／物質」、「理性／知性」、「政治／経済」という二分法と、精神や理性を物質や経済的欲望の上位に置く垂直的発想を極力避けた。人間の自由の条件を語ろうとするとき、理性や精神の崇高さに目を奪われることなく、日常的な対人的関係（相互行為）において、人間が意図的に作り上げている障碍がどこにあるのか、思考を研ぎ澄まそうとするのである。この回答は、(ア) 自由とは強制の不存在をいう、(イ) 人びとは強制のないなかでこそ各自の知識に基づいて相互行為できる、(ウ) 知識は財にも宿り伝達されるのであって精神（mind）にのみ宿るのではない（それどころか財にこそ知識が凝縮されている）、と展開されている。

このハイエクの見解に抗して、ドイツの社会的法治国の構想や、大恐慌以降ケインズ理論に影響されたアメリカの裁判例にみられる現代法理論は、自由を「精神的自由／経済的自由」に大きく二分し、前者こそ自由または民主政にとって基本的で重要であるのに対して、後者は人間の不平等（現に生活している人びとの間の権力格差）の元凶ともなる、と説いてきた。この価値序列の論拠づけには多様な見解があるが、精神的自由の実体的な価値は経済的自由のそれよりも優位している、とよくいわれる。これは右でふれた「精神∨物質」または「政治∨経済」という垂直的優劣関係をみてとる立場である。この理論は、表現の自由を中心とする精神的自由の領域への国家介入には神経質でありながら、経済的自由領域については国家の積極的な介入を要請するのである。この思考は、精神的自由への国家介入には誤謬可能性があるとみて警戒的であるにもかかわらず、こと経済市場への国家介入となると、①市場での弱者保護、②大企業による独占の防止、③情報の非対称性の緩和、④不景気や失業に対処するための総需要の喚起等々、「善意なる国家」または「不可謬の国家」像を前面に打ち出してくる。国家の介入があって、自由が実効的に保護されるのだ、というわけだ。

18．こうした現代国家の数々の任務を考えたとき、国家の存在理由は「善き生活」を実現することにある、といいたくなってくる。たしかに、善意なる国家、善き生活を保障せんとする善意の法理論は、善意の人びとによって広められ、現代人の気質（disposition or habit）にまでなってきた。

ところが、「善き生活」の実質・中味は大いに主観的なものである。善なるものA、Bだけを立法目的として拾いあげ、一定の法的手段でこれを国家の手によって実現しようとするとき、他の善なるものはこぼれ落ちる。名もなき善は立法にあたって知られもしないだろう。こうならないためには、善に関する実体的価値判断権を議会に与えないことが肝要である。そのためにハイエクは、「(立法）目的」、「(立法するさいの）意思」を統制する仕掛けをわれわれに展開してみせたのである。

19．ハイエクは、この疑問をこう問い直し、次のように回答した。

政府が人びとに対して行使する独占的統治権（強制する力）を最小化するには、いかなる条件が満たされなければならないか。

ハイエクのこの問に対する国家論的な回答は、①国家と市民社会の分離、②公法と私法の区別、③訴訟手続の整備、④権力分立、そして、⑤法の支配、である（この列挙順は、意図的に私が選択している）。この①〜④は、⑤の法の支配のもとで相互に関連づけられている。

まず、①にいう「国家／市民社会」は「公法／私法」の区別につながっている。公法は、位階を定めるルール、換言すれば、指揮命令の権力を内包し一定の目的を達成するための法体系であるのに対して、私法は位階も知らず目的も知らず、ただただ各人の選好を実現するための手段を提供する法体系である。この手段としての法が、②にいう「私法」の体系である。私法は、④にいう権力分立のもとで、おもに裁判所によって発見されてきた。その発見手続が③にいう訴訟手続である。裁判所における紛争解決手続は、公開原則のもとで、紛争の当事者が事実を立証しながら対等に論争してきた事柄を、独立の第三者としての裁判官が類似の事案と矛盾しない判定にいたる構造をもっている。この構造を保障するのが権力分立である（本巻の一一一頁以下をみよ）。これら①〜④を国家の基本構造に据えているとき、《当該国家の基本法（Fundamental Law）は法の支配を組み込んでいる》といわれるのである。

20．もっとも、ハイエクは右のような法の支配の法学ヴァージョンに飽き足らなかった。そこで彼は、訴訟における知識の発見手続に代えて、市場における知識の発見手続に依拠しつつ、法の支配の何たるかを分析していったのだった。

市場における自由な相互行為（交易）は、人びとの局所的知識を基礎として個別的になされるようにみえるものの、その局所性・個別性は一般的・抽象的ルールによって常に支えられている。自由な交易を可能にしたのが、市場における自発的行為のなかに生成した一般的・抽象的ルールであり、この体系が私法であって、《経済市場に生成してきた私法の法則性（law）に学べ》というわけだろう。

このlawの捉え方をハイエクは生涯をかけて追究し、このlawをrule（原則）とするrule（支配）であれば、国家の強制力を最小化できる、と人びとに説き続けた。

21．こうしたハイエクの見方を理解するためには、人の行為の動機→そのさいの局所的知識→他人の行為の予測→実際の行為の選択→新しい知識の獲得→新たな行為の動機……、以下、同様の無限の連鎖という、時間の流れと知識の発見手続というセッティングを読者はイメージしておかなければならない。この無限・無数の連鎖は、人間の知性では予測できない新たな知識を生成し、一定のパターンを形成し続ける。マクロのレベルでいえば、このパターンがまた別のパターンを生成するだろう。そのパターンを手がかりにして、人びとは次の行為を選択する。以下、また個々人の行為とパターン生成との無限の連鎖（この点に関する分析については、拙著『法の支配─オーストリア学派の自由論・国家論』〔勁草書房、二〇〇六年〕を参照願う）。

法の支配とは、かような連鎖の法則（law）が人間の公共的選択行為を支配（rule）している、ということを指すのかもしれない。こう考えさせられたとき、私は無限の連鎖の渦に巻き込まれて目眩に襲われ、さらに神秘的な気分へと追いやられる。それもそのはず、ハイエクはドイツの魔性の憲法学者、C・シュミット以上のpuzzlerなのだ。

〝この無限の連鎖を見通してみよ、その先に君は何を見出すか〟とハイエクはわれわれに謎をかけているかのようだ。

本書は「新版ハイエク全集」第一期第六巻『自由の条件 Ⅱ』（二〇〇七年）を普及版にしたものです。

自由の条件 II　自由と法 ［普及版］

発　行　2021 年 7 月 20 日　第 1 刷

著　者　フリードリヒ・A・ハイエク
訳　者　気賀健三／古賀勝次郎
発行者　神田　明
発行所　株式会社　春秋社
〒 101-0021　東京都千代田区外神田 2-18-6
電話　(03) 3255-9611（営業）・9614（編集）
振替　00180-6-24861
https://www.shunjusha.co.jp/
印刷所　萩原印刷株式会社

ISBN 978-4-393-62204-9
定価はカバーに表示